# 轨道交通行车设备差异化维修策略研究与应用

蔡昌俊　徐保强　主编

人民交通出版社股份有限公司
北　京

## 内 容 提 要

本书基于城市轨道交通面临的复杂环境及能力保持要求和城市轨道交通系统全寿命周期管理要点，重点介绍了行车设备供电系统、接触网系统、信号系统、线路系统四个专业设备组成和功能特点，并在介绍行车设备适用的维修模式和维修策略基础上，介绍了行车设备可靠性目标管理及指标分配，行车设备重要度分类方法和风险等级评定步骤，构建了行车设备差异化维修策略四个维度的判定条件和应用案例。

本书可供城市轨道交通从业人员学习参考，也可供高等院校城市轨道交通运营与管理相关专业师生教学参考。

**图书在版编目(CIP)数据**

轨道交通行车设备差异化维修策略研究与应用 / 蔡昌俊，徐保强主编. — 北京：人民交通出版社股份有限公司，2021.11

ISBN 978-7-114-17575-6

Ⅰ.①轨… Ⅱ.①蔡… ②徐… Ⅲ.①城市铁路—行车组织—设备管理—研究 Ⅳ.①U239.5

中国版本图书馆 CIP 数据核字(2021)第 164159 号

Guidao Jiaotong Xingche Shebei Chayihua Weixiu Celüe Yanjiu yu Yingyong

**书　　名**：轨道交通行车设备差异化维修策略研究与应用
**著 作 者**：蔡昌俊　徐保强
**责任编辑**：刘永超　石　遥
**责任校对**：孙国靖　龙　雪
**责任印制**：张　凯
**出版发行**：人民交通出版社股份有限公司
**地　　址**：(100011)北京市朝阳区安定门外外馆斜街 3 号
**网　　址**：http://www.ccpcl.com.cn
**销售电话**：(010)59757973
**总 经 销**：人民交通出版社股份有限公司发行部
**经　　销**：各地新华书店
**印　　刷**：北京市密东印刷有限公司
**开　　本**：720×960　1/16
**印　　张**：12.5
**字　　数**：210 千
**版　　次**：2021 年 11 月　第 1 版
**印　　次**：2021 年 11 月　第 1 次印刷
**书　　号**：ISBN 978-7-114-17575-6
**定　　价**：80.00 元

# 编 委 会

# 前　言

网络化运营背景下的城市轨道交通面临着复杂的运营环境，比如线网规模扩大带来的网络放大效应、短时期内客流骤增对运营组织的冲击、新老设备交替致使可靠性降低、维修管理问题、特殊人群问题、人员技能水平不匹配、安全风险等。

面对以上问题与挑战，城市轨道交通设备设施的可靠性保持与提高成为行业聚焦的一大关键点，也是行业遇到的共同难点。为有效应对未来大线网运营带来的设备设施可靠性管理压力，以网络整体最优为出发点，以提高地铁安全运营、效率兼顾效益运行为导向，以保证服务可靠性表现为前提，借助科学的设备设施可靠性理论方法，结合广州地铁运营管理经验，我们组织了专门的项目专家团队，借助“国家重点研发计划之复杂环境下轨道交通系统全生命周期能力保持技术”项目课题研究的契机，开展了基于设备设施全寿命周期的可靠性研究、规划与管理。本书重点探讨**行车设备差异化维修策略应用问题**。

以供电、接触网、信号、线路等系统为主的行车设备，均属于失效后果严重的系统，要保证设备的可靠性目标能持续、有效、全过程地实现，对维修策略制定要求非常高：不仅需要明确宏观策略层面的定位，同时要有执行层面的指引，从策略到执行层面之间形成关联支撑。也就是说，结合行车设备特点，制定全系统、全寿命周期不同阶段节点、不同应用场景所对应的差异化维修策略，对可靠性目标的达成，以及优化运维成本，有着重要的意义。

本书总结了近年行车设备（供电系统、接触网系统、信号系统、线路系统四个专业设备)的运维经验,吸收了近年来机电设备差异化维修策略及风险管理的理论研究成果,在蔡昌俊、徐保强的带领下,充分发挥团队作用完成了编著工作。

本书共分七章,其中第1章重点介绍城市轨道交通网络化运营及复杂环境下面临的挑战和问题,以及设备全寿命周期不同阶段的管理特点,这是本研究主题的时代背景,由蔡昌俊、张目然、张毓洋、徐胜运完成。

第2章重点介绍供电系统、接触网系统、信号系统、线路系统的设备组成和功能特点,便于读者了解研究对象的技术要点,由王海、张目然、段振涛、陈启新、李政、管国光、王浩等完成。

第3章重点介绍行车设备适用的维修模式和维修策略,包括目前城市轨道交通专业在用的维修方式,以及综合维修策略(RAMS)和设备健康管理(PHM)等,由李葆文、王海、龙静、徐保强、张鹤鸣等完成。

第4章重点从运营高效服务的角度,介绍行车设备可靠性管理的目标设定及可靠性指标分配方法,以及行车设备可靠度分析建模方法,由蔡昌俊、张目然、张毓洋、徐胜运、徐保强、闫雅斌、邢宗义等完成。

第5章介绍风险管控技术、行车设备重要度分类,以及基于可靠度目标管理进行风险等级评定的基本准则,是本书的重点章节,由蔡昌俊、李葆文、龙静、徐胜运、徐保强、苏俊杰等完成。

第6章介绍行车设备差异化维修策略的判定依据、判定流程、具体方法、各专业应用案例等内容,由徐保强、闫雅斌、苏俊杰、唐元军、陈崇焜、李博、王瑞锋等完成。

第7章重点介绍行车设备差异化维修策略应用的创新与发展,包括基于风险地形图、以大数据为基础的维修策略应用和如何构建以大数据为基础的维修决策管理系统等,由龙静、李葆文、张目然、徐保强、徐胜运、张毓洋等完成。

附录部分,主要介绍设备故障诊断逻辑分析方法,由李葆文、张鹤鸣等完成。

由于编者水平所限和诸多原因，本书必然存在一些不足之处，希望读者朋友不吝指正，以便及时修订。

本书作为国家“十三五”重点研发计划课题成果之一，与人民交通出版社股份有限公司出版的《轨道交通车站关键设备综合维修策略与成本优化》互为姊妹篇，读者阅读时可以相互参考。

编　者

**2021 年 11 月**

# 目　　录

# 第1章　网络化运营与设备全寿命周期管理

## 1.1　时代背景

### 1.1.1　网络化运营面临的新挑战

自1969年北京开通第一条城市轨道交通线路以来，我国城市轨道交通行业用不到50年的时间走过了发达国家150年的发展历程。然而跨入网络化运营时代，机遇与挑战并存。在线网规模扩大、客流量骤增、设备老化、安全问题等一系列比以往更加复杂的环境因素下，城市轨道交通设备设施的可靠性保障压力空前巨大，城市轨道网络运营服务将面临更加严峻的挑战。

以广州地铁为例，线网客流压力持续攀升，目前800万日均客流已成为新常态，预计未来几年线网客运量将很快突破1000万人次/日，届时设备运载压力进一步增加，同时公众和媒体对地铁服务品质的要求日益高涨，进一步对线网设备设施可靠运行提出了更高的要求。

然而从行业表现来看，伴随网络化运营的不断延伸，既有线路的设备设施随着时间的推移逐步劣化，加之新线投入初期可靠性表现不稳定及复杂环境影响等因素，网络运营的整体可靠性将呈现下降趋势。这显然与网络化运营管理持续增长的要求存在矛盾。

### 1.1.2　复杂环境下需面对的具体问题

网络化运营背景下的城市轨道交通面临着复杂的运营环境，比如线网规模扩大带来的网络放大效应、短时期内客流骤增对运营组织的冲击、新老设备交替致使可靠性降低、维修管理问题、特殊人群问题、人员技能水平不匹配、安全风险等。

1)线网规模扩大

网络化运营与单线独立运行相比有着本质区别。单线独立运行不存在线路之间的相互影响。网络化运行中，线路之间的关联度和站点之间的复杂程度加剧,局部问题对整体网络的波及和联动效应增大。线网密度增大,各个站点的客流量也会增加,不同区域的客流需求增多带来了运力与运量之间的矛盾,而这些矛盾会通过网络放大,从而给系统运行带来影响。

同时,不同线路之间的统一协调和安全处理的组织难度加大。当受到外界突发事件、工作人员操作失误、设备设施失效等影响,可能导致线网局部失效,从而增加线网其他部分客流负担,使线网超载并损害其功能,失效会扩散至整个网络,导致更多破坏,造成线网能力和效率明显降低。因此,小事故转化为大问题的风险加大,一个局部问题处理不当,可能导致线网大面积受到影响。

2011 年,某地铁线路曾发生两列列车追尾事故,事故起因是因为当天设备失电,致使运营信号中断,采取了人工调度行车方式。由于行车调度员未能严格执行相关管理规定,在未准确定位故障区间内全部列车位置的情况下,违规发布电话闭塞命令,而接车站值班员在未严格确认区间线路是否空闲的情况下,违规统一发车站的电话闭塞要求,最终导致事故。

此事故使得该线路、与之相关的数条线路受到影响,多个站点在事故发生后实施了临时封站措施,地铁网络运行性能大幅度下降。该事故反映出,虽然是单个站的问题,但小问题在复杂网络中发生了蔓延,从而导致整个网络系统的崩溃。

2)大客流风险

大客流指在某一时段集中到达的、客流量超过车站正常客运设施或客运组织措施所能承担流量的客流。短期内急剧上升的大客流给地铁运营的安全性与可靠性带来巨大隐患。一方面,客流骤增使得车站人满为患,乘客舒适度降低,有发生无序拥堵、人员恐慌、踩踏事故等的风险;另一方面,大客流风险易与其他风险耦合,易诱发设备故障,对设备设施质量、行车组织水平带来极大考验。

按造成原因分类,可将大客流分为可预见性大客流与不可预见大客流两大类。可预见性大客流的原因包括:

(1)早晚上下班高峰期;

(2)节假日期间人们纷纷出行,如国庆节、五一、清明节、端午节等;

(3)在地铁沿线附近举行大型社会活动,短时间内大量乘客涌入地铁站内乘车;

(4)暴雨、大雪等恶劣天气下,地面交通受到影响,使得很多市民转而选择乘坐地铁或进入地铁站避雨雪。

不可预见性大客流的原因包括:

(1)车站周边临时组织的大型活动;

(2)天气突变;

(3)地铁站发生紧急事件造成人流阻滞,如车站大面积停电、火灾、恐怖活动、列车延误等。

2017 年某城市地铁线路就因车辆故障“赶”上早高峰,导致一车站出现大客流,晚点近 15min,行车间隔调整为 5min。沿途多个车站采取了进站限流措施,大概 30min 后,才恢复了正常运营。

2015 年某城市地铁线路在早高峰时段突遇大客流,各车站客流压力骤增,导致列车网络运行受到影响,出现“堵车”现象,部分列车运行间隔延长或频繁临时停车。

3)设备老化问题

从制造、安装完成起,设备设施随着使用时间流逝,受到环境应力、运载负荷、机械磨损等一系列因素的影响,逐渐发生老化,可靠性降低。若不采取相应措施保持与提高其可靠性,则可能无法满足大线网运营下高效率高可靠的性能需求。

设备老化可分为两类:有形老化和无形老化。有形老化一般指设备及其零件、部件的实体由于磨损、变形、断裂及蚀损等原因损坏,使设备的精度降低、性能变差的现象。无形老化一般指设备由于技术更新、生产工艺改进而发生使用价值或经济价值降低的现象。在城市轨道交通中,这两类老化均存在。

图 1-1 为(CoMET)协会与 Nova 协会统计数据,将全球多家城市轨道交通企业按照开通年限分为三类,列出了近几年 5min 以上的延误件次。与 50 年前开通的城市轨道交通相比,近 30 年开通的城市轨道交通延误件次显著降低。一方面,青年期城市轨道交通具有天然优势,设计之初就采用了先进的技术与系统,相比之下中老年期城市轨道交通则显得比较落后,即发生了无形老化;另一方面,随着年限的增长,中老年期城市轨道交通设备设施的有形老化也十分严重,致使故障频发。

4)安全问题

城市轨道交通是现代城市居民的主要出行交通工具,在都市生活中扮演着越来越重要的角色。然而,由于地铁多建于地下,具有封闭性强、通风不便、客流量大、应急疏散难等不可避免的缺陷,导致安全事故的风险要素较多,一旦发生火灾、恐怖事件或追尾等严重事故,后果将不堪设想。

表 1-1 给出了 1991—2012 年国外典型地铁运营事故统计表,包括火灾事故、恐怖袭击、列车相撞、列车脱轨及其他(踩踏、水灾、停电等)各类重大的运营事故情况。

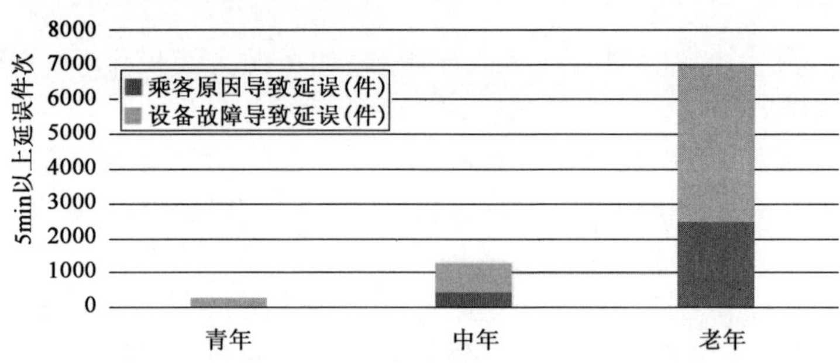


图 1-1　运营年限对系统可靠性的影响

注:数值为中位数。范围为 CoMET 和 Nova 地铁近几年 5min 以上延误件数的数据,选用中位数是因为个别地铁某年度数据变动较大,中位数不受数组中的极大值和极小值影响。

**国外典型地铁运营事故统计**(1991—2012 年)　　表 1-1

| 类型 | 时间(年) | 地　点 | 事 故 原 因 |
|---|---|---|---|
| 火灾 | 1991 | 瑞士苏黎世 | 机车电路短路,2 节车厢起火 |
| | 1991 | 德国柏林 | 地铁发生火灾 |
| | 1991 | 美国纽约 | 地铁脱轨导致火灾 |
| | 1995 | 阿萨拜疆巴库 | 电动机车电路故障 |
| | 1995 | 英国伦敦 | 车站连续爆炸 |
| | 1998 | 俄罗斯莫斯科 | 地铁爆炸 |
| | 1999 | 韩国汉城(今首尔) | 地铁发生火灾 |
| | 2000 | 美国华盛顿 | 电缆故障引发火灾 |
| | 2001 | 英国伦敦 | 地铁爆炸 |
| | 2001 | 巴西圣保罗 | 地铁发生火灾 |
| | 2003 | 英国伦敦 | 机械故障导致火灾 |
| | 2003 | 韩国大邱 | 人为纵火 |
| | 2004 | 俄罗斯莫斯科 | 列车爆炸 |
| 恐怖袭击 | 1993 | 英国伦敦 | 伦敦桥站发生爆炸 |
| | 1994 | 阿塞拜疆巴库 | 2 次爆炸 |
| | 1995 | 日本东京 | 沙林毒气 |
| | 1995 | 法国巴黎 | 炸弹爆炸 |
| | 1996 | 俄罗斯莫斯科 | 炸弹爆炸 |
| | 1998 | 俄罗斯莫斯科 | 炸弹爆炸 |
| | 2004 | 西班牙马德里 | 炸药爆炸 |

续上表

| 类型 | 时间(年) | 地　点 | 事故原因 |
|---|---|---|---|
| 恐怖袭击 | 2005 | 英国伦敦 | 炸药爆炸 |
| | 2009 | 俄罗斯莫斯科 | 自爆装置爆炸 |
| | 2010 | 俄罗斯莫斯科 | 炸弹爆炸 |
| | 2011 | 白俄罗斯明斯克 | 炸弹爆炸 |
| 列车相撞 | 1991 | 英国伦敦 | 列车相撞 |
| | 1999 | 德国科隆 | 列车相撞 |
| | 2004 | 西班牙巴塞罗那 | 地铁列车相撞 |
| | 2005 | 泰国曼谷 | 地铁列车相撞 |
| | 2006 | 意大利罗马 | 地铁列车相撞 |
| | 2007 | 委内瑞拉 | 地铁列车相撞 |
| | 2009 | 美国华盛顿 | 地铁列车相撞 |
| | 2012 | 巴西圣保罗 | 地铁列车相撞 |
| 列车脱轨 | 1991 | 美国纽约 | 列车脱轨 |
| | 2000 | 日本东京 | 列车意外脱轨 |
| | 2000 | 美国纽约 | 列车意外出轨 |
| | 2003 | 英国伦敦 | 地铁列车出轨 |
| | 2003 | 英国伦敦 | 地铁列车出轨 |
| | 2005 | 日本 | 地铁列车脱轨 |
| | 2006 | 西班牙 | 地铁列车出轨并倾覆 |
| | 2009 | 印度新德里 | 列车出轨 |
| | 2010 | 美国华盛顿 | 地铁列车出轨 |
| 其他 | 1995 | 日本阪神 | 7.2 级地震 |
| | 1996 | 白俄罗斯 | 地铁车站发生踩踏事故 |
| | 2003 | 英国伦敦 | 部分地铁停电 |
| | 2007 | 日本东京 | 供电故障 |
| | 2007 | 美国纽约 | 地铁运营系统瘫痪 |

图 1-2 给出了 1991—2012 年国外典型地铁运营事故统计图,可以显示各类事故的占比。

表 1-2 给出了 2001—2011 年国内城市地铁运营事故统计表,包括踩踏、水灾、设备故障、停电事故、自杀事件等各类重大的运营事故情况。

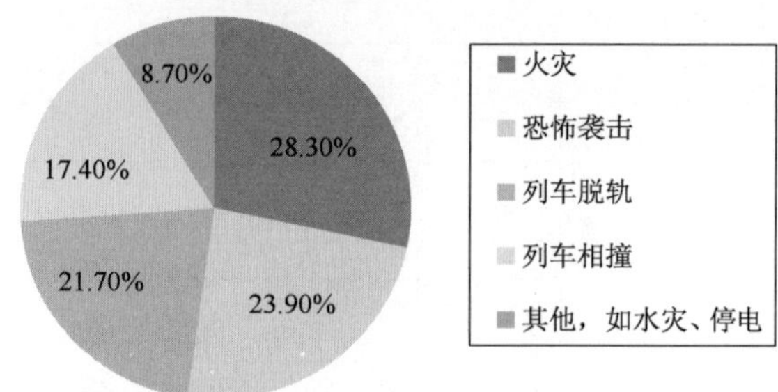


图 1-2　国外典型地铁运营事故类型比例分布(1991—2012 年)

**国内典型地铁运营事故统计**(2001—2011 年)　　表 1-2

| 类　　型 | 时间(年) | 事 故 原 因 |
|---|---|---|
| 踩踏事故 | 2001 | 大客流拥挤踩踏 |
| | 2003 | 扶梯故障 |
| | 2008 | 扶梯故障 |
| | 2010 | 扶梯逆行 |
| | 2011 | 电梯故障 |
| | 2011 | 扶梯故障 |
| 水灾事故 | 2001 | 台风带来暴雨和洪水 |
| | 2003 | 暴雨导致地铁沿线楼房倒塌 |
| | 2003 | 机械故障 |
| | 2007 | 运营人员误操作 |
| | 2005 | 人为纵火 |
| 设备故障 | 2004 | 电力故障 |
| | 2005 | 隧道通风设备故障 |
| | 2011 | 信号故障 |
| 停电事故 | 2004 | 接触网故障 |
| | 2007 | 接触网断电 |
| | 2010 | 接触网故障 |
| 自杀事故 | 2007 | 1 名男子跳轨 |
| | 2007 | 乘客自杀 |
| | 2009 | 男子跳轨 |

图 1-3 给出了 2001—2011 年国内典型地铁运营事故统计图,显示了各类事故的占比。

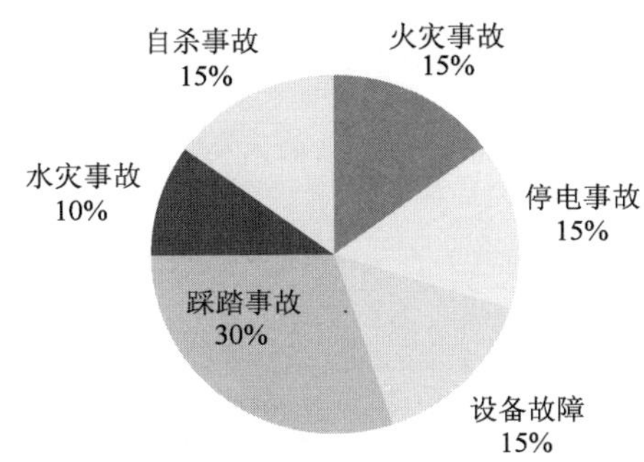


图 1-3　国内典型地铁运营事故比例分布(2001—2011 年)

从上述统计数据可看出,国外地铁事故多为火灾、恐怖袭击、列车相撞,国内则是踩踏事故、信号故障、乘客自杀跳轨等。有些事故是由于设备设施出现故障或发生老化而导致,如信号故障、列车相撞等,这些事故不仅会使设备设施遭到严重破坏,还可能进一步引发一系列公共安全事件的连锁效应,如乘客恐慌、踩踏事故等。另外,地铁人流密集且相对开放,容易成为恐怖袭击目标。近些年国内外地铁都发生过大大小小的恐怖袭击事件,对地铁安全造成了极恶劣的影响。

对于大中型城市,地铁每天的工作人员就有数千人,涉及系统安全的人员也高达数百人,每天运送的乘客多达几百万,甚至上千万人次,乘运环境包含了大量的不安全因素。地铁运营安全问题已经成为城市社会公共安全的重要组成部分。

### 1.1.3　运营成本压力

城市轨道交通运营企业作为准公益性企业,需要保障运营安全和服务质量。在安全投入多、服务要求高的背景下,大部分运营企业基本处于亏损、靠政府补贴支撑的状态。根据中国城市轨道交通协会的统计,2016 年中国城市轨道交通运营收支比为 0.77,较 2015 年有所提高,但整体来看,运营入不敷出的情况依然较为普遍,难以保障城市轨道交通的可持续发展。因此,如何在满足社会效益的同时保证企业自身的健康稳定发展,成为当前很多企业在发展过程中需要面对的重要议题。

城市轨道交通全成本包括运营成本、固定资产更新及追加设备投资成本等。其中城市轨道交通运营成本包括人员成本、能耗成本、日常维修成本、更新改造成本及其他成本。

1)人员成本

人员成本一般占运营成本的 52% ~61% ,主要取决于职工人数、岗位配置、工资水平以及福利政策等因素，包括员工的工资、奖金、津贴以及按照规定提取的社会保险、住房公积金、工会活动费等。人员成本取决于运营企业的配员水平、工资薪酬以及福利政策。随着城市轨道交通网络化进程的推进，线路条数不断增多，客运量不断攀升，客运压力不断增大，虽然城市轨道交通的智能化水平不断提高，但人员总量在近期仍会有一定程度的增长。同时随着线路设备的老化，多条线路进入大中(架)修阶段，对于运维人员的需求也有所增加。

2)能耗成本

能耗成本包括运营列车所需的牵引用电、运营设备的动力用电、车站和基地的照明用电，以及生产运营的水费等。在电价方面，根据《国务院关于城市优先发展公共交通的指导意见》(国发〔2012〕64 号)，要求对城市轨道交通运营企业实施电价优惠。目前，大部分城市轨道交通电价参照一般工商业或者大工业用电标准制定，特别在近年来，部分城市给予运营企业小幅度的政策倾斜，电价有小幅度下降。

3)维修成本

维修费用包括列车及各专业设备的维修材料费、委外维修费及维修工器具的消耗费用等。随着线路运营时间的增长，设备设施开始老化，特别对运营 5 ~ 10 年甚至更长的线路，一方面车辆等设备进入大(架)修期，故障率明显上升；另一方面，通信、信号等关键设备系统，使用寿命一般为 15 ~ 20 年，进入使用后期后，设备的可靠度会有一定程度的下降。目前，行业对于城市轨道交通设备设施的全寿命周期可靠性管理仍处在初步探索阶段，缺乏有效的技术手段对设备使用寿命和故障趋势进行精确预测，维修的精度和准确度都有待提升，维护费用较难控制。

4)更新改造成本

设备的更新改造是解决原有设备磨损、技术落后等问题的手段，是进一步提升运输能力、保障设备安全运营质量、为乘客提供高质量运营服务的基础。长远来看，及时启动设备的更新非常必要。但是，运营企业进行设备更新改造所需的资金规模同样是非常庞大的。以广州地铁为例，在不考虑车辆增购的情况下，预计近几年对既有线网的更新改造资金需求将达到 40 亿元以上，主要涉及车辆、机电、供电、信号等设备系统。可以预见的是，日后资产更新改造规划的资金需求将会随着经营期线网规模的完善、运营时间的增长而逐步增加。

综合考虑运营成本、固定资产更新及追加设备投资成本费用，城市轨道交通企业对于各项支出的费用会逐年上升。

# 1.2 设备全寿命周期管理要点

## 1.2.1 全寿命周期管理概念

寿命周期(Life Cycle)指一项设备或一项功能从研究开始到废弃的全部发展阶段。

全寿命周期管理(LCM,Life Circle Management),就是从长期效益出发,应用一系列先进的技术手段和管理方法,统筹规划、建设、生产、运行和报废等各环节,在确保规划合理、工程优质、生产安全、运行可靠的前提下,以项目全寿命周期的整体最优作为管理目标而进行的管理。

全寿命周期管理内容包括对资产、时间、费用、质量、人力资源、沟通、风险、采购的集成管理。通过组织集成将知识、信息集成,将未来运营期的信息向前集成,管理的周期由原来以项目期为主,转变为现在以运营期为主的全寿命模式,能更全面地考虑项目所面临的机遇和挑战,有利于提高项目价值。

全寿命周期管理具有宏观预测与全面控制的两大特征,它考虑了从规划设计到报废的整个寿命周期,避免短期行为,打破了不同功能主题的界限,将规划、基建、运行等不同阶段基于寿命周期管理目标进行统筹考虑,从总体角度分析寻求最佳方案。

## 1.2.2 全寿命周期在设备设施管理中的应用

国际上普遍认为,设备设施管理是指其全寿命周期的管理。设备全寿命周期管理指设备的全过程管理,包括设备规划、设计、制造、选型、购置、安装调试、验收、使用、维护、检查、润滑、维修和技术改造、报废等内容,如图 1-4 所示。

设备全寿命周期管理主要有几个方面的应用:

一是在三维空间上的全寿命周期管理;二是突出在浴盆曲线不同阶段的不同管理特色;三是全寿命周期的费用管理(LCC)。

1)三维空间上的全寿命周期管理

三维空间上的全寿命周期管理涉及空间维、资源维和功能维,如果再加上全寿命周期本身的时间维,就形成四维系统,如图 1-5 所示。

空间维即从生产环境、车间、生产线、设备、总成(部件),直到零件,由表及里,步步深入,涉及空间维上的各个要素。

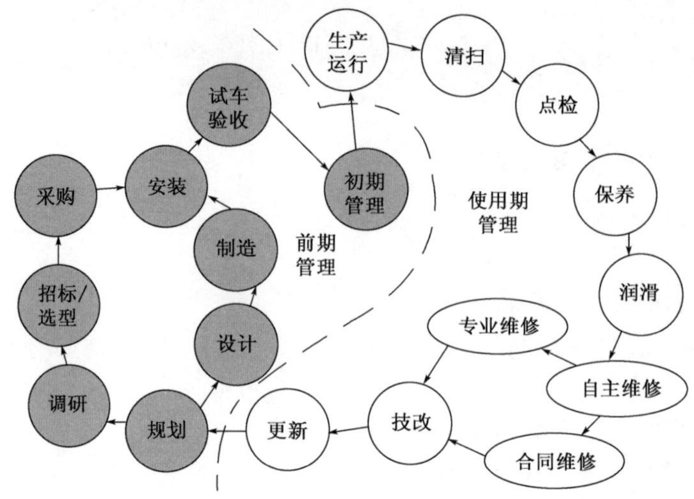


图 1-4 设备全寿命周期管理

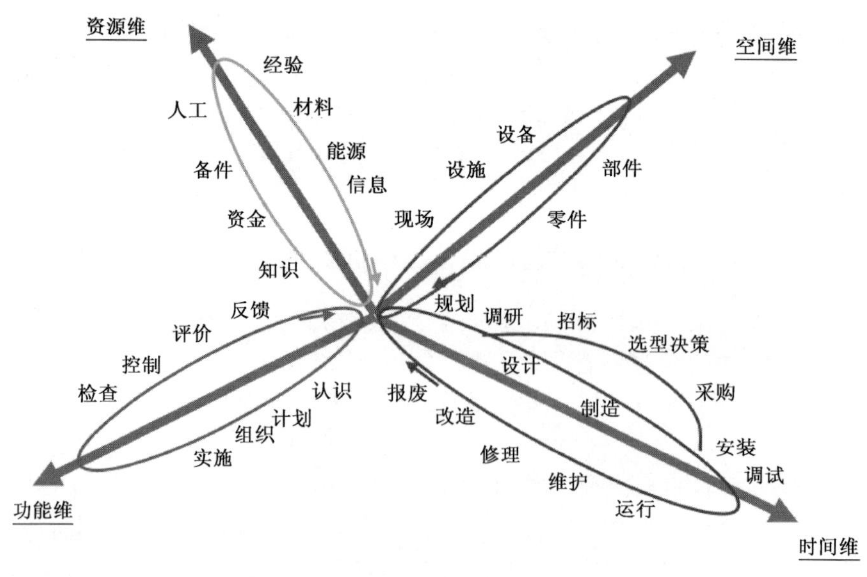


图 1-5 设备全寿命周期管理的四维系统

资源维是涉及与设备相关各种资源,包含信息、人力、材料、备件、动力能源、水、气、汽等要素,这都是设备和管理上不可或缺的资源要素。

功能维指管理功能,即计划、组织、实施、控制、评价、反馈等内容,这也是广义的 PDCA(Plan,Do,Check,Act)循环过程。从这种意义上说,设备管理是典型

的系统工程。

2)基于设备浴盆曲线的寿命周期管理

设备的浴盆曲线又称为故障率曲线,包含初始故障期、偶发故障期(也称随机故障期)和耗损故障期三部分,而这三部分即可代表设备在寿命周期使用阶段。因为其形状似浴盆,故称浴盆曲线,如图1-6所示。

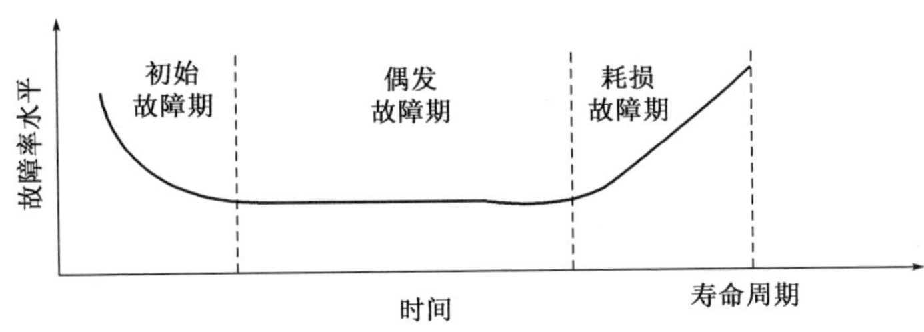


图1-6　浴盆曲线的三个阶段划分

在初始故障期,因为机械处于磨合阶段,电气系统处于元件的初始“时效老化”时期,加上操作的熟练度不够,因此出现故障的频率较高,此时的设备管理应着重于对设备的检查、记录、紧固、调整、润滑、磨合期的油品替换,控制生产负荷逐渐达到设计值。

偶发故障期的设备运行较为顺畅,但部分短寿命周期的易损零件会出现劣化,此时的管理应注意设备的清扫、检查、润滑、调整、堵漏、防腐,同时要研究设备劣化条件,控制劣化,进行设备的健康管理。对那些周期性的损耗件,还要进行局部深度保养及修理,包括调整、修复或者换件。

耗损故障期,部分零件或者总成已经进入快速劣化阶段,有的失去设计功能,有的可能导致安全事故,有的造成能源消耗过量,也有的可能造成环境破坏,除了应做好常规清扫、检查、润滑、调整、堵漏、防腐之外,还要注意可裁剪式纠正性维修,对设备进行局部改造和不拘泥于原有设计结构,立足于根除故障的主动维修,以便恢复设备功能,达到根除某些固有故障的效果。

3)全寿命周期的费用(LCC)管理

全寿命周期的费用(LCC)的概念最早在1904年起源于瑞典铁路系统,也是全寿命周期概念提出的来源,然而LCC问题真正引起重视并得到发展却是在20世纪的后半叶,1965年美国国防部研究实施LCC技术并普及全军,主要用于军队航母、激光制导导弹、先进战斗机等高科技武器的管理上。之后,从20世纪70年代开始,全寿命周期管理理念被各国广泛应用于交通运输、航天科技、国防建设、能源工程等各领域,在项目管理、成本管理、可靠性管理、环境影响评价、产品设计等方面发挥重要作用。如某些设备价格昂贵,初始采购费用较高,但因为可靠性高、能源消耗少、修理换件少、故障停机少,其全寿命周期费用反而会较低;反之,某些设备初始采购费用低,但由于可靠性较差、故障频发、换件频繁,或者耗能高等,使得全寿命周期费用较高。因此,设备前期管理不能仅看初始投入,而要思考寿命周期费用的经济性,以寿命周期费用最小化作为决策依据。

所谓的设备寿命周期费用是设备设置费、维护费和处理费的总和。研究表明,设备寿命周期费用的95%以上在其制造阶段以前已经确定下来了。理由很简单,设备的可靠性如何,主要取决于其设计和制造。至于使用,只要不是违反操作和维护规定,设备没有受到外部的损害和冲击,就不会对可靠性产生大的影响。可靠性又决定了使用期的维修费用,而设备的设置费是基本确定的,于是寿命周期费用也就基本确定下来。各种因素对设备寿命周期费用的影响如图 1-7 所示。

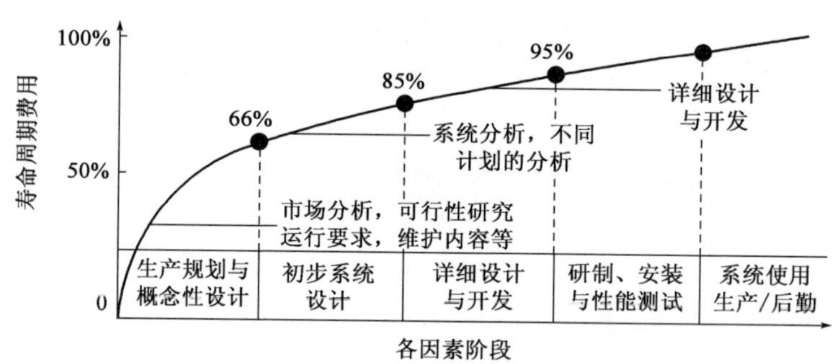


图 1-7　各种因素对寿命周期费用的决定作用

## 1.3　行车设备差异化维修策略研究概述

### 1.3.1　行车设备是城市轨道交通系统的重要组成部分

城市轨道交通设备设施种类繁多、各具特点,且失效机理复杂,设备故障对系统可靠性的影响程度不一。城市轨道交通运维部门为能更专业、高效地对设备设施进行管理,会从列车运行、保障的角度,按照功能以及特性,将行车设备划分为不同的专业子系统,主要包括:

1)车辆

主要由车体、车门、车钩缓冲装置、转向架、制动装置等组成,是城市轨道交通系统中运输旅客的工具,有多种类型。常见的有常规钢轮钢轨式车辆(A型车、B型车)、直线电机车辆(L型车)和磁浮列车。

2)供电系统

由外部电源、主变电站、中压供电系统、牵引供电系统、动力照明系统、电力监控系统等组成,是肩负地铁电能供应及动力支撑的关键系统,通过城市一次电力系统及地铁供电系统实现电力输送或变换,提供各类电压等级来满足地铁设备用电需求。

3)信号系统

由列车自动防护系统(ATP)、列车自动操纵系统(ATO)和列车自动监督系统(ATS)组成,主要作用为指挥行车、保证安全、提高效率。

4)通信系统

由无线通信子系统、交换子系统(包括公务电话子系统、有线调度子系统和站内及轨旁电话子系统)、传输子系统、时钟子系统、视频监控子系统、广播子系统、通信不间断电源子系统等组成,构成传送语音、数据和图像等各种信息的综合业务通信网,起到运输集中统一指挥、行车调度自动化、列车运行自动化、提高运输效率等功能。

5)轨道

主要由钢轨、轨枕、扣件、道床、道岔及附属设备组成,铺设在路基之上,直接承受列车车辆及其荷载的巨大压力,对列车起着导向作用的一组设备,起到承重、导向作用。

6)线路

由轨道及相关设备(组成正线、联络线、场线等不同作用的线路),以及切换到相关线路的道岔组成,按照位置又可分为地面线路、地下线路、高架线路。

对以上几个子系统,城市轨道交通运维部门又会根据设备的差异进一步划分为不同的专业,根据失效(主要是指造成列车晚点影响的设备故障失效事件)情况,识别各专业失效特性及关键设备,制定适用的维修策略,即维修策略的差异化。

### 1.3.2 研究的重要意义

如前所述,城市轨道交通是典型的复杂系统,随着高新技术的发展和应用,许多设备设施变得越来越复杂。这些设备由于其材料、结构、制备工艺的复杂性和其他各种因素的影响(如元件老化、磨损、外部冲击、负载、运行环境的变化),其性能及健康状态将不可避免地发生退化,进而造成系统的失效。对于城市轨道交通行业来说,单个设备的故障或功能失效,可能会引发从功能失效到任务失效乃至整体系统服务失效,如果一旦发生由于失效引起的事故,所造成的财产损失和人身伤亡,往往会形成严重的民生和社会事件。因此,在系统的各专业设备设施运行过程中,如果能在其性能退化的初期,尤其是还没有造成重大危害时,根据监测信息,及时发现异常或定量评价设备设施健康状态、预测剩余寿命,并在此基础上确定对设备设施维修的最佳时机,对于切实保证城市轨道交通这一复杂系统的运行安全性、可靠性与经济性至关重要。

以供电、接触网、信号、线路等系统为主的行车设备,均属于失效后果严重的系统,要保证设备的可靠性目标能持续、有效、全过程地实现,对维修策略制定要求非常高:不仅需要明确宏观策略层面的定位,同时要有执行层面的指引,从策略到执行层面之间形成关联支撑。也就是说,结合行车设备特点,制定全系统、全寿命周期不同阶段节点、不同应用场景所对应的差异化维修策略,对可靠性目标的达成,以及优化运维成本,有着重要的意义。

### 1.3.3 研究的主线

本书论述的主题是行车设备差异化维修策略,涉及内容包括城市轨道交通网络化运营及复杂环境下面临的挑战和问题,以及设备全寿命周期不同阶段的管理特点,这是本研究主题的时代背景,是本书的第 1 章内容。

第 2 章,重点介绍供电系统、接触网系统、信号系统、线路系统的设备组成和功能特点,便于读者了解研究对象的技术要点。

第 3 章,重点介绍行车设备适用的维修模式和维修策略,一些维修策略是目前城市轨道交通专业在用的维修方式;一些维修策略,如综合维修策略(RAMS)和设备健康管理(PHM),是部分城市轨道交通运营单位在积极探索和实践的管理模式。

第 4 章,重点从运营高效服务的角度,介绍行车设备可靠性管理的目标设定及可靠性指标分配方法,以及行车设备可靠度分析建模方法。

第 5 章,介绍风险管控技术、行车设备重要度分类,以及基于可靠度目标管理进行风险等级评定的基本准则。

第 6 章,介绍行车设备差异化维修策略的判定依据、判定流程、具体方法、各专业应用案例等内容。

第 7 章,介绍相关技术的应用拓展和未来展望等。

综上所述,本书的研究主线如图 1-8 所示。

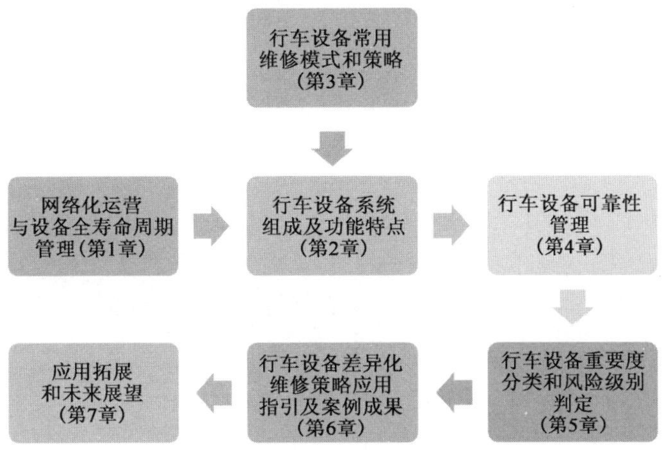


图 1-8　本书的研究主线

# 第 2 章　行车设备系统组成及功能特点

本章重点介绍行车设备中除车辆外的供电系统、接触网系统、信号系统、轨道系统的设备组成和技术特点,以便于读者能更好地了解各专业设备特点及功能,更好地理解后文介绍的行车设备各专业的差异化维修策略应用。

## 2.1　供电系统

### 2.1.1　供电系统设备组成

城市轨道交通供电系统是为城市轨道交通运营提供所需电能的系统,它不仅为城市轨道交通电动列车提供牵引用电,而且还为城市轨道交通运营服务的其他设施提供电能。供电系统一般包括外部电源、主变电所(或电源开闭所)、牵引供电系统、动力照明供电系统、电力监控系统。其中,外部电源一般取自城市电网,牵引供电系统包括牵引变电所和牵引网,动力照明供电系统包括降压变电所和动力照明配电系统,如图 2-1 所示。

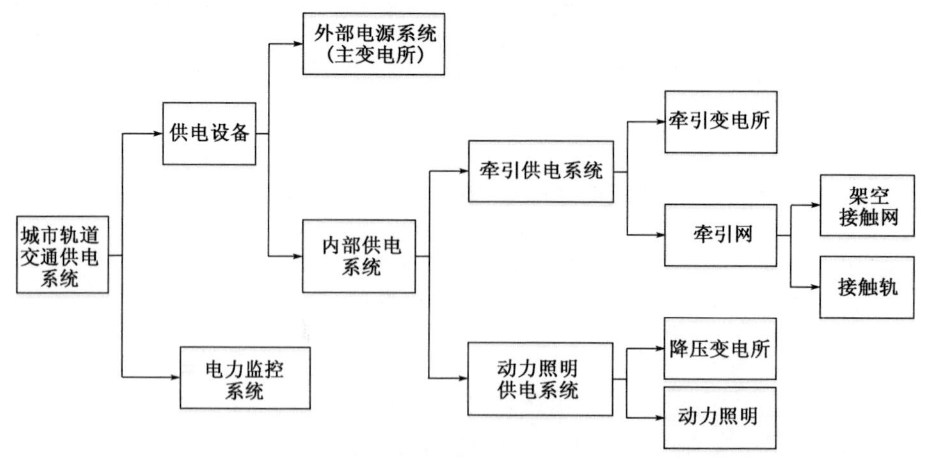


图 2-1　城市轨道交通供电系统

### 2.1.2　供电系统功能

供电系统的功能是向地铁各机电设备系统提供安全、可靠、优质的电力供应，满足各系统的用电要求，具体功能为：

(1)接受并分配电能的功能。通过主变电所从电力系统引入110kV高压交流电源并降压成地铁供电系统使用的33kV交流电，再通过地铁供电系统网络将电能分配到每一个车站和车辆段内的牵引变电所和降压变电所。

(2)降压整流及输送直流电能的功能。通过牵引变电所对主变电所引来的33kV交流电进行降压整流，使之变成1500V直流电，再将1500V直流电通过沿线架设的牵引网不间断地供给运行中的电动列车，以保证电动列车的安全、可靠、快速运行，准时地输送旅客。

(3)降压及动力配电的功能。通过降压变电所将33kV交流电降压成380/220V交流电，向车站和区间隧道的各种动力、照明设备供电，保证各种车站设备的正常运行，给乘客提供一个安全舒适的乘车环境。

(4)供电系统各级供电电压网络应具有在正常、事故、灾害运行情况下控制、测量、监视、计量、调整的功能，安全操作连锁功能，以及故障保护功能。

### 2.1.3　供电系统设备特点

1)高压供电系统

城市电网对城市轨道交通的高压供电系统一般有三种供电方式：集中供电、分散供电和混合供电。高压供电系统是通过主变电所，把城市电网35kV及以上电压等级的电源，降压后以中压供给牵引变电所和降压变电所。主变电所应有两路独立的进线电源。下文介绍高压供电系统的三类供电方式。

集中式供电是在城市轨道交通沿线，根据用电容量和线路长短，建设专用的主变电所(图2-2)。主变电所进线电压一般为110kV，经降压后变成35kV或10kV，供牵引变电所与降压变电所。集中式供电可靠性高，便于集中统一调度和集中管理，方便施工、维护和计费，同时大容量、高电压电网的承受能力强，抑制谐波的效果较好。因此，集中式供电是我国各城市地铁选用最多的一种供电方式，如上海、广州、南京、香港等诸多城市均采用此种供电方式，国外如伊朗德黑兰地铁也采用集中供电方式。

分散式供电是在地铁沿线直接由城市电网引入多路电源构成供电系统(图2-3)，一般为10kV电压级。分散式供电要保证每座牵引变电所和降压变电所均获得双路电源，要求城市轨道交通沿线有足够的电源引入点及备用容量。

采用分散式供电的有沈阳地铁、长春轻轨、大连轻轨、北京城铁、北京八通线、北京地铁5号线等。

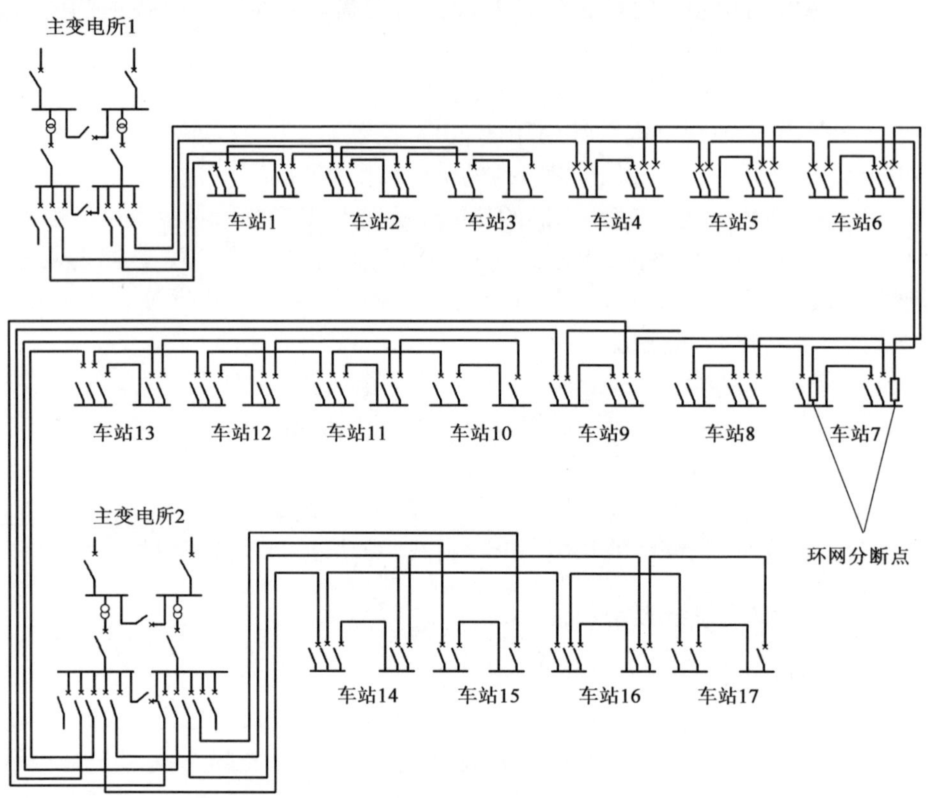


图2-2 集中供电方式时的中压环网供电示意图

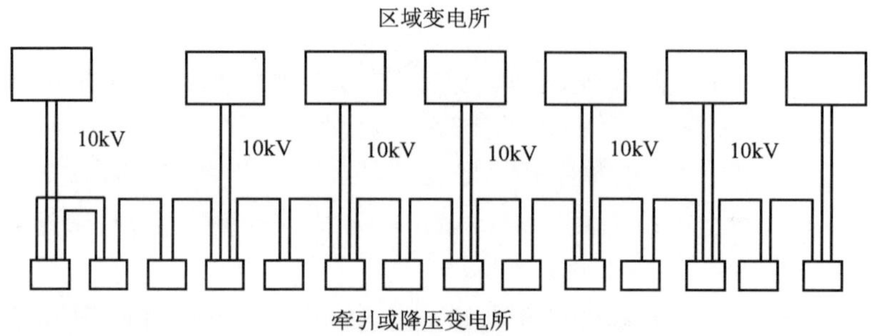


图2-3 分散式供电方式示意图

混合式供电是将前两种供电方式结合起来，一般以集中式供电为主，个别地段引入城市电网电源作为集中式供电的补充，使供电系统更加完善和可靠。北京地铁1号线和2号线、武汉轨道交通工程、青岛地铁南北线工程等即为混合式供电。

综上所述，集中供电方式是当前使用较多的供电方式，在城市轨道交通供电系统中虽然重要，但其可靠性高，基本不发生失效事件，因此分析故障时不作为重点设施分析。

33kV环网系统按照主变电所位置及负荷分布情况将全线分成数个分区，在每个供电分区中，由其中一个牵引降压混合所或降压变电所直接从同一个主变电所的33kV两段母线引入两回互为备用的专供电源，其他牵引降压混合变电所或降压变电所采用环网方式接入电源。

在两主变电所之间设置环网分段断路器。正常运行情况下，环网分段断路器打开；当一个主变电所故障退出运行时，环网分段断路器闭合，主变电所之间实现供电相互支援。

根据各车站变电所的分布位置以及供电系统继电保护配置的方便性，设计两种供电分区方案。每个供电分区均从主变电所33kV侧两段母线上分别引接一路电源，实现不同的两路电源对全线车站及车辆段变电所供电。

2）牵引供电系统

根据IEC标准和《城市轨道交通直流牵引供电系统》（GB 10411—2005），城市轨道交通直流牵引供电系统电压主要有DC750V和DC1500V两种电压等级。DC750V供电电压供电距离短、牵引变电所数量多、牵引网电流大、运营电能损耗大，不利于车辆再生制动能量的吸收，适用于中小运量轨道交通系统。DC1500V供电电压供电距离长、牵引变电所的数量少、牵引网电流小、运营电能损耗小，利于车辆再生制动能量的吸收，适用于中大运量、站间距长的轨道交通系统。

广州市轨道交通1～5号线的实践证明，在广州地铁中采用直流1500V供电制式是可行的、经济合理的。直流1500V牵引网电压制式具有供电距离远，投资省，适合长线路、大区间的线路。

牵引变电所从主变电所（电源开闭所）获得电能，经过降压和整流变成电动列车牵引所需要的直流电。城市轨道交通牵引供电系统示意图如图2-4所示。

牵引供电系统是供电系统的核心，牵引变电所将来自主变电所或城市电网的三相高压交流电降压、整流，变成适合电动车辆应用的低压直流电，经直流馈电线将牵引变电所的直流电送到接触网上，电动车辆通过其受流器与接触网的直接接触而获得电能,并经过车辆本身的逆变设备供牵引电机、照明、空调等使用,最后电力经过车辆传到钢轨,并经回流线流入牵引所构成回路。

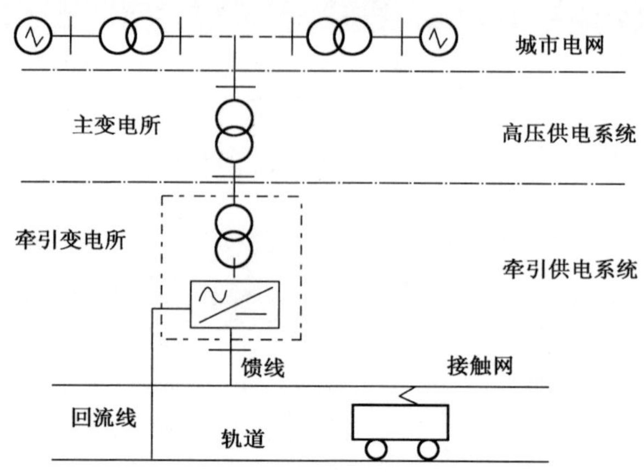


图 2-4　城市轨道交通牵引供电系统示意图

牵引供电系统又主要由牵引变电所和牵引网组成。下文主要介绍牵引变电所,接触网将在接触网专业子系统章节中介绍,此处不再详述。

城市轨道交通牵引变电所的主接线可以分为中压侧主接线和直流侧主接线。

目前国内城市轨道交通供电系统中压主接线普遍采用分段单母线接线,即牵引变电所两段母线各接一路引入电源和一路引出电源,同时设置母线分段开关或应急联络开关。正常运行时,两路引入电源共同为该牵引变电所提供电源,两路引出线为相邻变电所供电,两段母线分列运行。当牵引整流机组所在的中压母线故障时,该所整改直流系统退出运行,供电区间由双边供电方式切换到大双边供电方式。这种接线方式结构复杂,造价高,但系统可靠性比较高。

直流侧内主要采用 A 型单母线接线,该接线方式简单实用、可靠性高。两路直流进线通过断路器接在一段直流母线上,四路直流馈出线设置直流断路器和电动隔离开关,同时牵引整流机组的负极也采用电动隔离开关。

图 2-5 为典型的牵引降压混合变电所电气主接线图。

按照以上最常见的牵引变电所接线,即中压主接线采用分段单母线接线,直流侧采用 A 型单母线接线,其主要设备包括:35kV 交流母线、交流断路器、电动隔离开关、手动隔离开关、整流变压器、整流器、直流母线和电流互感器等。

每个牵引变电所由两回 33kV 电源供电。变电所采用单母线分段接线,每段母线均有一路进线电源,当一回电源故障时,可通过母联断路器自投保证供电

的连续性和可靠性。每个牵引变电所内设置两套整流机组，单台整流机组为12脉波整流方式，两套整流机组接于同一段母线上，组成等效24脉波整流方式。整流机组输出直流1500V电源向牵引网供电。

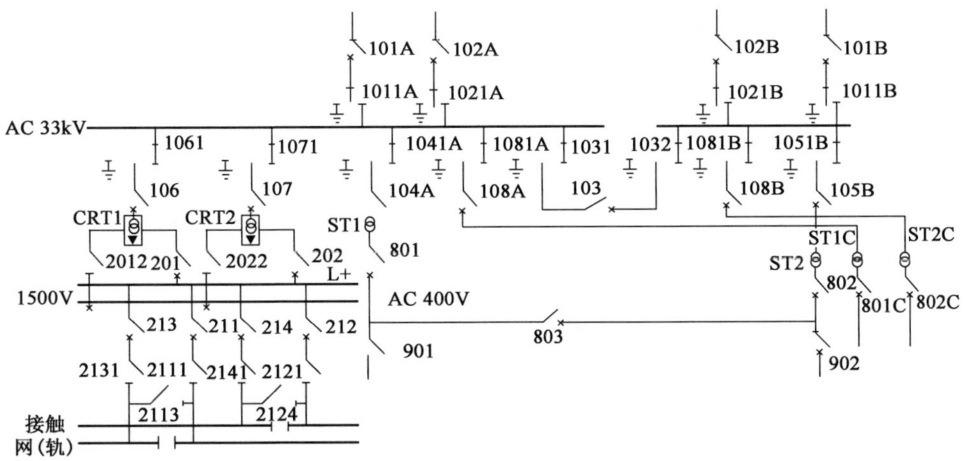


图2-5　典型的牵引降压混合变电所电气主接线图

牵引变电所的位置和容量设置特点如下：

(1)在正常和故障运营模式(其中任何一个牵引变电所解列退出运行)下，牵引网的电压波动范围为1000～1800V，车辆供电电压水平大于1000V。

(2)在正常运营条件下，正线回流轨(钢轨)与地面间的电压不应超过DC90V，车辆基地回流轨与地面间的电压不应超过DC60V；当瞬时电压超过最大允许电压时应有可靠的安全保护措施。

(3)牵引变电所整流机组的容量应尽量沿线均匀配置，满足高峰运营时最大负荷的需要。

(4)牵引变电所的设置和供电分区的划分应与线路配线相结合，满足行车各种正常和故障运营组织的需要。

(5)牵引变电所的设置应与车站的设置相结合，尽量设置在车站或者靠近车站以便于运营维护和管理。

3)动力照明供电系统

动力照明供电系统主要由降压变电所和动力照明设施组成，提供车站和区间各类照明，扶梯、风机、水泵等动力机械设备电源和通信、信号、自动化等设备电源，由降压变电所和动力照明配电线路组成。

降压变电所有两路电源，可以来自主变电所，也可来自相邻牵引变电所。单母线分段,根据系统需要,也可以不设分段开关。降压变电所的两台变压器,其容量应该满足:正常运行时,两台变压器分列运行,同时供电,负荷率不超过70%。当一台变压器发生故障解列时,自动切除三类负荷,另一台变压器可承担该所供电范围内的全部一、二级负荷,以保证城市轨道交通的正常运行。

动力照明采用380/220V 三相五线制系统(TN-S 系统)配电。基本上采用放射式供电,个别负荷可采用树干式供电。一类负荷要求双电源、双电缆,供电末端自动切换,来电自复;二类负荷为双电源、单电缆;三类负荷为单电源、单电缆。

动力照明供电系统可靠性高,与行车相关性小,不展开讨论。

## 2.2 接触网系统

### 2.2.1 接触网系统概述

1)接触网系统

接触网是一种悬挂在轨道上方沿轨道敷设的、与钢轨保持一定距离的输电网,是牵引供电系统中唯一无备用的设备。通过电动车组的受电弓(或集电靴)和接触网的滑动接触,使牵引电能由接触网输入电动车组,驱动牵引电动机使列车运行。

接触网的供电制式分为交流供电、直流供电两种类型。交流制式常用于铁路,供电电压为27.5kV;直流制式常见于城市轨道交通,供电电压标准为600V、750V 和1500V 三种[国际电工委员会(IEC)拟定]。其中,国内常采用750V 或1500V 两种电压标准[《城市轨道交通直流牵引供电系统》(GB/T 10411—2005)]。

接触网形式上分为接触轨式和架空式两种类型:接触轨式接触网分为上接触式、下接触式和侧接触式三种;架空式接触网又分为刚性接触网和柔性接触网两种。

2)接触网分段形式

(1)电气分段。

电气分段主要为了保证供电的可靠性和运用检修的灵活性,缩小事故范围。电气分段又分为横向电分段和纵向电分段。横向电分段是用于复线上下行股道间、车站、车厂各股道等线路之间的电分段,一般采用隔离开关、绝缘子等形式实现。纵向电分段是用于沿线路方向接触网之间的电分段,如各供电臂之间的电

分段,一般采用绝缘锚段关节、分段绝缘器、接触轨端口等形式实现。

(2)机械分段。

机械分段便于施工,容易实现接触网张力自动补偿,缩小事故范围,从而有利于接触网的运营和维修,一般采用锚段关节、接触轨断口等形式实现。

### 2.2.2　柔性接触网设备特点

柔性接触网主要由支柱与基础(隧道为支撑部件)、支持装置、定位装置和接触悬挂等几部分组成,如图2-6所示。

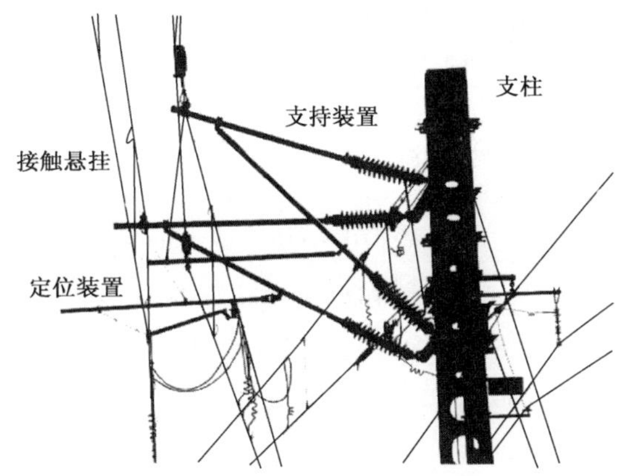


图2-6　柔性接触网组成图

1)接触网支柱和基础

支柱和基础,由支柱和基础、支柱侧面限界和基础组成。

支柱与基础(支撑部件)承受着接触悬挂和支持装置所传递的负荷(包括自身质量),并将接触线悬挂到一定的高度。支柱按其在接触网中的作用可分为中间支柱、转换支柱、中心支柱、锚柱、定位支柱、道岔支柱、软横跨支柱、硬横跨支柱及桥梁支柱等几种。图2-7所示为支柱用途分类示意图。

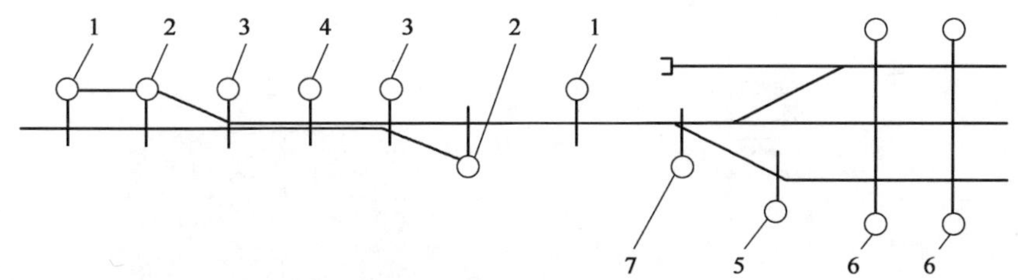


图2-7　支柱用途分类示意

1-中间支柱;2-锚柱;3-转换支柱;4-中心支柱;5-定位支柱;6-软横跨支柱;7-道岔支柱

支柱侧面限界是指在接触网支柱轨平面处线路中心线距离支柱内沿的距离,用 CX 表示。要求有足够的距离保证机车车辆安全可靠地通过。图 2-8 所示为工程技术人员正在测量支柱侧面限界的现场照片。

图 2-8　支柱侧面限界

基础主要承受支柱所传递的力和力矩并传给土体,起支持作用。

2) 支持和定位装置

柔性架空接触网的支持装置是用以支持接触悬挂,并将其负荷传给支柱的设备。根据接触网所在区间,站场和大型建筑物有所不同,区间以腕臂式支持装置为主,由平腕臂和斜腕臂及其连接零件组成,绝缘腕臂如图 2-9 所示。站场以硬横跨式支持装置、软横跨式支持装置为主要安装形式,如图 2-10 所示。

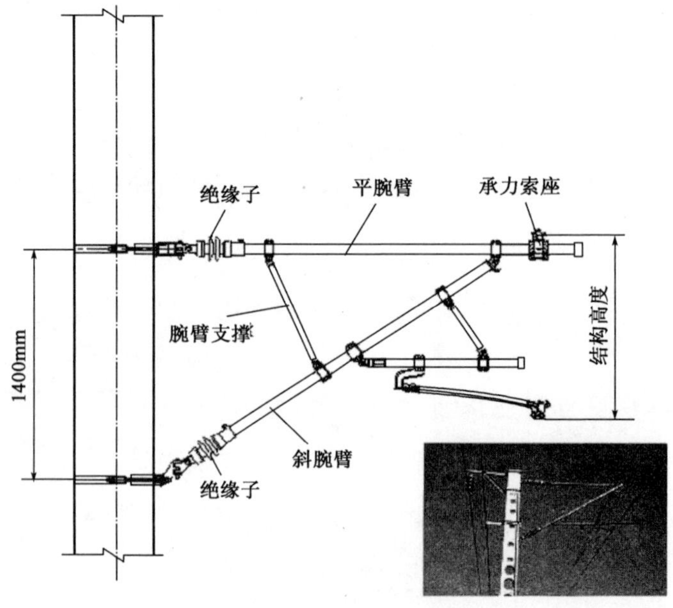


图 2-9　绝缘腕臂

图 2-10　接触网软横跨

3) 接触网悬挂

接触悬挂是指将电能传导给电力机车的供电设备,包括承力索、接触线、吊弦、补偿装置、悬挂零件及中心锚结和附架线索等。接触悬挂主要分为简单接触悬挂(简单悬挂)和链形悬挂两种类型,如图 2-11、图 2-12 所示。

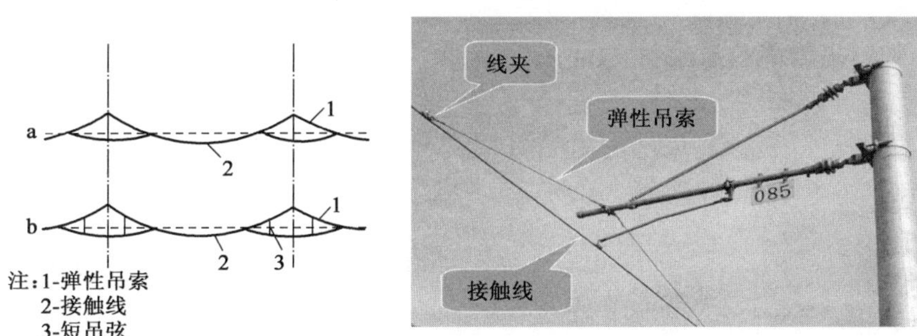


图 2-11　简单悬挂示意图

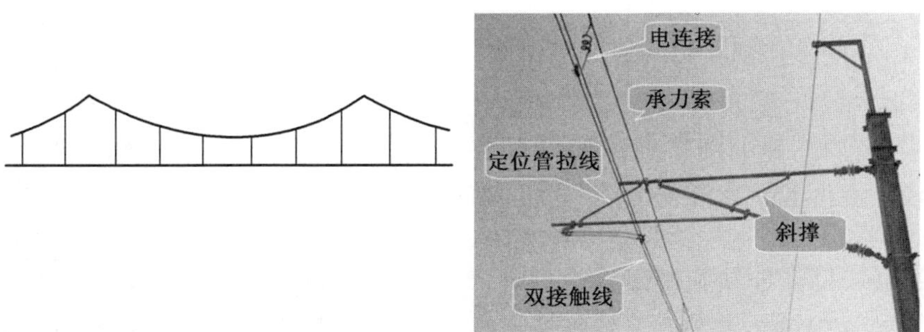


图 2-12　链形悬挂

### 2.2.3 刚性接触网设备特点

刚性接触网主要由绝缘和支承装置、汇流排和接触导线及其他设备组成，将接触线夹装在汇流排中，依靠汇流排自身的刚性保持接触线的固定位置，使接触线不因重力而产生弛度。刚性接触网具有占用净空小、结构简单、无外加张力、维护量小等优点，适用于隧道段，如图 2-13、图 2-14 所示。

图 2-13　刚性接触网

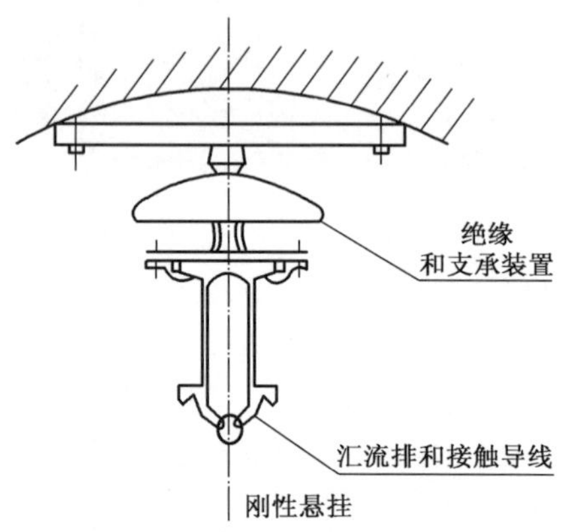


图 2-14　刚性接触网主要结构部件

### 2.2.4 接触轨式接触网设备特点

接触轨系统主要由接触轨、绝缘支座、防护罩、中间接头、端部弯头、膨胀接头、中心锚结等组成。其中，接触轨、绝缘支架、防护罩是接触轨系统中送电、支撑、防护的三大件。接触轨按受流位置可分为上接触式接触轨、下接触式接触轨和侧面接触式接触轨，结构如图 2-15 所示。

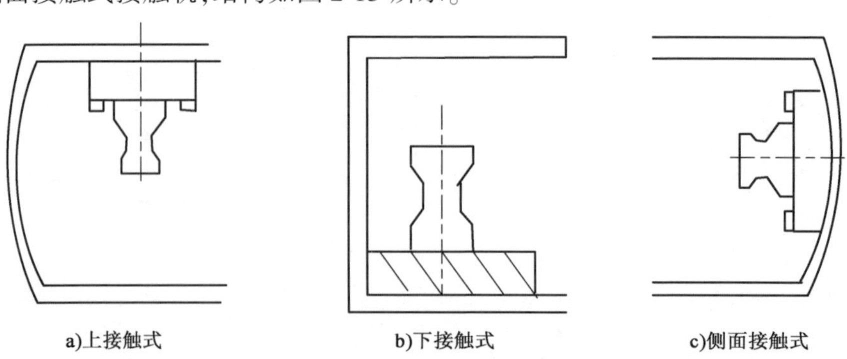


图 2-15　上接触式、下接触式和侧面接触式接触轨

目前国内接触轨线路主流采用下接触式接触轨(图 2-16),授电接触面朝下,与集电靴活动接触。与其他两种接触方式相比,下接触式有以下优点:

(1)防护罩对带电接触轨的防护性能好,带电接触轨不容易被无意识地触碰到,能确保人身安全。

(2)遮挡雨雪条件优于其他两种授流方式,能确保牵引网系统的安全可靠运行。

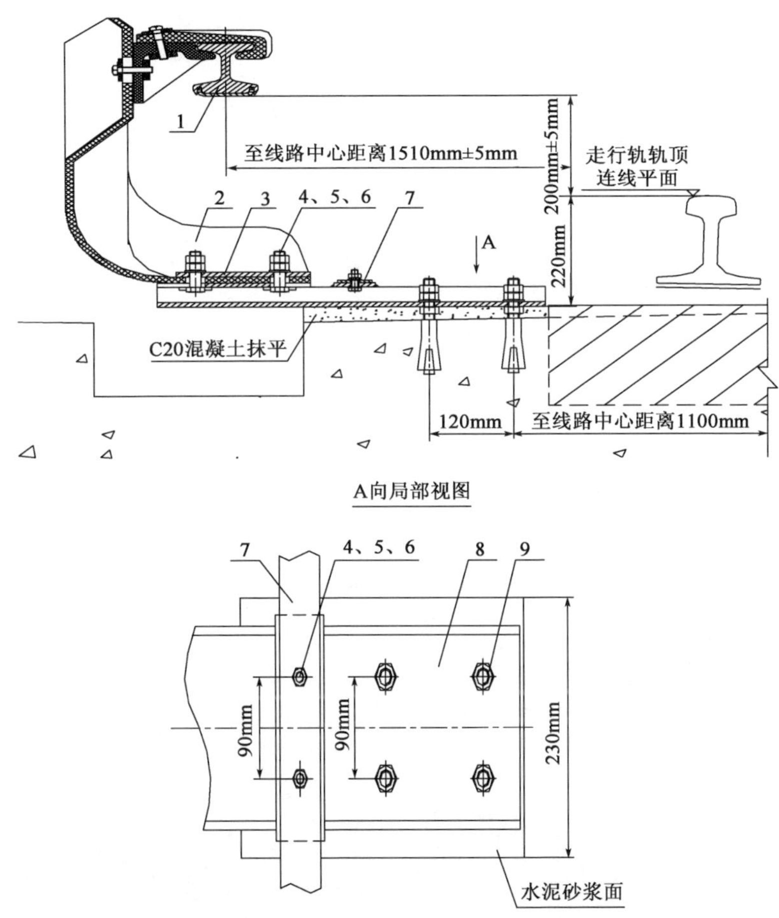


图 2-16　某地铁下接触式接触轨结构

1-接触轨;2-整体绝缘支架;3-垫板;4-螺栓;5-螺母;6-垫圈;7-接地扁铝;8-支架底座;9-后切底柱锥螺杆式锚栓

# 2.3 信号系统

## 2.3.1 信号系统设备组成

信号系统属于地铁运行的控制系统,能够在保障列车运行安全的前提下,满足运营性能的要求。信号系统最典型特征就是安全,且在设备故障情况下也要保证系统的运行安全。不同信号系统厂家系统结构组成存在差异,但实现的功能都基本相同,其系统结构组成包括:列车自动防护子系统(ATP)、计算机联锁子系统(CBI)、列车自动运行子系统(ATO)、列车自动监控子系统(ATS)、数据传输子系统(DCS),如图 2-17 所示。

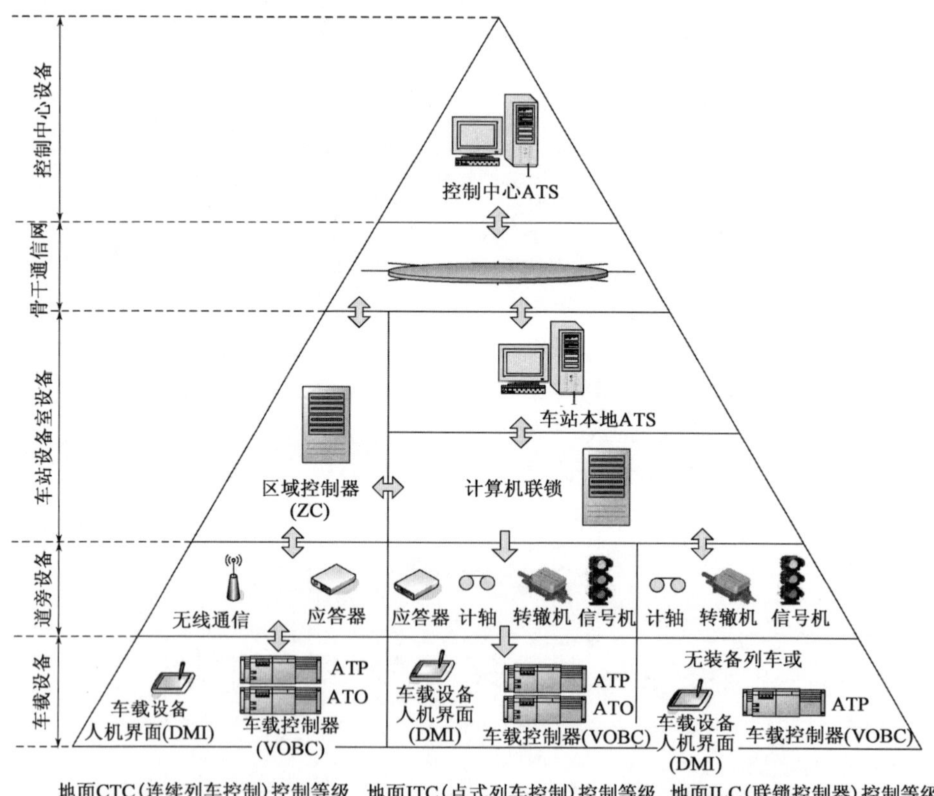


图 2-17 某地铁线路信号系统结构

### 2.3.2 信号系统设备特点

1）列车自动监控（ATS）子系统

信号ATS子系统组成一般由控制中心ATS、车站ATS、停车场/车辆段ATS设备及相应的通信网络组成（图2-18），主要实现对全线列车运行的自动管理和监控过程，其设备组成具备的各项功能完全满足运营组织需求。例如，能够可靠地实现运行图编辑、运行列车的自动调整、自动排列进路及调度员岗前培训等功能。通过中央ATS设备，调度员可以随时根据需要，局部或全部下放或回收对车站的控制权限等。

ATS系统主要功能包括：监督列车运行；编译生产由调度随时调用的各类时刻表，并提供对当前时刻表计划的在线修改功能；监控运行、对偏离时刻表或非计划的列车运行做出响应，对计划列车运行偏差的自动调整；自动列车进路；人工控制列车进路，实现对进路要素的单独控制/设置等功能；运行记录的统计、自动保存/归档，以及完善的系统维护/备份功能；ATS子系统局部故障或其他子系统故障下的降级运行管理；实现与地铁其他系统的信息交换接口功能；列车节能运行功能。

2）列车自动防护（ATP）子系统

列车自动防护系统是故障-安全的系统，该系统负责全部的运行保护，对与安全有关的子系统进行控制。ATP系统可保证运行的安全，同时也可提高运营的效率。各信号系统集成商的ATP系统设备组成方式存在着不同，但安全理念基本相同，一般ATP系统分为车载ATP系统和轨旁ATP系统。

ATP系统的主要功能包括：保护区段和停车点的保护；列车定位；速度和距离测量；速度监督；列车追踪间隔；紧急停车监督；运行方向监督；车门监控；列车自动折返监控；站台门/安全门监控；列车完整性监控等。

轨旁ATP系统通常是分区域进行控制，主要与系统所能控制的范围有关，每一个ATP控制区域主要由ATP轨旁单元和其相关的车-地通信设备组成，各区域的ATP轨旁单元一般通过数据总线连接。图2-19为某地铁轨旁ATP系统实现的结构图。

车载ATP系统一般由车载ATP单元、测速设备和通信收发设备组成，不同信号系统集成商车载ATP设计架构不同，导致其冗余的方式不同。图2-20为某地铁车载ATP系统实现的结构图。

3）计算机联锁（CBI）子系统

计算机联锁系统的联锁逻辑是基于信号机、道岔和进路之间建立一定的相

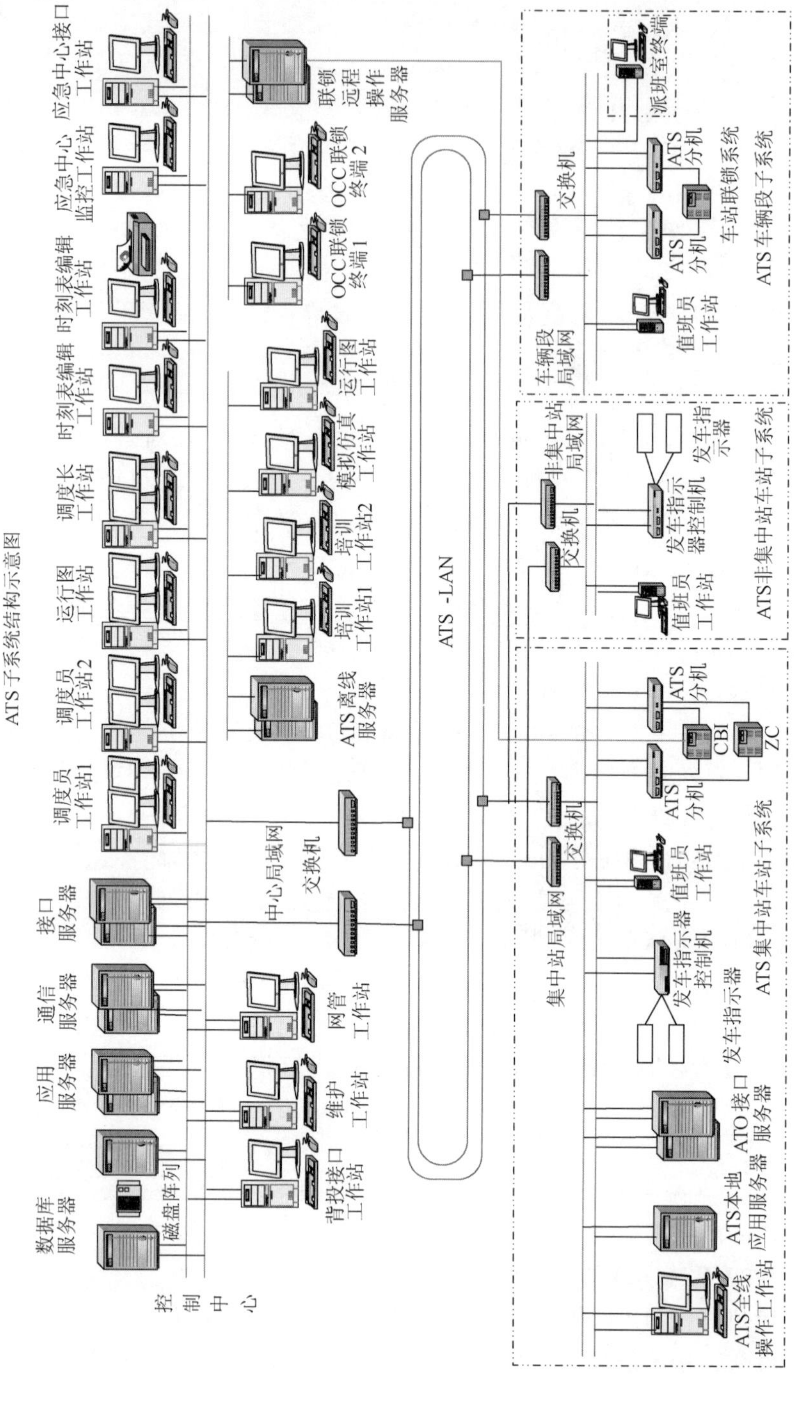

图2-18　某地铁线路ATS系统结构图

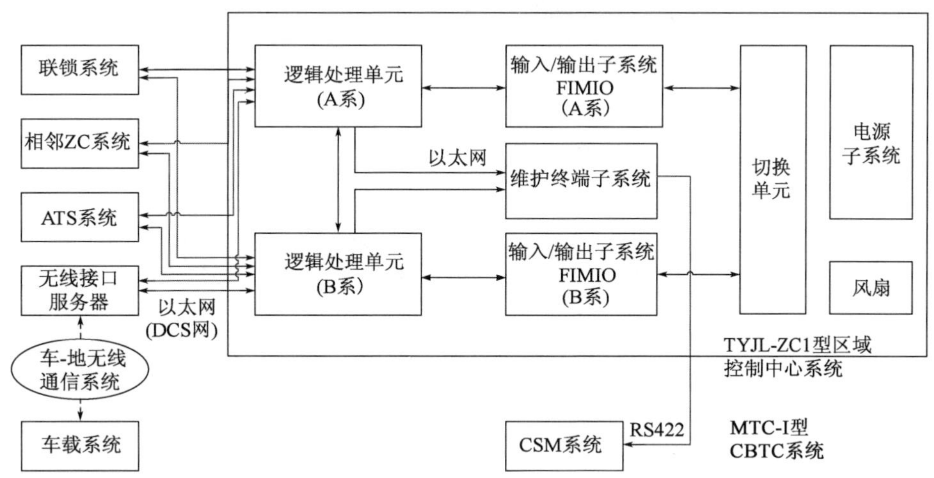


图 2-19 某地铁线路轨旁 ATP 系统结构图

注:1. ZC 系统(通过 DCS 骨干网)采用冗余交叉方式与联锁系统,相邻 ZC 系统,ATS 系统、无线接口服务器接口。

2. ZC 系统的维护终端子系统采用 RS422 方式与 CSM 系统接口。

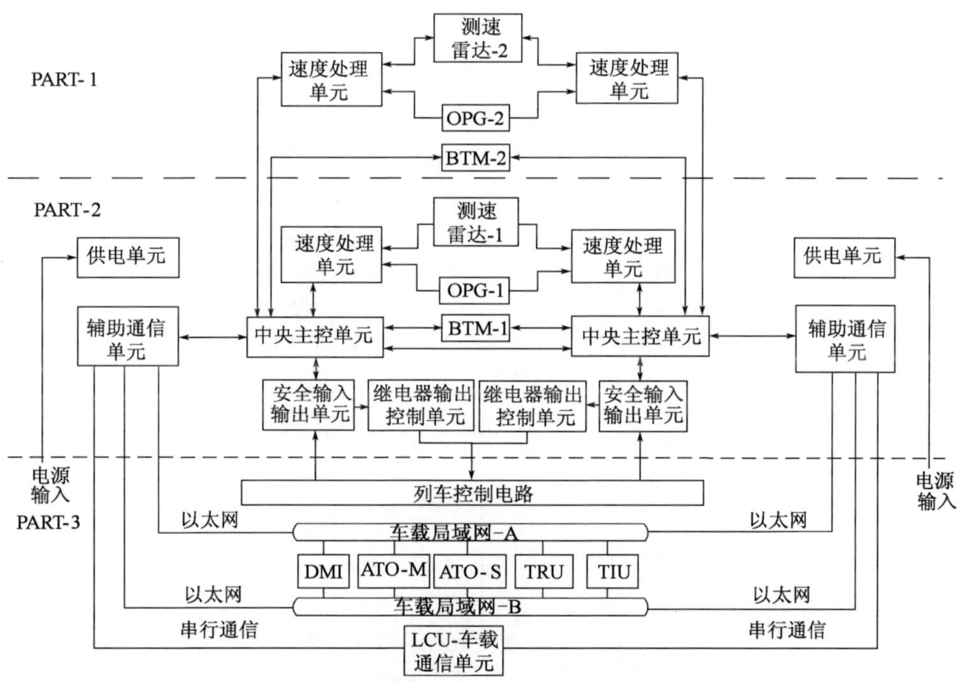


图 2-20 某地铁线路车载 ATP 系统结构图

互制约关系，其基本功能是保证列车在进路上的运行安全，整个系统的主要工作内容是进路建立和进路解锁。计算机联锁系统实时采集站场状态信息、接收来自其他信号系统的数据和车务操作人员的操作命令，进行联锁逻辑运算，对现场设备进行控制、向其他信号系统发送数据。其中计算机联锁系统的逻辑运算功能主要包括：信号机控制、道岔控制、区段控制、进路控制、保护进路控制、屏蔽门控制和监督、紧急停车按钮的监督、防淹门控制和监督、场联控制、点式报文控制等功能。此外，计算机联锁系统还提供站场设备状态表示的接口功能和系统信息查询等功能。

计算机联锁系统的结构可分为三个层次：操作显示接口层、逻辑运算层、输入输出层，图 2-21 为某地铁计算机联锁系统实现的结构图。

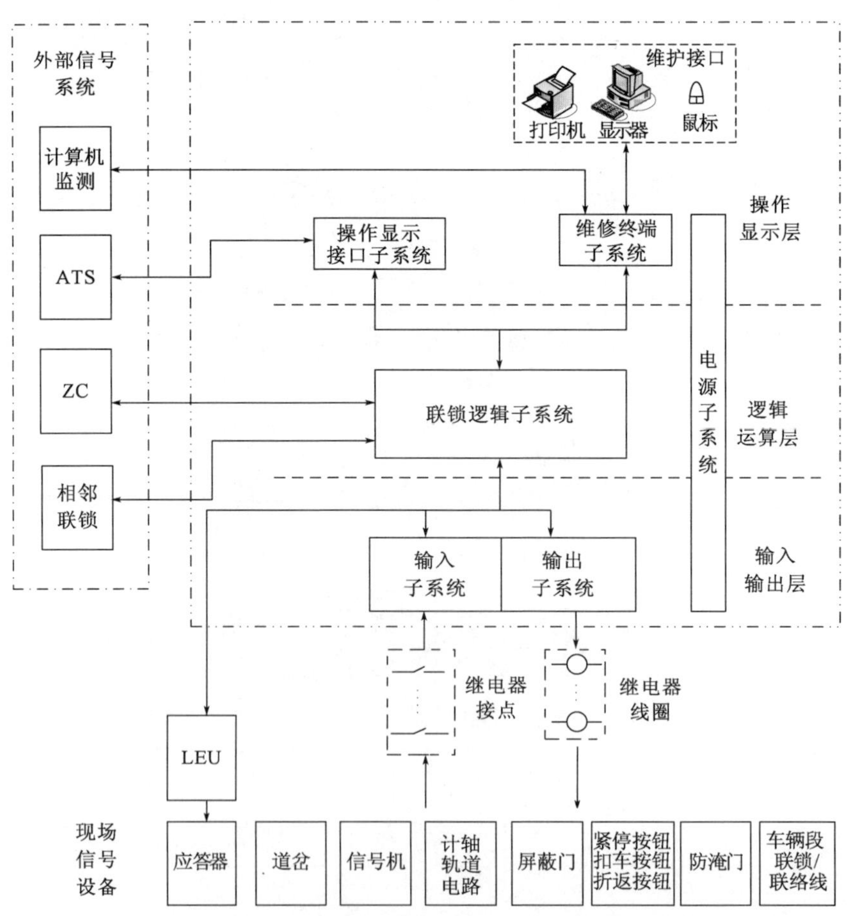


图 2-21　某地铁线路 CBI 系统结构图

操作显示接口层：由操作显示接口子系统和维护终端子系统组成。操作显示接口子系统和维护终端子系统之间通过局域网交换信息。操作显示接口层还完成和自动列车监控子系统（ATS）、计算机监测等外部信号系统之间的信息交换，完成列车运行指挥控制和设备维护管理等功能。

逻辑运算层：即联锁逻辑子系统，是整个联锁系统的核心层，由具有安全冗余结构的专用计算机组成。联锁逻辑子系统通过安全数据通道与输入输出层，以及区域控制中心（ZC）系统、相邻站联锁系统、轨旁电子单元（LEU）等外部信号系统交换信息；通过局域网和操作显示接口层交换信息。联锁逻辑子系统接收来自操作显示接口层、外部信号系统的操作命令信息和来自输入子系统、外部信号系统的现场设备状态、列车信息等，据此进行联锁运算，产生相应的输出控制，通过输出子系统，以及相关的外部信号系统对现场设备进行控制。

输入输出层：由输入子系统和输出子系统组成。输入输出子系统通过安全数据通道与联锁逻辑子系统交换信息。输入子系统通过采集接口电路，采集现场设备的状态信息，发送给联锁逻辑子系统；输出子系统接收来自联锁逻辑子系统的输出控制信息，通过驱动接口电路，安全地控制现场信号设备。

4）列车自动运行（ATO）子系统

列车自动运行系统主要负责列车的运行，实现列车自动驾驶模式（图2-22所示为某地铁线路ATO曲线图）。列车自动运行系统的设备基本布置在列车上，其功能主要包括：列车自动驾驶、无人驾驶自动折返和车门开关等。这三个控制功能相互之间独立运行，各自控制管理列车自动驾驶的一方面，且各自控制功能只有在ATO模式中才有效。

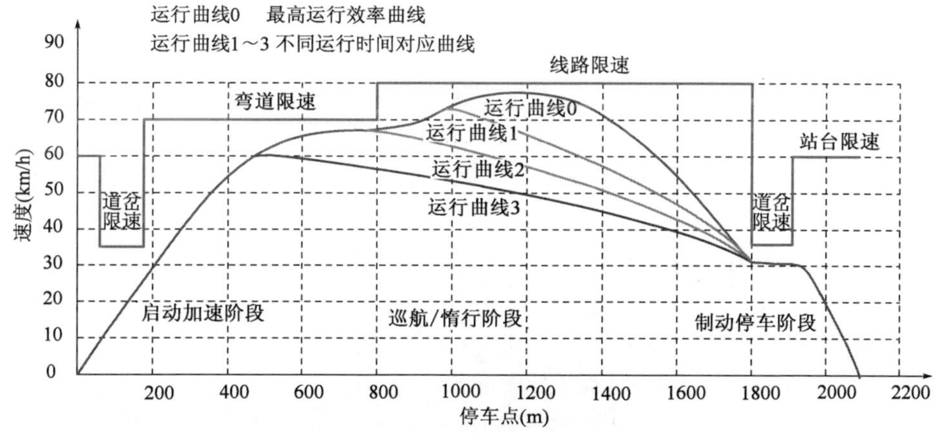


图2-22　某地铁线路ATO曲线图

5)数据传输(DCS)子系统

目前较为通用的 DCS 子系统硬件组成部分包括:轨旁骨干网、轨旁 AP(Access Point,无线接入点)、车载无线单元等。通过此种方式实现车载与轨旁设备之间的数据通信,在保证列车运行效率的基础上,确保列车的运行安全。

(1)轨旁骨干网。

信号系统骨干网的组网采用现代通信组网方式,由交换机搭建骨干网络或是通过同步数据传输设备实现骨干网的组网,这两种方式各有优劣,信号系统厂商根据各自系统特点选取相适应的组网方式。例如某地铁运行线路骨干网组成方式:联锁站包含 SDH 传输节点设备和以太网交换机;非联锁站包含以太网交换机,实现各模块间的信息交互,如图 2-23 所示。

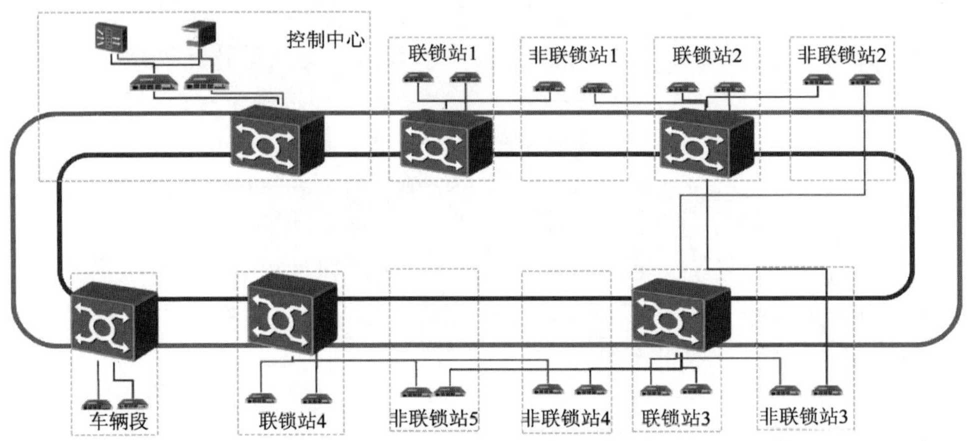


图 2-23 某地铁线路 DCS 子系轨旁骨干网硬件结构

(2)轨旁无线网络。

负责地面列控子系统设备与列车无线单元之间的业务应用数据的接收与转发功能;无线控制器是无线网络设备管理控制中心,完成对整个无线网络的配置,监控所有轨旁 AP 和车载无线单元,实现对系统的详细诊断;轨旁 AP 负责 WLAN 无线网络的覆盖、车载设备的无线接入,如图 2-24 所示。

(3)车载无线通信单元。

主控单元(CPU)是车载无线单元的处理核心,实现对无线控制单元和网络接口单元的控制和管理。无线控制单元包括 WLAN 接入模块和 WLAN 协议转换板卡,实现与 WLAN 无线网络链接和协议转换,以及与主控单元通信。网络接口单元为车载无线单元提供与外界设备的有线网络接口,实现与 ATP/ATO 的通信,如图 2-25 所示。

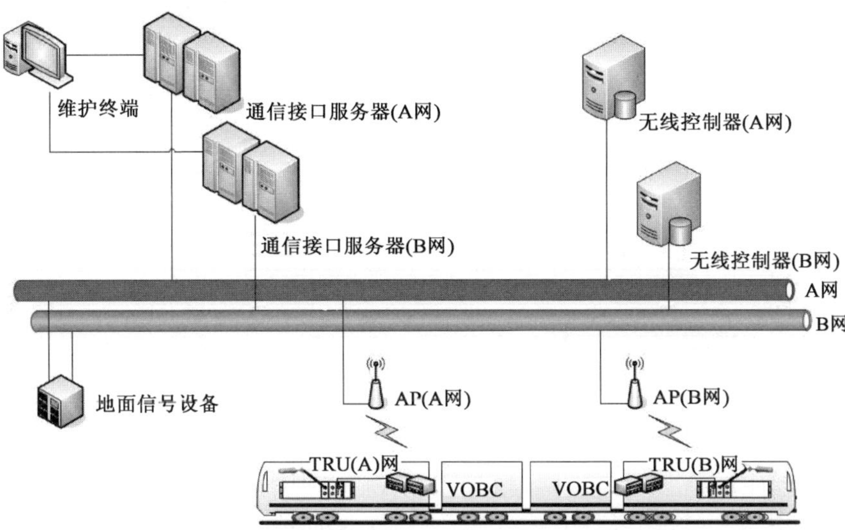


图 2-24　某地铁线路 DCS 子系轨旁无线网硬件结构

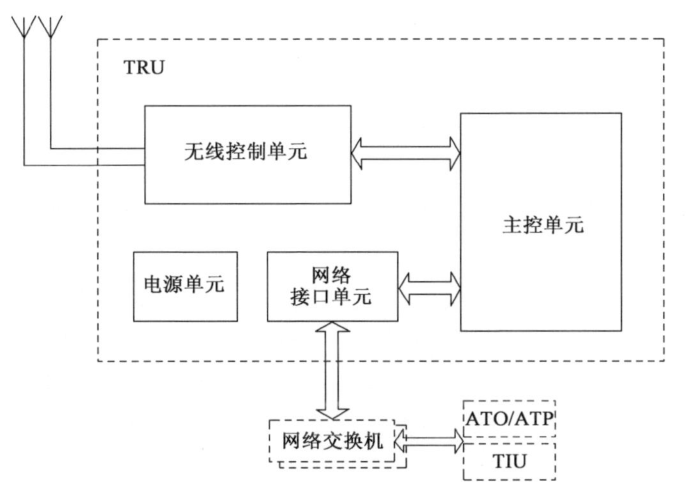


图 2-25　某地铁线路车载无线通信单元的硬件结构图

# 2.4　线路系统

## 2.4.1　线路系统设备组成

城市轨道交通线路系统是引导列车运行，直接承受列车的竖向、横向及纵向力的基础。线路系统主要由道床、轨枕、钢轨、连接零件、道岔等部分组成，如图 2-26所示。

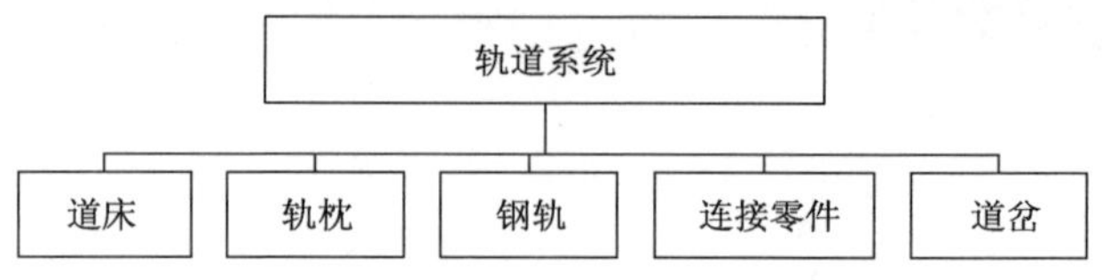


图 2-26　轨道系统组成图

### 2.4.2　道床分类及特点

1)道床定义及作用

道床是轨道的重要组成部分，是轨道框架的基础。道床通常指的是轨枕下面，路基上面铺设的垫层，主要作用是支承轨枕，把轨枕上部的巨大压力均匀地传递给路基面，并固定轨枕的位置，阻止轨枕纵向或横向移动，在减少路基变形的同时还缓和了机车车辆轮对对钢轨的冲击。

2)道床分类

道床大致可分为有砟道床、整体道床两类，其中有砟道床通常由具有一定粒径、级配和强度的硬质碎石堆集而成，整体道床主要为现浇钢筋混凝土结构或板式结构，如图 2-27 所示。

图 2-27　典型整体道床及有砟道床

城市轨道交通因穿梭于城市之间，在考虑安全的基础上，出于对地面建筑的减振保护，会结合环境评估报告要求，设置减振道床，常用减振道床有橡胶浮置板道床、钢弹簧浮置板道床。一般而言，城市轨道交通正线道床主要采用现浇整体道床，高架段一般采用现浇板式道床，车辆基地或正线地面路基段主要按照有砟道床考虑。

3)道床特点

随列车荷载反复作用,有砟道床会发生道床变形、道床脏污、道砟粉化、道砟坍塌、道床翻浆及道床板结等一系列常见病害。为保障有砟道床的整体弹性及舒适度,需要不定期地开展捣固、补砟甚至清筛作业。城市轨道交通中,大量使用整体道床,在提高轨道承载能力的同时,因整体道床直接在路基底上浇筑,在基底良好的情况,道床发生病害的概率是非常小的,以此可以保证线路稳定平顺,减少维修工作量。

### 2.4.3 轨枕分类及特点

1)轨枕定义及作用

轨枕是轨道系统重要组成部分,作用是支承钢轨,保持钢轨位置,并把钢轨传递来的巨大压力传递给道床的过渡设备。轨枕应具备一定的柔韧性和弹性,当列车经过时,可以适当变形以缓冲压力,列车过后尽可能恢复原状。

2)轨枕分类

轨枕按照材料分类可大致分为木枕、混凝土枕、合成枕,其中木枕又称枕木,具有弹性好、易于加工、使用方便等优点。自有铁路以来,木枕就是轨枕的主要类型。但由于木枕强度和耐久性不够,使用寿命短,木材资源稀缺,价格贵等原因,在铁路建设过程中逐渐被混凝土枕取代。混凝土枕使用寿命长、轨道稳定性好,能满足高速、大运量要求等优点,目前已得到广泛使用,如图2-28所示。

图2-28 典型木枕及混凝土枕

城市轨道交通因穿梭于城市之中,出于对地面建筑的减振保护,会结合环境评估报告要求,通过轨枕减振的方式来实现减振降噪,常用的减振轨枕有弹性短轨枕、梯形轨枕。一般而言,城市轨道交通正线轨枕主要采用混凝土枕,车辆基地轨枕以木枕居多。随着科技发展,行业内逐渐出现合成树脂轨枕,其弹性高于混凝土枕，耐久性高于木枕，主要用于道岔区域，很好地兼顾了混凝土枕及木枕的优点。

3）轨枕特点

混凝土枕结构稳定，强度高，基本不需要维修，使用寿命较长。木枕由于取材的原因，强度和耐久不够，会加大轮轨动力作用，并且要使用大量的优质木材。木枕的使用寿命短，其失效原因主要是腐朽、机械磨损和开裂，维修工作量相对较大。

### 2.4.4 钢轨分类及特点

1）钢轨定义及作用

钢轨是轨道的主要组成部件。它的作用在于引导机车车辆的车轮前进，承受车轮的巨大压力，并传递到轨枕上。钢轨必须为车轮提供连续、平顺和阻力最小的滚动表面。在电气化铁道或自动闭塞区段，钢轨还可兼做轨道电路之用。

2）钢轨分类

钢轨的类型是以每米长的钢轨质量千克数表示的。我国铁路上使用的钢轨有75kg/m、60kg/m、50kg/m，43kg/m和38kg/m等几种，城市轨道交通中正线及辅助线主要采用60kg/m钢轨，车辆基地主要采用50kg/m钢轨，如图2-29所示。

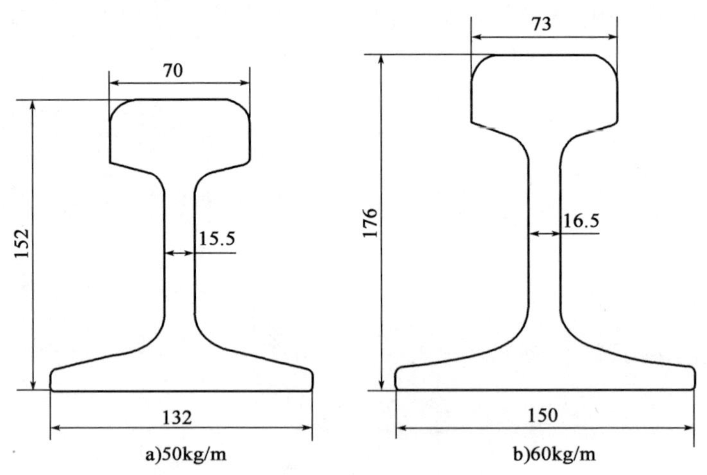


图2-29 城市轨道交通主要钢轨截面（尺寸单位：mm）

钢轨的断面形状采用具有最佳抗弯性能的工字形断面，由轨头、轨腰以及轨底三部分组成。为使钢轨更好地承受来自各方面的力，保证必要强度条件，钢轨应有足够的高度，其头部和底部应有足够的面积和高度、腰部和底部不宜太薄。

我国钢轨的标准长度为12.5m和25.0m两种。特重型、重型轨采用25.0m的标准长度钢轨,其他类型轨道可采用12.5m的标准长度钢轨。曲线缩短轨长度有比12.5m标准轨短40mm、80mm、120mm的三种,有比25.0m标准轨短40mm、80mm、160mm的三种。

3)钢轨特点

钢轨作为轨道系统中最为重要的组成设备,如未进行冗余设计,一旦发生故障,必定会影响列车运行,甚至中断运营。钢轨作为磨耗件,最为常见的病害主要用伤损、折断、裂纹及其他影响和限制钢轨使用性能的伤损。其中钢轨折断直接威胁行车安全,应及时更换。钢轨裂纹是指除钢轨折断之外,钢轨部分材料发生分离,形成裂纹。此外,钢轨伤损种类很多,常见的有磨耗、剥离及轨头核伤、轨腰螺栓孔裂纹等。

### 2.4.5 连接零件分类及特点

1)连接零件定义及作用

连接钢轨或连接钢轨及轨枕的零件,其作用是长期有效地保证钢轨与钢轨以及钢轨与轨枕间的可靠连接,尽可能地保持钢轨的连续性与整体性,阻止钢轨相对于轨枕的纵向移动,确保轨距正常,并在机车车辆的动力作用下充分发挥缓冲减振性能,减缓线路残余变形的积累。

2)连接零件分类

可根据不同用途分为接头连接零件及中间连接零件,如图2-30所示。

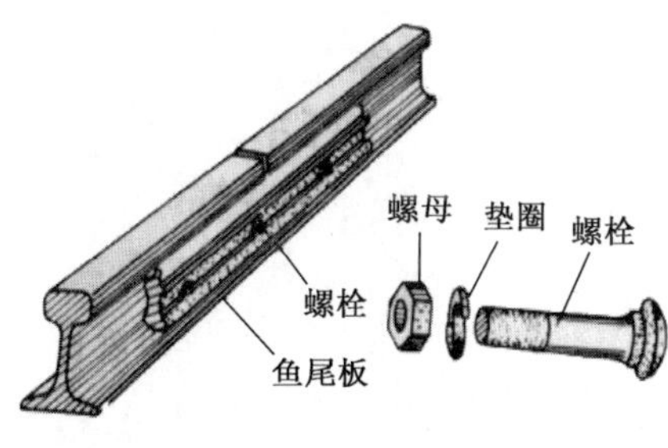


图2-30 典型中间连接零件及接头连接零件

接头连接零件包括夹板、螺栓及弹簧垫圈等,是轨道的薄弱环节。为减少钢轨接头,目前城市轨道交通已按照无缝线路铺设,即将标准长度的钢轨焊接成一定长度的长钢轨。

中间连接零件也称扣件,根据配合使用的不同轨枕类型而有各种不同的组合。城市轨道交通因大量使用混凝土枕，主要包括锚固螺栓、铁垫板、扣压件及弹性垫层等。城市轨道交通出于对地面建筑的减振保护，使用了大量的减振扣件，如双层非线性扣件、GJ-Ⅲ扣件等。

3）连接零件特点

连接零件作为轨道系统的最基本部分，目前接头连接零件已基本退出使用，主要在于中间连接零件，其所使用数量较大，在不连续出现松脱、断裂的情况下，对于运营的安全影响较小。

### 2.4.6 道岔分类及特点

1）道岔定义及作用

道岔是一种使机车车辆从一股道转入另一股道的线路连接设备，也是轨道的薄弱环节之一，城市轨道交通中通常在车站车辆基地大量铺设。有了道岔，可以充分发挥线路的通过能力。即使是单线铁路，铺设道岔，修筑一段大于列车长度的叉线，就可以对开列车。道岔在铁路线路上起重要作用。

2）道岔分类

道岔是实现股道转换的重要设备，广泛存在于铁路线路上。现在，电液控制自动道岔已经取代了落后的人工道岔。由于道岔区的接头数量多、曲线复杂，往往是行车安全事故的高发地带。城市轨道交通常用的道岔种类有单开道岔、复式交分道岔，如图 2-31 所示。

图 2-31　复式交分道岔及普通单开道岔

单开道岔有主线和侧线，通过尖轨的动作实现道岔的开通，侧线开通和正线开通由转输机控制。单开道岔是现场使用最多、最典型的道岔类型。

复式交分道岔相当于两组对向铺设的单开道岔，实现不平行股道的交叉，具有道岔长度短，开通进路多及两个主要行车方向均为直线等优点，因而能节约用

地，提高调车能力并改善列车运行条件。交分道岔由菱形交叉、转辙器和连接曲线等部分组成。

道岔岔心所形成的角，称为辙叉角，有大有小。道岔号码（$N$）代表了道岔各个部分的主要尺寸，通常用辙叉角（$\alpha$）的余切值来表示，即 $N=\cot\alpha=FE/AE$。城市轨道交通正线常用9号道岔转辙角6°20′25″；12号道岔转辙角4°45′49″；车辆基地常用7号道岔。辙叉角 $\alpha$ 越小，$N$ 值就越大，导曲线半径也越大，列车侧线通过道岔时就越平稳，允许的过岔速度也就越高。所以采用大号道岔对于列车运行是有利的。辙叉角示意图如图2-32所示。

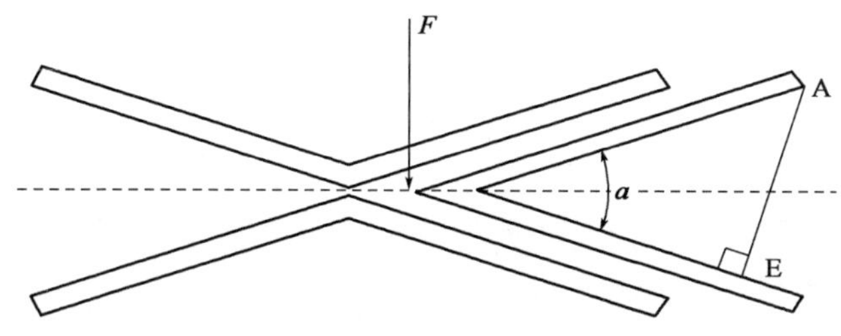


图2-32　辙叉角示意图

3）道岔特点

道岔作为轨道系统的关键设备，一旦出现故障，对于运营影响较大，尤其是对于城市轨道交通折返站的关键咽喉道岔，因其本身构造复杂、使用寿命短、行车安全性低、养护维修投入大等特点，是运营维护的重中之重。

# 第3章　行车设备适用的维修策略

随着技术手段和管理理念的不断进步,国际上各类维修模式和维修策略也在与时俱进。轨道交通行业经常讲的故障修、计划修、状态修等维修模式,本质上也都是维修策略的一种。从设备故障特征原因出发,维修模式和维修策略实际上远远不止这三种。为了更好地结合城市轨道交通行车设备特点来选用合适的维修策略,现将业界常用的几种维修模式整理介绍如下:第一大类为基本的维修模式,包括事后维修、预防维修、纠正性维修、预知维修和风险维修等;第二大类为以可靠性为中心的维修(RCM)、综合维修策略(RAMS)、设备健康管理(PHM)等系统性的维修策略。

## 3.1　基本维修模式介绍

### 3.1.1　事后维修(BM)

事后维修(BM,Breakdown Maintenance)又称第一代的维修模式。顾名思义,事后维修就是设备出现故障之后对其进行检查修理的活动。轨道交通行业经常讲的"故障修",就是指事后维修。

事后维修方案适用于故障后果不严重的设备,这种维修方案是在设备的运行参数异常或已经出现故障时才进行维修的策略。由于人们无法预知故障发生的时间,往往没有制定维修故障的方案,所以,这种维修方式仅适用于结构简单,设备损坏后直接损失、间接损失都不大,故障后对系统产生影响小的设备,比如城市轨道交通系统中的照明设备、城市轨道交通车辆中的制动设备(当空气制动系统失效后,可以采用紧急制动)、防淹门控制系统、电梯机房、城市轨道交通车辆疏散门等。

### 3.1.2　预防维修(PvM)

预防维修(PvM:Preventive Maintenance,轨道交通行业通常称为计划修)是在传统事后维修基础上发展起来的维修与管理模式。

预防维修可以有不同的工作模式,比较典型的代表是苏联实施的计划预修制和西方国家普遍采用的TBM(Time Based Maintenance),即以时间为基础的维修。

计划预修制(PPM:Planning Preventive Maintenance)要求设备在规定的开动时间以后,进行强制性的检查、调整和各类计划修理。在计划预修制中,各种不同设备的保养、修理周期、周期结构和间隔是确定的。在这个规定的基础上组织实施预防性的定期检查、保养和修理。苏联推行的计划预修制有三种模式:

第一种为检查后修理,强调使用初期对设备的检查和故障信息的搜集,然后根据设备实际状态拟订修理时间和维修级别、编制修理计划。

第二种为标准修理制度,它是以经验为根据的计划维修制度,根据经验制订维修计划、确定修理周期,按照计划进行强制性修理;

第三种为定期修理制度,这是以磨损规律为依据,以时间周期为基础的定期修理方式。

计划预修制把维修划分为大修、中修、小修、检查和调整,并分别赋予不同的间隔期。这种管理模式在计划经济体制下,重维修、轻保养,重计划、轻经济,缺乏灵活性。

计划预修制是按照计划对设备进行周期性的修理。包括按照不同设备和不同使用周期安排的大修、中修和小修。一般来说,设备一出厂,维修周期基本上就确定下来。如一台设备以1-2-6-9表示其修理的周期结构,意思是一次大修(K),两次中修(C),六次小修(M),还有九次检查调整(O),即K-O-M-O-M-O-C-O-M-O-M-O-C-O-M-O-M-O-K。具体的维修周期视不同设备而定。其优点是可以减少非计划(故障)停机,将潜在故障消灭在萌芽状态。缺点是对维修的经济性考虑不够。由于计划固定,较少考虑设备使用实际负荷情况,比较容易产生维修过剩或维修不足。国内各行业在20世纪50~60年代的工业受苏联影响较多,基本采用这种维修体制。

美国等西方国家实施的TBM也是建立在摩擦学、设备检查和维修经验基础上的管理方式,但因为这些国家属于市场经济结构,而不像苏联实施计划经济,比较注重维修的经济性和维修计划的灵活性。

无论是苏联的计划预修制还是西方采用的预防维修制,都可能产生维修的过剩或者维修不足。维修过剩,可能损坏设备,减少设备有效使用周期,增加维修成本;维修不足,则导致故障发生,不得不进行事后维修,仍有不少的风险。

预防维修模式适用于包括地铁车辆、桥梁、铁路运输房建设备、计轴设备、通信设备、转向架等设备设施。预防维修通常的做法是依照一定的周期对设备的检测、更换和维修,主要用于执行规律性的维修任务,适用金属部件和介质零部件等,因为它们有比较固定的磨损消耗周期,比如金属部件可以测算它的损耗更换时间,介质部件也可以测算其挥发使用时长。有利于确定预防维修周期,通过预防性维修可以维持甚至改善设备的工作性能,将故障发生消灭在"萌芽"状态,延长设备的工作寿命,保持设备的可靠性状态,降低运营成本。预防性维修的关键是要确定设备的预防性维修周期,如果制订了过长的维修周期会造成设备"维修不足",降低设备使用的安全性与可靠性;如果制订的维修周期过短,则会造成"维修过剩",增加了经济成本。预防性维修是现阶段常用的设备维修方式,运营管理人员常常以建立全寿命周期的方法来确定维修决策。

对于基于可靠性的全寿命周期模型,城市轨道交通设备的维修周期应包含两个方面:

一是维修的间隔。即隔多长时间维修一次最有效、最经济,这种时间或历程间隔并不是一个常数,它会随着维修次数的增大而减小。

二是维修的次数。一个设备并不能无休止地维修下去,当维修到一定程度时,设备会频繁需要维修,这并不利于设备的工作效益。

1)确定预防性维修周期

假定设备采取故障维修与预防性维修相结合的模式,当设备在维修期间间隔内发生故障则采用故障维修,在预定的时间点发生故障则采用预防性维修。根据可靠性函数的含义可以定义设备剩余寿命可靠性,通过解方程即可得设备在工作时间 $t$ 后,进行下一次预防性维修的间隔 $u$,如图 3-1 所示。

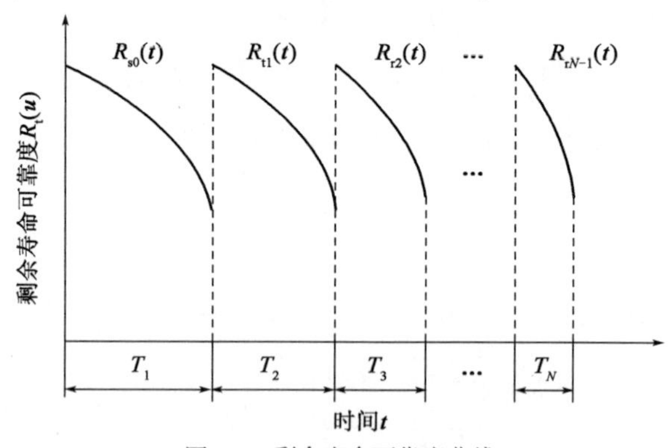


图 3-1 剩余寿命可靠度曲线

2)确定预防性维修的次数

由图 3-1 可以看出,设备的剩余寿命可靠度随着维修次数的增多而缩短,所以,当设备维修到一定程度时,由于维修过于频繁,设备的安全性、可靠性下降,维修成本上升,所以,也要确定适宜的维修次数,可以建立以单位时间成本最低

为目标的预防性维修次数的函数模型。由此可以确定预防性维修的最佳维修周期与维修次数。

该模型利用最小二乘法获得设备寿命描述参数,根据设备剩余寿命可靠度确定设备预防性维修最佳周期,以单位时间内检修成本最低为目标确定最佳维修次数,由此可以在一定程度上弥补“维修不足”与“维修过剩”,提高设备运行的安全性,降低事故发生风险并控制维修成本。

### 3.1.3　纠正性维修(CM)

纠正性维修主要应用在设备耗损故障期。按照设备的浴盆曲线,设备在耗损故障期,存在着老化、磨损、硬化、变形、开裂、腐蚀、疲劳等各种失效状况,继续运行将造成较严重的故障后果。纠正性维修通过零件更换、表面改性、精度恢复、重新成型、调直、校准、对中等技术手段使设备修复到所要求的功能和精度。纠正性维修所牵涉的技术包括焊接、表面喷涂、电刷镀、镶套、热处理改性、零件更换、对中、平衡、精度恢复、参数调整等。纠正性维修以设备性能恢复性修复为主,允许小的设备改造或者再制造,可以不拘泥于原有设备的设计和结构,进而提高设备固有可靠性。

### 3.1.4　预知维修(PdM)

预知维修(PdM,Predictive Maintenance)是最早依赖计算机系统和软件来监视、记录故障,诊断评估系统,视情制定维修策略的方法。预知的主要过程是通过传感器或仪器仪表来感知或检测设备的潜在故障信息,提取有用信息,通过人工或者计算机分析处理,对设备进行诊断和故障定位,最后进行维修决策。

这一管理模式是为了克服传统的以时间为基础的维修(TBM),即预防维修模式的弊端而提出的。目的是减少设备维修的盲目性,提高维修的准确、有效性。良好的预知维修体系可以明显地解决维修过剩或者维修不足的问题,有效地提升设备的可利用时间,同时又可以避免设备的非计划停机损失。但由于早期的检测手段、计算机硬件、软件环境均不太完善,缺乏完整、连续的数据采集系统,常使设备系统的预测不准确,进而影响了预知维修的准确、有效性。

预知维修方案适用于关键和重要设备(A类设备),这类设备在城市轨道交通系统中扮演重要角色,比如电气设备、轴承、变电设备、接触网等。预知维修近些年也称为状态维修(CBM,Condition Based Maintenance),这种维修模式会对设备进行状态监测,根据检测信息确定维修策略,预知维修适用于可以被实施监测的设备,且这些设备的运行数据可以为设备的故障诊断、故障预判提供有用信息和可靠依据，如果对这些设备实施监测，防止故障发生，则比事后维修和预防维修方案更加经济。

这种维修方式的维修作业一般没有固定的间隔期，维修技术人员根据监测数据的变化趋势做出判断，再确定设备的维修计划。这里，设备状态监测和诊断技术的应用就十分重要。目前，经常使用的状态监测方式包括油质监测技术、无损探伤监测技术、振动诊断技术等。

(1)油质监测技术是利用各种检测仪器，检测机器中润滑介质的性能变化以及介质中存在的机器磨损微粒的情况，通过分析机器的监测数据，判断机器中润滑介质是否需要添加、更换以及机械的磨损程度，判断机器的运行状况并预测故障发生的可能性，确定故障可能的原因、类型等。

(2)无损探伤监测技术采用射线、超声波、红外线等技术对设备零部件进行探测分析，在使用时应注意不能损害机械设备的性能，探测对象主要是设备的重点受力部位，防止设备受力部位出现裂缝、沙眼等潜在的安全隐患。

(3)振动诊断技术主要监测对象是轴承、齿轮等受力部件，通过振动信号分析仪、监测和巡检系统采集、分析设备的振动信号，识别诊断故障部位及原因，得出故障维修方案。

预知维修方案的业务开展模式如图3-2所示。

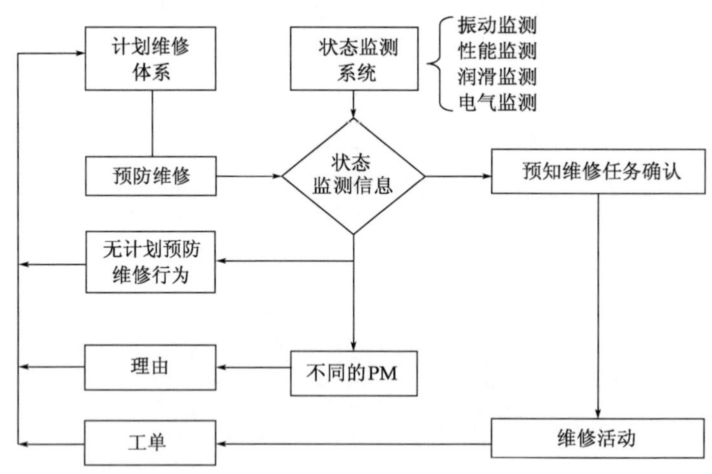


图3-2　预知维修方案的业务开展模式

### 3.1.5　适应性维修(AM)

随着企业设备不断朝着大型化、高速化和自动化方向发展，设备在生产上的重要性日益增大。如何使企业的生产活动适应市场形势的变化,成为一个重要课题。从设备管理方面来看,随着产量的变化、设备劣化的发展、诊断技术的进步及周围各种条件的变化,其体制、方式、方法也应作适应性的变化。为此,以日本某些钢铁企业为首,提出为迎接 21 世纪挑战的适应性维修(Adaptive Maintenance,简称 AM)概念。

这一新管理模式的核心是把综合费用降到最低。图 3-3 给出了随着维修方式的变化,维修费用和生产损失费用曲线也存在随之上升或下降的趋势。即随着维修方式的进步,生产损失越来越小,维修费用越来越高。而综合费用曲线,作为上述两种费用之和,呈下凹状。也就是说,可以找到一个最低点,在这一点综合费用最低。

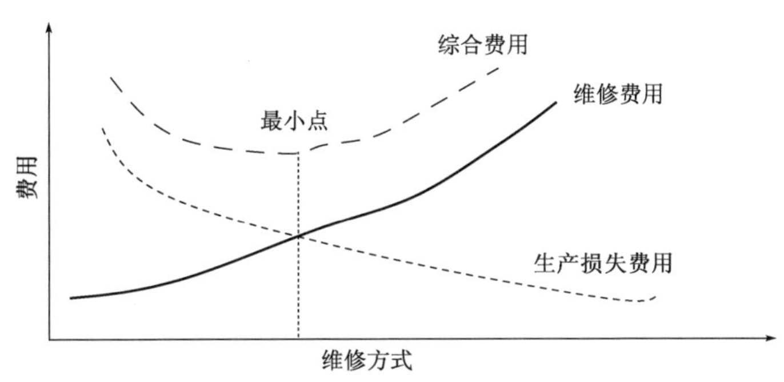


图 3-3 设备综合费用示意图

综合费用的公式如下:

$$综合费用 = 维修费用 + 生产损失$$

AM 的定义是以最小综合费用为目标,综合生产、设备劣化、诊断技术的进步各种因素来制定维修策略的管理模式。

对不同设备,可以按照图 3-3 方式绘出综合费用曲线并找到最小点。这样,可以在事后维修和状态维修(即前文介绍预知维修)之间选择最佳的维修模式。

为找到综合费用的最小点,必须解决好三个问题:一是要把设备故障造成的生产损失、维修费用定量化;二是确定计算综合费用的经验公式或理论公式;三是要确定能够反映不同时期的环境、条件变化。

1)维修方式确定的逻辑过程

把每个管理单元固有的基础数据、适应性维修(AM)数据的定量值输入计算机,按照理论公式求出每一维修方式及点检对象的平均故障间隔期(MTBF)与平均修理间隔期(MTBR);再根据计算得到的各项费用,计算并确定综合费用最小的维修方式。同时,给出最佳点检周期。

2)设备劣化模型

在开发维修方式决策系统时,需要把设备的劣化做模型化处理。一般把劣化分为三个阶段:

一是从设备使用开始到安全无缺陷的稳定阶段;

二是缺陷发生的阶段;

三是从缺陷到故障的阶段。

3)缺陷检出的概率计算

缺陷检出概率 = 技术上缺陷检出概率($p_t$) × 点检周期概率($p_i$)

其中,技术上缺陷检出概率($p_t$)即是当对存在缺陷的部件进行诊断时,能够检测出缺陷的概率,它是以点检结果或实绩数据为基础;点检周期概率($p_i$)即是当按照某一周期对设备点检时,恰好发生缺陷的概率。

4)生产损失的定量化

生产损失是指由于外部原因或生产线本身的缺陷、故障而造成的停机损失。一般包括:能源供应短缺造成的损失,合格品率降低损失和设备故障减产损失等。

5)适应性维修(AM)数据变更的模拟

在AM数据变化时,维修方式也应做出相应调整,计算机则依据输入的数据进行模拟,给出维修方式的比例选择。

由以上叙述可以看出,适应性维修的实现条件为:可实现不同维修方式费用的度量,生产损失的度量,计算机系统和相应的数据搜集及计算软件的完善。

### 3.1.6 风险维修(RBM)

风险维修(Risk Based Maintenance,简称RBM)是基于风险分析和评价而制定维修策略的方法。风险维修也是以设备或部件处理的风险为评判基础的维修策略管理模式。

风险 = 后果 × 概率

所谓后果是指健康、安全与环境的危害,设备、材料的损失以及影响生产和服务损失。

风险分析要回答三个问题:

(1)什么地方可能出现问题?即故障的定位、描述以及原因分析;

(2)有多大可能出现问题?即故障出现的概率;

(3)故障会造成什么后果?即故障造成的有形和无形影响、危害。

1)风险维修要考虑的维修成本

风险维修在制定维修策略时要综合考虑各类维修成本和故障后果成本。

(1)直接成本。

包括日常维护成本($C_{BS}$)、预测与预防维修成本($C_{PM}$),以及纠正性即改善维修成本($C_{CM}$)。

(2)间接成本($C_{INDIRECT}$)。

包括组织、管理、后勤支持成本。

(3)故障后果成本($C_{RISKES}$)。

包括健康、环境与安全成本,生产、服务的延误成本,设备、材料损坏成本,以及信誉损失成本。

风险维修旨在这些成本的综合之中寻求最小值来确定维修策略,其描述如图3-4所示。

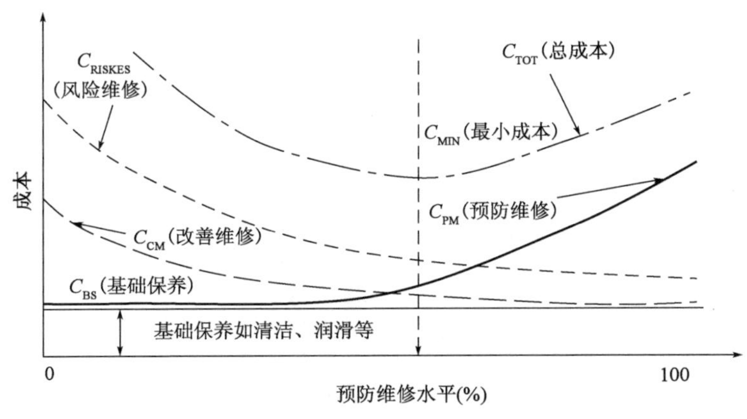


图3-4 风险维修追求最小总成本示意

2)风险维修应用的无损检测手段

目前,风险维修的检查应用在静态设备上,主要为管道、容器和结构件等。应用的无损检测手段主要有:磁粉探伤、超声波试验、X射线试验、涡流试验。

风险维修在检测方面的主要成果为检测方法的优化,检测周期的优化,检测成本的降低,以及检测可靠性和效率的提高。风险维修的检测应用在保护仪器上,主要为报警装置、误差检测仪器等。主要检测的故障是根据实际需要而确定的。检测的方法是功能试验,取得的成果为检测周期的优化、降低成本、可靠性和效率的提高等。风险维修的检测应用在运动设备上,主要为转动设备、过程仪表、发电机、电动机等。可检测的明显症状为振动、磨损、滴漏等。主要检测方法为 RCM(可靠性为中心的维修)分析、风险分析、成本－效益分析等。主要成果为潜在风险排序和维修效益水平分析,维修程序优化等。

3)风险维修的开展

风险维修的主要流程如图 3-5 所示。

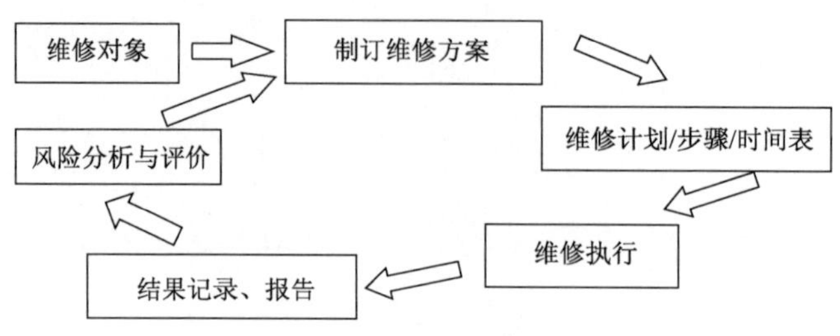


图 3-5 风险维修主要流程

风险维修的主要效益和特色表现在:

(1)每个设备都可以辨识其风险优先序;

(2)减少工艺和需求的保守性;

(3)使维修和降低风险的目标一致;

(4)降低设备寿命周期费用,减少设备事故和故障,减少不必要的检查。

从另一个角度讲,风险维修实际延长了设备的寿命周期,如图 3-6 所示。

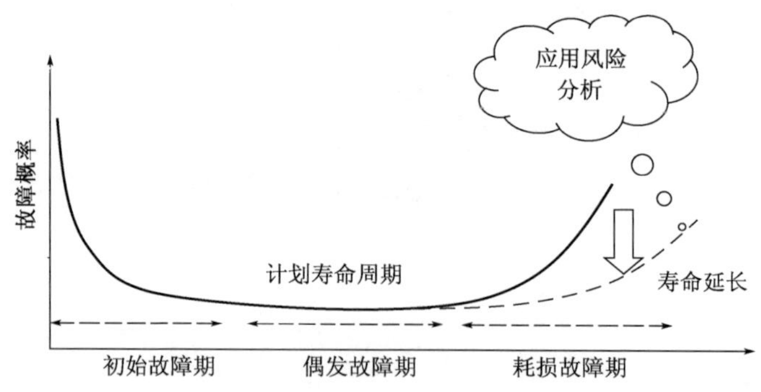


图 3-6 风险维修对设备寿命周期的影响

挪威、英国和荷兰实验室应用基于风险的检查(Risk Based Inspection,RBI)方法,取得显著成果。其原理是对安全致命部件实施定量风险评估和操作危险性研究。除了安全关键部件,对那些故障影响可用性或造成停机损失的部件也加以关注。由于这些“问题”部件毕竟属于少数,大多数部件只具有低危害度,这样就使检查维修费用大大节省。RBI 方法首先要确定系统和部件危害度,然后对照历史记录分析设备实际状况,最后优化检查和维修策略。图 3-7 给出

了风险检查频率的优化逻辑过程。

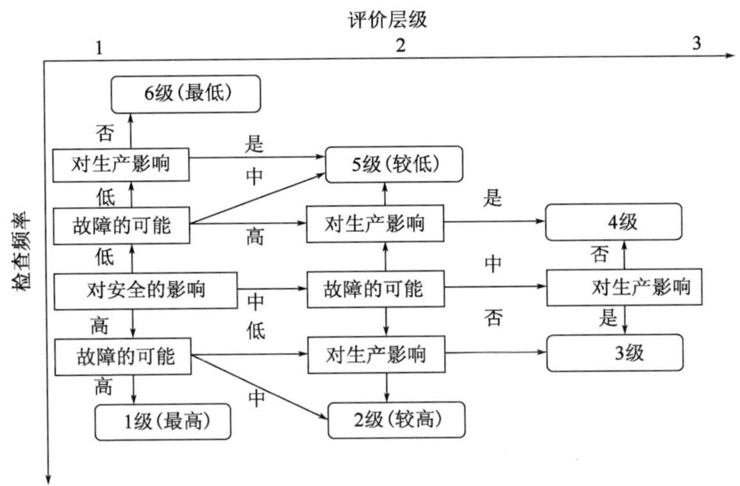


图3-7 风险检查频率的优化逻辑

挪威 Sture Agelsen 给出了以风险为基础的检查与维修(RIMAP)工作流程，如图3-8所示。

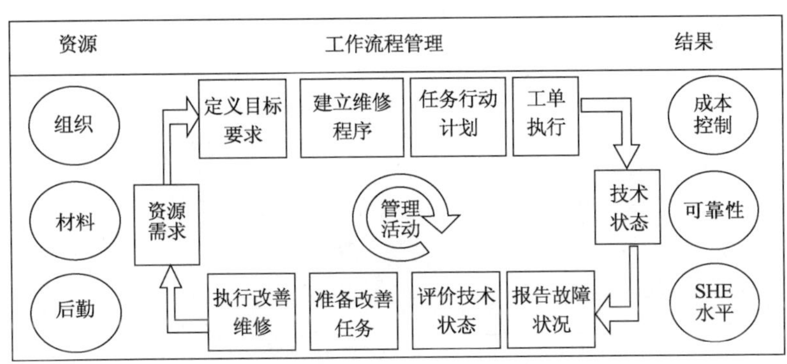


图3-8 RIMAP工作流程

RIMAP对风险、故障概率(POF)、故障后果(COF)提出控制风险措施的领结模型，如图3-9所示。

因为风险是由故障概率与故障后果相乘而得，而故障概率对应的是故障原因树，故障后果对应的是后果树，原因与后果的连接点是事件。RBM就是根据故障概率和后果的大小来决定维修策略。RBM的目标就是让风险最小化。风险维修决策过程如图3-10所示。

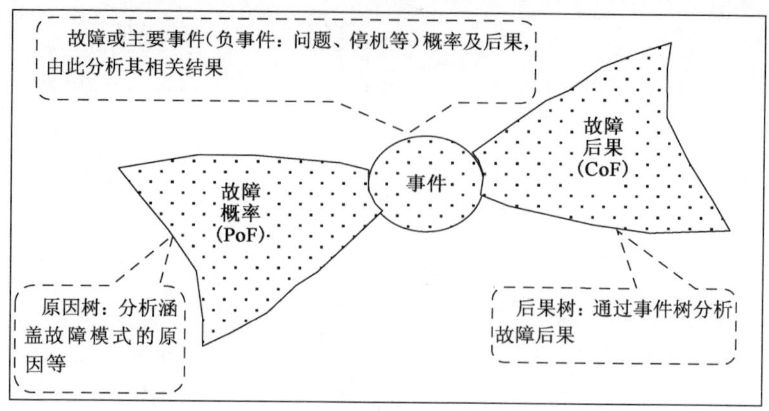


图 3-9　风险措施的领结模型

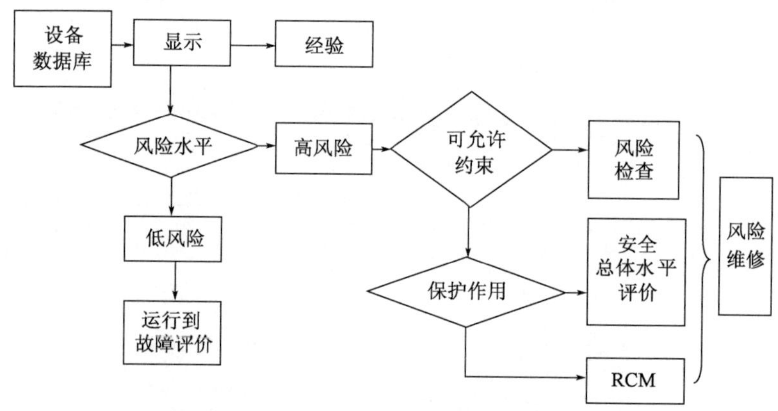


图 3-10　风险分析-维修决策结构

# 3.2　可靠性为中心的维修(RCM)

## 3.2.1　基本概念和原理

以可靠性为中心的维修模式诞生于 20 世纪 70 年代,从广义上说是为确保设备在运行环境下保持、实现其设计功能所必需的工作方法。RCM 的基本思路是回答好以下七个问题：

(1)在实际工作环境下,设备功能、性能标准是什么?

(2)什么情况下设施无法实现其功能?

(3)引起各种功能故障的原因是什么?

(4)故障发生后会产生什么后果?

(5)什么情况下各种故障至关重要?

(6)如何预防各种故障?

(7)找不到适当的预防工作应该怎么办?

经过多年的发展,RCM对潜在故障和功能故障的关系,以及故障的特性研究形成了一套有效的手段。图3-11所示为潜在故障的*P-F*间隔示意图。图中*P*点代表潜在故障的发生时间点,*F*点代表功能故障的发生时间点。

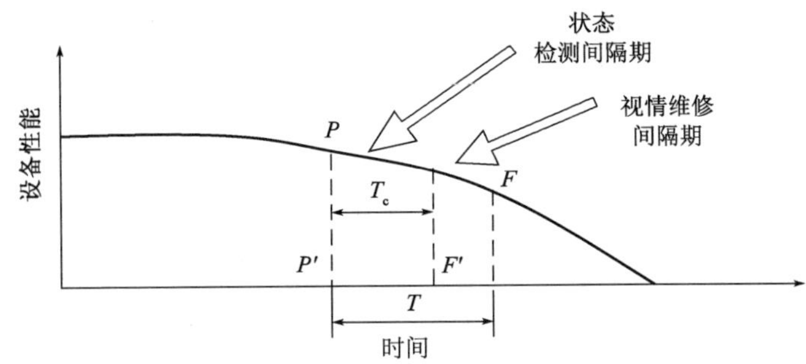


图3-11　潜在故障的*P-F*间隔示意

1)潜在故障与功能故障

所谓的潜在故障是设备发生故障之前的一种状态,是可以检查、感知的不良征兆。设备存在潜在故障,其功能没有丧失,就像人们处于亚健康状态一样,亚健康是人生病前的一种身体状况,不舒服但没有真正病倒。

功能故障是在规定的环境条件下,设备已经不能完成规定的功能。设备功能包括主要功能、次要功能、保护装置以及多余功能等。

设备运行所要完成的一种或者几种特定功能为主要功能。例如某传送带的主要功能是以每小时15t的速率把岩石从料斗传送到碎石机。次要功能是重要功能以外的功能,例如飞机制动系统的主要功能是让飞机停下来,次要功能是提供防滑能力。设备的次要功能一般还有:密封作用,支撑作用,外观作用,卫生、安全作用,仪表指示、标识作用等。设备的保护装置有:报警装置、发生故障与事故的自动停机开关装置、减少损害的安全阀(防爆膜)装置、维持设备功能的冗余备用装置等。多余功能是指设计原因或设备改造后,原来的某些功能不再有用,但因为拆除困难或会增加改造费用仍然保留。虽然这些功能不再有用,但可能会增加一定比例的维护费用。

有时候,设备的主要功能仍然存在,但达不到理想标准,如发动机仍然工作,但燃料超标，或者泥浆泵仍然工作但速度太慢。这是否算作功能故障呢？取决于人们对设备功能的期望值。定义功能故障，就是定义设备不能满足期望的性能标准，是界定维修工作的起点。

2）故障特性研究

设备故障与设备的使用条件、设备负荷、使用环境、设备役龄、设备的维修保养等有关系，与设备的操作水平、设备的制造水平、备件供应水平也密切相关。

设备故障特性研究就是研究故障发生的规律。

早期，人们普遍认为设备故障发生遵循浴盆曲线规律，即初期故障率高、后期故障率高，研究实践证明，遵循浴盆曲线的故障数量仅为设备故障的 4%，故障发生最多的是设备运行的初期，而后设备故障率会不断下降，这类故障占比为 68%。

RCM 故障特性研究的最著名的成果可以用图 3-12 展示出来。这一成果对指导设备的维护起到了重要的作用。

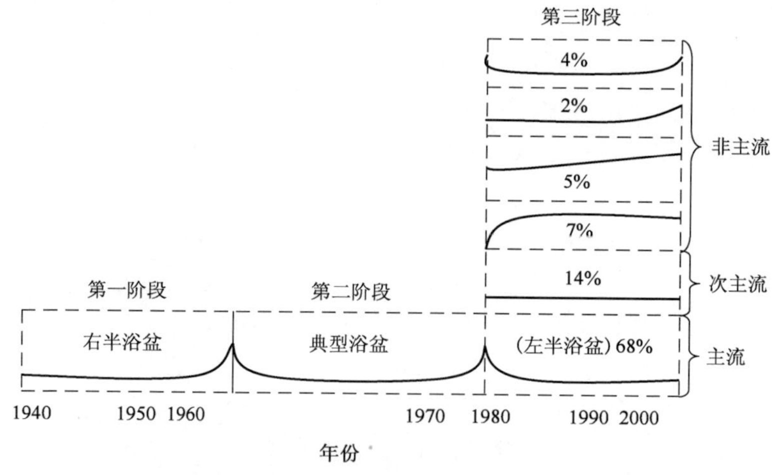


图 3-12　浴盆曲线规律

3）故障后果研究

故障预防的总目标不仅限于预防故障本身，而在于预防故障后果，如果预防工作可以避免或者降低故障后果，这比预防故障本身有意义，也是值得的。

故障后果可以划分为两大类，即隐蔽性后果和明显性后果。而明显性后果又可以分为三类，即安全性和环境性后果、使用性后果及非使用性后果。为了讨论方便，今后统称为四类故障后果。

(1)隐蔽性后果。

所谓隐蔽性后果是在正常情况下对操作人员来说是不明显的故障。例如,一台备用泵发生故障,对操作人员来说,备用泵的故障是隐蔽故障,这个故障产生的后果为隐蔽性后果。

隐蔽性故障本身并没有直接后果,但它增加了多重故障的间接后果或者风险度。对隐蔽性故障的预防维修强度取决于多重故障的风险大小,即多重故障的后果是否严重。

隐蔽性故障的形式:

形式一:某装置在正常情况下应该是工作的,但其已发生故障,且没有另外故障发生,这一故障不容易暴露,后果也不会显现。

形式二:某装置在正常情况下是不工作的,因发生故障,且没有另外故障发生,但这一故障不容易暴露,后果也不会显现。

无论属于哪一类型,只要是隐蔽性故障,总是表现出带有保护功能以及多重故障才显现出后果的特性。

一般,只有当被保护装置或环境出现异常时,当保护装置也处于故障状态,才显现出多重故障及其后果。

降低多重故障的风险应该从两个方面着手:一是降低被保护设备的故障概率,通过预防维修、改变设计等措施来实现;另一方面是提高保护装置可用度,也就是降低保护装置故障概率,通过对保护装置的预防维修、定期检查或改进设计来实现。

(2)安全性和环境性后果。

所谓安全性后果是设备故障造成人员伤亡。环境性后果是设备故障引起环境破坏,违反环境法规。安全与环境性后果常常被排在最重要地位,因为对企业、社会而言,人员伤亡、环境破坏是完全不能接受的!

尽管强调对安全生产和环境保护的诉求,但也应该认识到任何生产过程都存在一定风险。风险包含以下因素:

①发生什么样的事件?

②有多大可能性发生?

③这种风险程度可否接受?

所谓发生什么事件,就是故障的实际情况和造成的人员伤亡。每次故障不一定都会有人员伤亡,重要的是,是否有可能产生这种伤亡后果。往往从最坏的可能性考虑故障的影响。

所谓的可能性大小是指故障发生的概率。

故障概率与故障造成伤亡概率的共同作用就是风险度。风险度是否可以接受是比较复杂的问题,因人而异,也因部门而异。取决于个人心理承受能力、行业准则、个人或组织对风险的可控能力、故障后果对当事人及其后代的影响以及人们的知识等。由于以上的差异性,所以给风险评估带来不确定性。

为了使风险评估尽可能客观,一般由了解故障机理、故障影响、故障发生可能性及采取何种措施预测、预防故障的成员组成的一个专家小组来评价故障风险度。

对于安全性或环境性后果的故障模式,如果可以把故障后果的风险度降低到一个可以接受的水平,预防性工作才值得做。

(3)使用性后果。

如果故障对于设备使用能力有直接不利影响,称之为具有使用性后果。影响使用的后果如下:

①影响产量:故障停机或效率下降直接影响设备产出。

②影响质量:故障造成加工精度下降、合成反应劣化或者直接废品,威胁产品质量。

③影响合同或承诺:故障延误交货、延误工期、延误服务(客机晚点),损失信誉。

④增加运行费用:故障使能源消耗、平摊成本增加,可能额外付出替代工艺费用,故障排除时间越短,故障的使用性后果越小。提高排除故障效率应该从故障监测、检测和报告反馈机制、维修技术队伍配置和人员维修技术能力培训等方面解决。

对于具有使用性后果的故障模式,当预防性维修费用比事后维修加上使用性后果损失费用之和还小,预防性维修就是值得的。

(4)非使用性后果。

所有那些对安全、环境和使用性没有直接不利影响的明显性故障后果称为非使用性后果。这种故障的唯一后果是排除故障的直接费用。从这种意义上说,这也是经济性后果。

对于具有非使用性后果的故障模式,如果预防性工作费用小于排除故障的事后维修费用,预防性维修是值得做的。

尽管对非使用性后果的故障一般可以采用事后维修的策略,但如果故障会导致二次损坏,而且二次损坏的费用加上事后维修的费用超过预防检测和维修费用,预防维修仍然是值得做的。例如轴承卡死可能引起主轴断裂,更换主轴费用很高,预防检测与维修就值得做。对那些有保护的设备,当设备故障,保护设备起作用,可以说原来的设备故障具有非使用性后果,但作为整个系统,还要考

虑对保护设备的预防检测维修。对于被保护设备多重故障后果特别严重的情况，预防被保护功能及保护功能的故障就十分必要。

### 3.2.2　应用原理

RCM 的应用原理是根据设备的可靠性状况，以最少的维修资源消耗，运用逻辑决断分析法来确定所需的维修内容、维修类型、维修间隔期和维修级别，制定出预防维修大纲，从而达到优化维修的目的。RCM 是通过对设备磨损曲线和设备故障诊断技术进行了进一步的研究后发展出来的一种维修体系。RCM 强调对设备的异常工况进行早期诊断和早期治疗，以设备状态为基准安排各种方式的计划维修，以达到最高的设备可利用率和最低的维修费用。其维修体系的发展大约经历了事后维修、预防性维修和预测性维修。

(1)RCM 是面向设备功能或性能的；

(2)RCM 是关注整个系统的；

(3)RCM 承认设计上的限制，追求不断改善设备；

(4)RCM 定义缺陷为任何不如意的条件，例如：未达到某些性能或为实现某些功能；

(5)RCM 任务必须是有效的；

(6)RCM 任务必须是可适用的；

(7)RCM 关注四种类型缺陷处理：事后缺陷处理、定期维修、状态监测和缺陷探测、事先维修；

(8)RCM 是一个闭环系统。

### 3.2.3　预防维修过程和决断逻辑

1)预防维修过程

RCM 认为预防维修是否可行取决于故障模式和预防工作本身的技术特性。预防工作的内容包括以时间为基础的定期计划维修，视情(状态)维修，预定报废等项目。为了指导企业正确制定维修策略，还应该研究故障与设备役龄之间的关系以及故障后果。

定期计划维修就是周期性采取措施恢复设备的抵抗故障能力，也是设备的周期性的设备再生工作。其周期由故障率曲线变化的位置所决定。即当设备故障率迅速增大之前进行维修。一般很难预测新设备各个部件的工作役龄，也就难以确定计划维修的周期。经过若干次实践摸索之后才能真正掌握预防维修的周期。

定期计划维修的技术可行性取决于设备主要部件的确存在着一个“寿命周

期”,而且多数其他部件都能够正常工作到这个“寿命周期”,同时,定期计划维修可以恢复设备的抵抗故障能力。

定期计划维修技术可行,但是否值得做又是另外的问题,称之为定期计划维修的有效性。在故障不会造成安全、环境后果的情况下,定期计划维修的有效性取决于这种工作的经济合理性。如果设备定期计划维修总费用 < 故障后维修总费用 + 故障造成的损失费用,那么,定期计划维修就是值得的。

只有在故障后果不严重、生产频度无明显松紧变化,而且又经济合算的情况下才安排事后维修。否则,无论从维修准备、维修工作效率、维修适应生产节拍、故障后二次损坏等要素分析,定期计划维修都优于事后维修。

视情维修技术可以分成状态监测技术、产品质量变化监测技术、主要工艺参数监测技术和基于人的感官检查技术等四大类。其中状态监测技术包括对振动特性、温度、润滑油颗粒、泄漏等现象的监测。产品质量变化监测是基于故障往往是质量缺陷背景原因这一假设所做的统计过程控制(SPC),监测质量同时得到设备信息,一举两得,节约成本。对主要工艺参数监测是指工艺参数,如速度、压力、流速、温度、功率、电流等,是反映设备状态的另一种信息源。基于人的感官的检查主要依赖人的视、听、嗅和触觉来检查设备故障,国内企业普遍使用的点检制度就是充分利用现场人员,尤其是每天与设备接触的操作人员的感官来跟踪设备问题。

在进行视情维修时还应注意,功能故障前可能存在多个潜在故障发生。但并不是所有潜在故障都适于检测或者可以显现的。所以应该选择适当方式来检测潜在故障,才能真正有效。

首先,对于隐蔽性故障,即故障后果不直接、明显的情况,能否找到可行的视情维修并不容易,这种视情维修应该能够把多重故障的风险降低到可接受的水平。对于安全、环境性后果,视情维修应该可以把功能故障本身的可能性降低到可接受的水平。对于非安全性故障,即故障具有使用性或者非使用性后果,视情维修的费用必须比较低,要小于不采取视情维修而进行的事后维修。图 3-13 为视情维修方式选择逻辑过程。

如果既无视情预防工作可做,又无合适检测方法,并且故障可能威胁安全环境,那么只有进行重新设计。

维修与重新设计的技术改造之间如何选择?

首先,如果设备部件的固有可靠性比期望值高,维修可以使设备恢复达到期望性能,当然可以通过维修解决问题。但是如果无论如何维修也无法达到期望性能,只能通过维修以外的方式解决——要么重新设计并对设备加以改造;要么

改变操作规程；要么降低期望值，适应设备问题。当然，重新设计无论从周期、费用以及对当前生产的影响方面均会存在不利的一面，所以尽可能把维修放在首位。

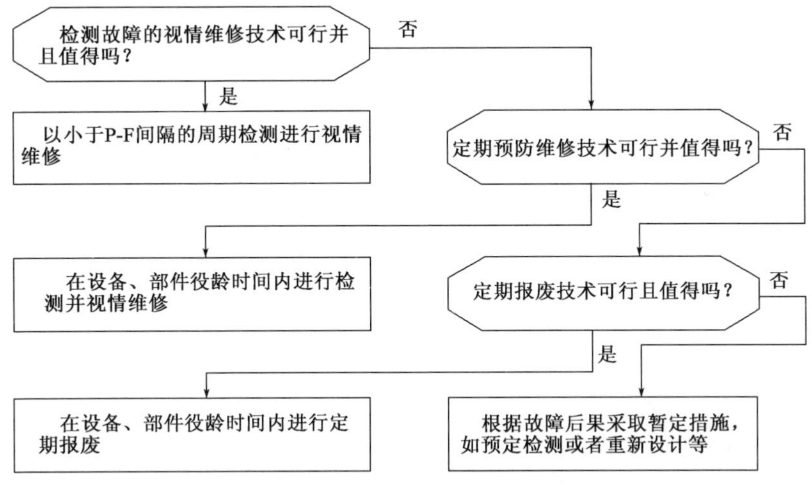


图 3-13　视情维修方式选择逻辑过程

对设备进行重新设计主要为解决安全与环境后果、隐蔽性故障以及使用后果问题。安全环境后果的解决一是通过部件改进把故障模式概率降低到一个可接受的水平；二是通过工艺或设备改进消除安全与环境后果。如异常状态的报警、故障自动停机、危险保护、伴随故障的防止等。对隐蔽故障的解决一是增加装置，让隐蔽故障显形、用明显功能代替隐蔽功能、提高隐蔽功能部件的可靠性降低隐蔽功能概率，以及并联隐蔽功能的方式等。设备使用性或者非使用性后果的解决也可以通过重新设计提高部件可靠性降低故障概率、消除故障后果和提高维修经济效果等方式来完成。

2）决断工作图

RCM 的决断工作图是 RCM 的核心，是前述 RCM 管理思想的具体化、操作化过程。决断图如图 3-14 所示。

### 3.2.4　实施要点和效果表现

企业实施 RCM，需要组成工作小组，小组的成员由操作工人、生产主管、维修技术工人、技术员以及外来专家等组成。小组的任务是：收集数据，分析设备运行环境，开展设备的功能分析、故障分析，故障后果和影响性评估，填写 RCM 信息工作表和决策工作表。RCM 具体的实施，各类不同的企业可以结合自己的实际，创造更简单实用的方法。

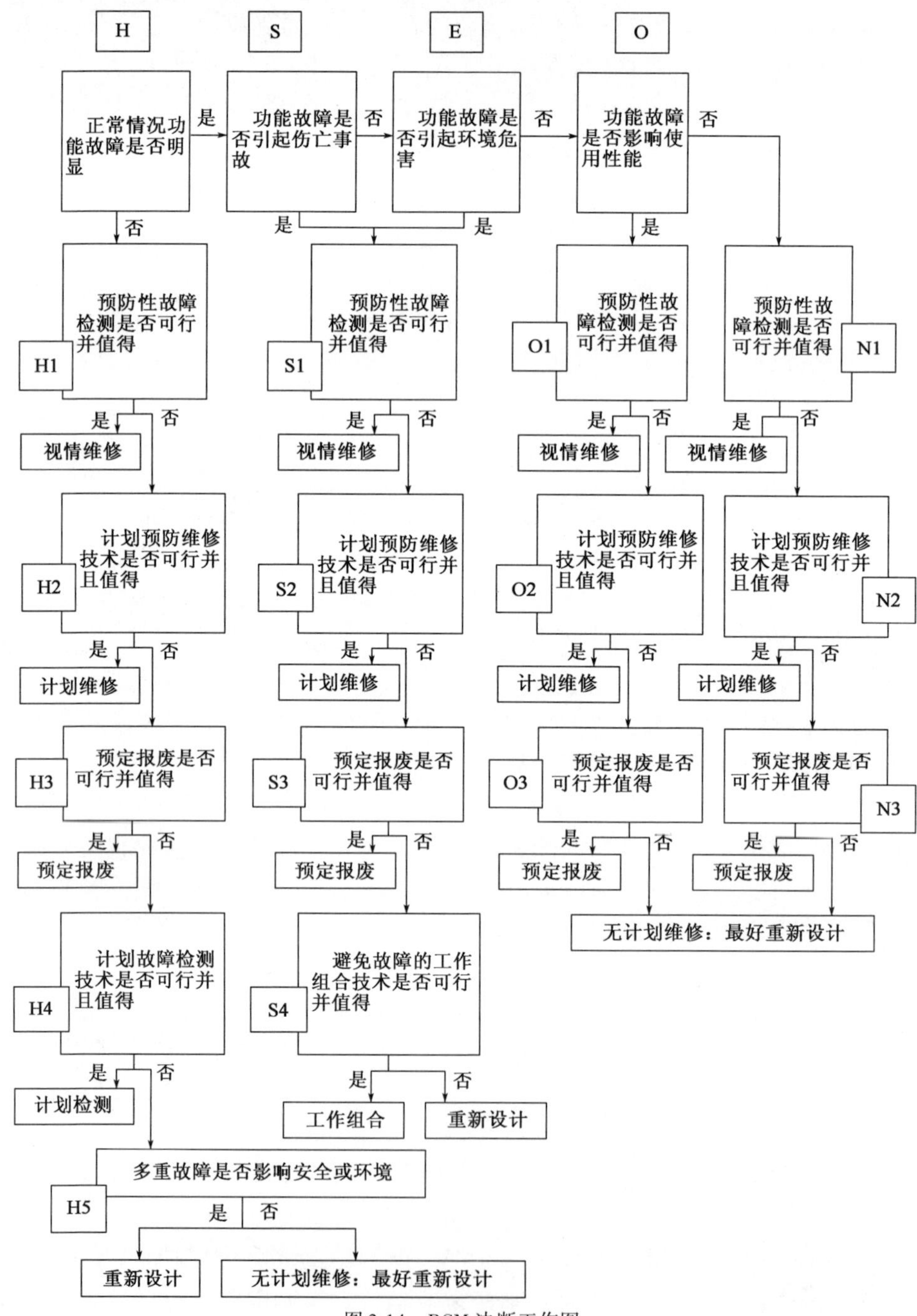


图 3-14　RCM 决断工作图

RCM 的实施效果表现在以下几个方面：

(1)改善安全性和运行环境。

RCM 把安全性和环境性故障视为严重问题，在维修决策中采取果断措施加以解决，力所能及地把安全与环境性危害降低到可以接受的水平。RCM 还强调通过检测、保护装置降低多重故障概率。

(2)提高设备运行效率和使用性能。

RCM 通过提高设备有效性、利用率、产出率来提升设备运行效率的。RCM 恰当地运用不同预防维修方式，能够在最短的运行停机情况下有准备地排除故障，降低维修停机时间、等待时间，提高效率。

(3)降低维修成本。

因为 RCM 的决断离不开有效性(经济性)分析，可以减少盲目大修、定期维修，通过维修大纲指导维修活动，避免事后维修，减少过剩维修，可以大大降低维修成本。

(4)延长设备寿命。

RCM 力图减少维修工作量，但又确保设备完好，这样可以最大限度地延长设备及部件的使用寿命。

(5)提升全员工作主动性、分析水平和配合协调性。

通过 RCM 活动引导员工不断思索 RCM 所提出的问题，知道哪些问题可以解决，如何解决；哪些问题不能解决，需要研究其他方法。RCM 的决策程序可以大大提升员工分析问题能力以及协同工作能力，使得生产与维修部门、管理与生产部门、设备供应方与用户之间的关系更加密切。RCM 活动的过程也是建立维修数据库、积累维修经验的过程。RCM 可以给员工以设备检测与维修策略的整体框架，培养员工全面、系统分析问题的能力。

## 3.3　综合维修策略(RAMS)

### 3.3.1　基本概念

RAMS 综合维修策略也是轨道交通行业广泛关注并应用的维修模式，在此进行介绍。

设备的维修策略是实现设备维修维护目标的重要保证，应根据设备的结构特点和应用状态，选择不同且合适的维修策略。维修策略的选择直接影响设备应用的效果，对维修费用和环境安全也有巨大的影响。

轨道交通设施承担了城市运转的基础功能,设备的服务属性决定了对安全性和可靠性的最高等级定位。点多面广的设备分布特色和劣化规律的差异化,对维护、维修、运营都有特别的要求和限制。巨大的投资和超长的投资回收期也是一个巨大的挑战。所以轨道交通设施和设备多数选择 RAMS 综合维修策略。

RAMS 是指将可靠性(Reliability)、可用性(Availability)、可维护性(Maintainability)、安全性(Safety)融为一体的综合维修策略。

轨道交通设备的功能是为乘客服务,安全地满足服务目标是最基本的要求,持续安全、可靠地提供优质服务是运营管理的基本任务。RAMS 各元素并不是孤立存在的,可用性与安全性,可靠性与可维修性,以及运营与维护都存在必然的联系,如图 3-15 所示。

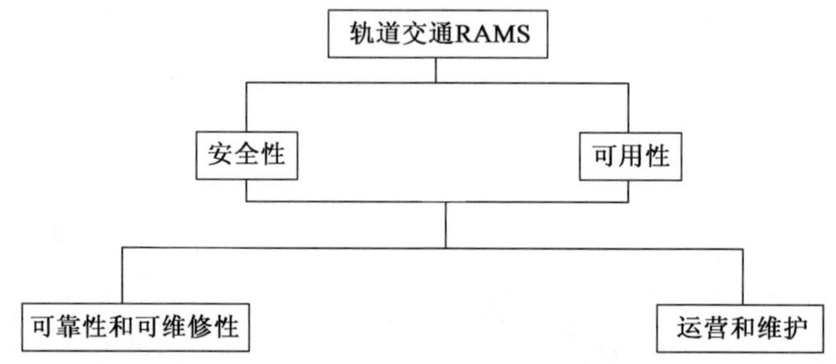


图 3-15　差异化维修策略模型 RAMS

安全性是指在使用期内不会发生不可接受的损伤的风险;可靠性是在给定条件下,给定时间间隔内,能执行所要求功能的可能性;可用性是假定所需的外部资源已经提供,在给定的瞬间或在给定的时间间隔内,处于某种状态的产品在给定条件下执行所要求功能的能力;可维修性是在规定条件下使用规定的程序和资源进行维修时,在给定时间内对给定使用状态下的零件可进行给定有效维护操作的可能性。

强调差异化的综合维修策略的作用,就是避免由于片面理解维修策略带来的负面影响。比如过分强调可靠性和安全性,就会对设备的设计和维护提出过高的要求,从而造成运营和维护的成本上升和浪费。如果不协调好设备可用性的问题,也会导致过度的淘汰并造成浪费。RAMS 维修策略的应用贯彻在系统的整个寿命周期内。

### 3.3.2　应用要点

轨道交通行业 RAMS 中常用的维修策略有:故障维修策略、预防维修策略、状态维修策略、预测维修策略、以可靠性为中心的维修策略、风险维修策略等。

各种策略有不同的特点和使用范围。

贯彻 RAMS 策略，就是针对设备全寿命周期内的每个阶段，给出需要完成的 RAMS 任务，同时给出相关的具体文档和要求，指导这些任务的实施。例如阐明其寿命周期内，包括组织能力要求、设计管理要求、维护技术要求、供方管理要求、数据分析要求等，各阶段贯彻 RAMS 策略等工作重点和需执行的任务。

为了更好地贯彻 RAMS 综合策略，在轨道交通设备维护中全面引入风险管理的思想，对关键设备设施进行风险维修，既能有效实现设备维护的目标，也能克服资源分散、成本居高不下等问题。

### 3.3.3 管理思路

RAMS 综合维修策略应用本身也是一个不断优化的过程。有价值的维修策略是能够被认真执行的，并且能够与时俱进。它包括：闭环的工作流程、阶段总结和正确的批准流程（数据采集、应用充分，决策依据可靠等）。

RAMS 维修策略要从设备的运行状态出发，不断分析设备的运行状态信息，分析故障特征和故障分布规律，按照可靠性的目标和寿命周期费用（LCC）最优的原则，修订和升级预防维护的策略，RAMS 策略管理流程就是一个不断优化的过程，如图 3-16 所示。

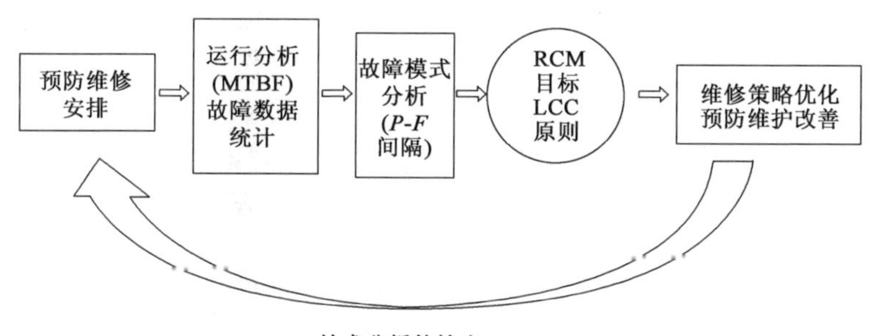


图 3-16 RAMS 综合维修策略的优化闭环

RAMS 综合维修策略的选择根据设备的重要度和风险等级（故障的频次和故障后果的严重程度）进行，设备的重要度分级一般分为 A、B、C 三级。A 级设备重要度最高，数量为 10% 左右，B 级设备重要度次之，数量为 20% 左右，C 级设备为大多数重要度一般的设备。

设备的重要度不同，维修策略的侧重点也不同。一般而言，除了正常的定期保养、检测之外，A、B 类设备需更多地增加状态维修的内容和风险管控的强度。

同类型的设备，处于不同的风险等级，比如位置不一样、服役时间不一样，其预防维修的频率也应该有所区别。差异化的维修策略选择是保证维修维护效果和降低维修成本的最佳方案。

图3-17为RAMS综合维修策略的管理思路。首先制定同类设备的通用维修策略，比如维护、保养的基本内容等，然后按照设备的分类进行个性化的策略设计，突出设备维护的重点，最终形成统一的维护作业任务书，纳入日常维护管理中。

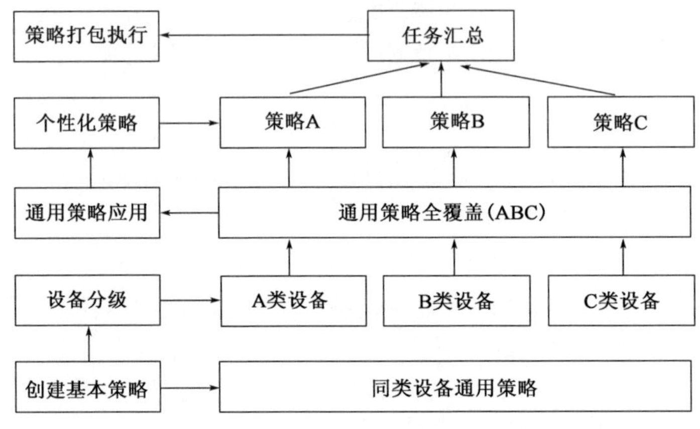


图3-17　RAMS综合维修策略的管理思路

# 3.4　赛车式维修

## 3.4.1　基本概念

PIT-STOP是在国际赛车比赛中赛车停在维修站(PIT)中进行的加燃料、换轮胎、修理、机械调整、驾驶员替换或上述各种工作的组合。要求团队成员紧张有序地进入现场，迅速解决问题，通过速度和质量来抢出成绩。以现今F1(世界一级方程式锦标赛)的比赛水平，整个团队可以在10s左右实现换胎和加注燃料的工作。

PIT-STOP强调团队合作、分工负责、快速准确和以极高的方案优化控制水平。近年来，欧洲国家受到方程式赛车的启发，将快速检测维修式(PIT-STOP)的维修管理导入企业，由一般停机维修逐渐过渡和引申到PIT-STOP式快速检测维修体制。

### 3.4.2　实施步骤

赛车式维修模式适用于关键设备上不能完全预防的突发故障,它有助于快速地恢复设备的性能,保障设备的系统效率。通常流程设备一旦局部出现故障会造成全线停机,还有些设备因不正常停机的损失非常大,是生产的瓶颈,它们均应采取赛车式维修策略。

赛车式维修实施的核心目标是维修时间的压缩,可通过维修信息的快速传达、人员到场的时间压缩、工具改善以及沟通途径等的合理设计、维修流程的时间压缩来达到目的。

赛车式维修实施一般通过以下十个步骤完成:

(1)赛车式维修课题选定;

(2)赛车式维修团队的组建;

(3)赛车式维修职责设计;

(4)赛车式维修预案设计;

(5)优化抢修工具;

(6)沟通顺畅;

(7)仿真演练;

(8)人员技能提升;

(9)实现自主式快速故障诊断;

(10)持续改进。

### 3.4.3　应用要点

赛车式维修开展时,需要认清赛车式维修是一种开拓的思路,而并非是一种固化的形式。目的是利用这种思路,打造多种样式的快速维修模式,最终可达到快速维修、精准维修、降低损失。

赛车式维修在对维修任务进行改善分析时,可从以下方向思考:

(1)分析每一步骤是否存在合并工作可提高效率;

(2)分析每一步骤是否存在分散工作可提高效率;

(3)分析每一步骤是否存在消除可提高工作效率;

(4)分析每一步骤是否存在流程优化可提高工作效率;

(5)分析每一步骤是否存在通过设备的改善提高效率;

(6)分析每一步骤是否存在通过工具的改善提高效率。

在方程式赛车快速维修的背后,是车队每年超过 1300 次进站维修演练,即使这样，在真正比赛维修中错误仍不可能完全避免。同样，在赛车式维修中，不仅时间紧任务急，而且还可能存在各种突发性事件和问题，会给维修的顺利推进造成各种不确定因素，因此，优秀的维修现场调度、完善的维修工艺制定以及事前的维修方案预演就显得尤为重要。同时，也需要有：

(1)充足的维修成本和预算的增加支持，主要的资源包括：更多的预制化装配车间现场维修人员的增加，更专业的培训，更多的机旁备件待命。

(2)后勤支持的加强。更多的备件或者总成储备，更完备、方便可用的辅助工具设施配备。

(3)中间维修工作量的加大。更多工作提前转移到生产现场进行。

行车设备类型、数量多，赛车式维修需要投入的资源较大，因此，主要用在关键设备，且故障特性属于突发故障，无法监控预测，且在大客流运营期间，有可能造成5min 以上行车延误，或会造成乘客伤亡事故的情况下使用。赛车式维修策略可以在出现突发故障后，最短时间恢复设备正常运行。因此在策略应用前需要对故障特性做充分评估。

## 3.5 设备健康管理(PHM)

### 3.5.1 基本概念

1)PHM 技术

PHM 技术(Prognostics and Health Management)，中文全称为故障预测与健康管理技术，是指利用先进的传感器技术，获取系统运行状态信息和故障信息，借助神经网络、模糊推理等算法，根据系统历史数据和环境因素，对系统进行状态监测、故障预测，同时对系统的健康状态进行评估，结合维修资源情况，给出维修决策，以实现关键部件的视情维修。

PHM 技术包含两部分内容：一是故障预测，即预先诊断部件或系统完成其功能的状态，也就是可靠性；二是健康管理，根据诊断/预测信息，可用资源和使用需求对维修活动做出适当决策的能力。

2)PHM 的发展和应用情况

PHM 技术起源于航空航天军事领域(美国 F35 战机)，也最早应用于航空航天领域，波音公司率先引入 AHM(飞机健康管理)系统，PHM 在不断发展的过程中，逐步成为新一代设备的重要组成部分。美国国防部认定，PHM 技术是可以显著降低使用和保障费用，同时提高设备安全和可用性的综合技术。

目前,PHM 技术已经从航空航天领域不断扩展到包含电子产品、轨道交通等在内的其他多个领域,均表现出不错的成绩,但总体仍处于初级应用阶段。

根据资料显示,铁路系统目前投入运营的 CRH1、CRH2、CRH3 和 CRH5 型系列动车组和大量的城市轨道交通的列车车型,都安装了传感器采集关键部件的状态信息,并安装了远程数据传输系统,通过通信网络将车辆运行的状态信息和故障信息传输到地面,通过地面数据解析系统使地面运用技术人员可及时了解列车的运行状态和故障情况。可实现部分关键部件故障的早期发现并及时处理。PHM 技术应用于动车组,可实现现有修程修制的优化,并为实现视情维修奠定基础。动车组 PHM 技术框架如图 3-18 所示。

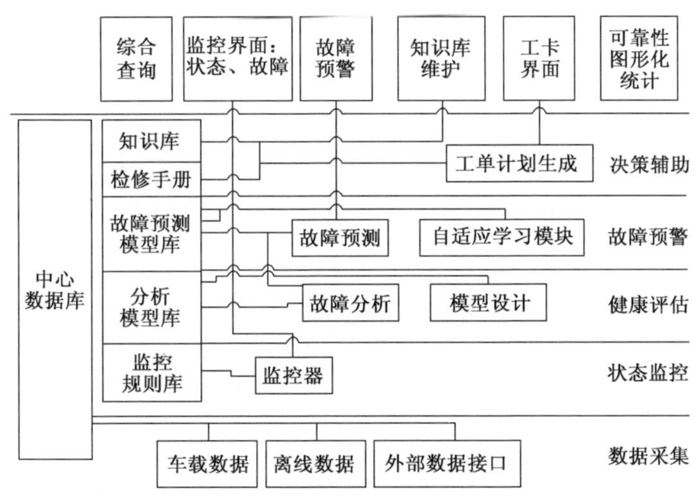


图 3-18 动车组 PHM 技术框架

## 3.5.2 系统结构

PHM 系统主要由六个部分构成:

(1)数据采集。

利用各种传感器探测、采集被检系统的相关参数信息,将收集数据进行有效信息转换以及信息传输等。

(2)信息归纳处理。

接受来自传感器以及其他数据处理模块的信号和数据信息,将数据信息处理成后续部件可以处理的有效形式或格式。该部分输出结果包括经过滤波、压缩简化后的传感器数据,频谱数据以及其他特征数据等。

(3)状态监测。

接受来自传感器、数据处理以及其他状态监测模块的数据。其功能主要是将这些数据同预定的失效判据等进行比较来监测系统当前的状态,并且可根据预定的各种参数指标极限值/阈值来提供故障报警能力。

(4)健康评估。

接受来自不同状态监测模块以及其他健康评估模块的数据。主要评估被监测系统(也可以是分系统、部件等)的健康状态(如是否有参数退化现象等),可以产生故障诊断记录并确定故障发生的可能性。故障诊断应基于各种健康状态历史数据、工作状态以及维修历史数据等。

(5)故障预测决策。

故障预测能力是 PHM 系统的显著特征之一。该部件由两部分组成,可综合利用前述各部分的数据信息,评估和预测被监测系统未来的健康状态,并做出判断,并建议采取相应的措施。该部件也可以在被监测系统发生故障之前的适宜时机采取维修措施,这部分功能体现了 PHM 系统管理的能力,是另一显著特征。

(6)保障决策。

主要包括人-机接口和机-机接口。人-机接口包括状态监测模块的警告信息显示以及健康评估、预测和决策支持模块的数据信息的表示等;机-机接口使得上述各模块之间以及 PHM 系统同其他系统之间的数据信息可以进行传递交换。

需要指出的是,上述体系结构中的各部件之间并没有显明界限,存在着数据信息的交叉反馈。PHM 系统构成如图 3-19 所示。

### 3.5.3 应用要点

设备状态维修行为决策是一个多属性、多目标决策。PHM 在进行设备状态维修行为决策时,需要综合考虑多方面因素的影响,诸如设备可用度、故障风险度、设备维修费用和性能可靠度等,由于相关因素具备模糊性和不确定性,因此,一般需要借助模糊理论和多属性决策方法进行设备的状态维修行为决策。

1)模糊多属性决策过程

模糊多属性决策通常被分为以下两个阶段:

阶段一:确定属性的模糊权值和维修行为在属性上的模糊指标值,并选择适当的模糊运算算子将二者合成为代表维修行为价值的模糊效用值;

阶段二:运用模糊集排序方法对维修行为的模糊效用值进行比较,以其中最大满意程度的维修行为作为决策的结果。

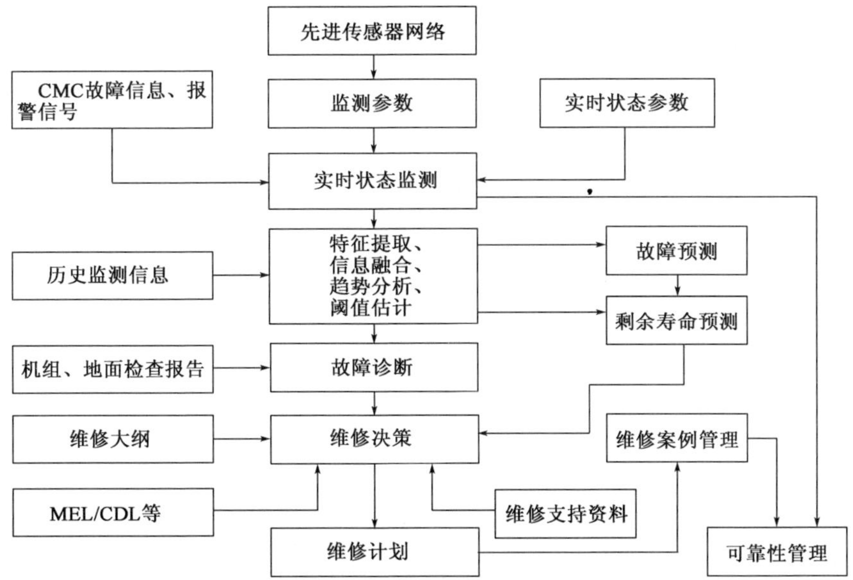


图 3-19　PHM 系统构成

2)模糊多属性决策方法

常用的模糊多属性决策方法主要包括模糊加权平均型决策、模糊乐观型决策、模糊悲观型决策、模糊乐观-悲观结合型决策和模糊折中型决策等。由于设备维修行为决策需要综合考虑各个因素对决策结果产生的影响,因此通常采用模糊加权平均型决策方法。

3)模糊多属性决策步骤

(1)建立决策集和属性集。确定状态维修行为决策集,如提前大修、预防维修、持续监测和继续运行等;建立维修行为属性集,如维修费用、故障风险度、设备工作状态、可靠性和可用度等。

(2)确定重要程度等级。由设备维修保障人员和设备设计人员对维修行为决策集和属性集确立相对重要程度描述,如很高、高、一般和低等。

(3)定性描述的定量化。采用梯形模糊隶属函数曲线,将定性指标转换为 L-R 梯形模糊数表示的定量指标。

(4)建立模糊决策矩阵。

(5)计算各个维修行为的模糊效用值。

(6)对各个维修行为按模糊效用值的大小进行排序。

(7)依据最大模糊效用值原则确定最佳的维修行为。

# 第 4 章　行车设备的可靠性管理

研究行车设备差异化维修策略,其根本目的还是为了更好地实现运营服务的可靠度目标。本章将介绍可靠性及失效的相关知识,以及行车设备可靠性的衡量指标、可靠性指标的分配和行车设备可靠性分析方法等内容。

## 4.1　可靠性及其衡量指标

### 4.1.1　可靠性的定义

可靠性指产品在规定的条件下,在规定的时间内,完成规定功能的能力。

产品,指可以单独研究、分别试验的任何部件、组件、设备或系统。它可以由硬件、软件或兼由二者组成。就产品的性质可将产品划分为不可修复产品和可修复产品。城市轨道交通设备大多数为可修复产品。

规定的条件,指产品使用时的荷载条件、环境条件以及储存条件等。规定条件不同,产品的可靠性表现不同。例如,一个轴承在不同的负载下其可靠性有所不同;又如,一台道岔转辙机长期工作在潮湿或干燥的环境中,其可靠性也是不同的。

规定的时间,指产品的工作时间。从经典的"可靠性浴盆曲线"来看,一般而言,产品在经过投入使用初期的磨合阶段后将进入一段平稳工作时期,而随着时间推移,可靠性越来越低,故障也越来越频繁发生,最终报废。换言之,产品的可靠性不是一成不变的,应在规定时间内进行可靠性分析与评价。

规定的功能,指产品应达到的技术指标。根据产品完成规定功能的能力强弱来评判其可靠性。若产品丧失规定功能,则称其失效。至于如何判断是否失效,则需要先确定失效模式与失效判据。

可靠性理论诞生于 20 世纪 40 年代,进入 21 世纪后,提高产品的可靠性和系统可靠性,已成为保障系统安全性和产品质量的有效途径,同时系统可靠性理论和可靠性技术逐渐成为工程学科中一个比较成熟的领域,也被广泛应用于复杂系统的设计和管理过程。

### 4.1.2　可靠性分类

按照可靠性形成阶段可将可靠性分为两类:固有可靠性、任务可靠性。

固有可靠性:指设备在设计和制造时产生的,它是一种狭义上的可靠性。

任务可靠性:指设备在一定的运行条件下具有可靠性发挥的能力,它是一种广义上的可靠性。

固有可靠性由设计决定、制造实现,是产品的“先天属性”。之后的制造、使用阶段任务可靠性只会在固有可靠性基础上降低,因此在设计阶段一定要认真按照“固有可靠性设计准则”进行设计,避免在源头就出现问题,如图 4-1 所示。

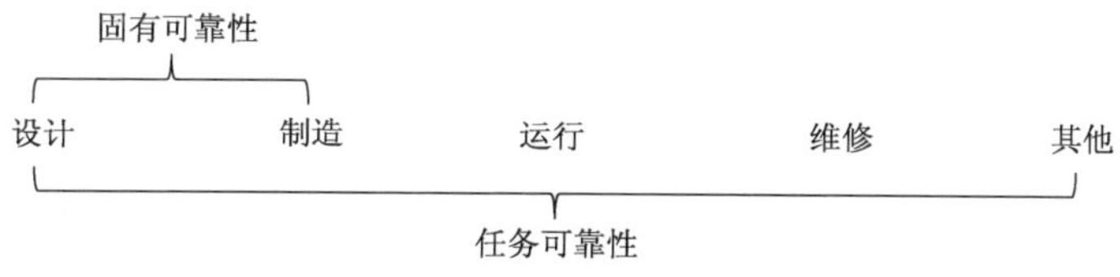


图 4-1　固有可靠性与任务可靠性

任务可靠性受到环境条件、荷载条件、人为操作等多方面因素影响,对于可修复产品而言,还受到维修维护方式的影响。如能采取科学有效的维护措施,可在一定程度上保持与提升产品的任务可靠性。

### 4.1.3　可靠性衡量指标

固有可靠性采用设备可靠度来度量,表示系统在规定条件下和规定时间内保持工作能力的效率,用 0 ~ 1 表示,越接近 1,表示可靠度越高。任务可靠性则采用失效率来度量,其衡量指标包括失效率、平均无故障距离/时间等指标。

1)可靠度

可靠度(Reliability)也称可靠性,是指产品或设备在规定的时间内,在规定的条件下,完成预定功能的能力。它包括结构的安全性、适用性和耐久性,当以概率来度量时,称为可靠度。

可靠度是产品在规定条件下和规定时间内,完成规定功能的概率,一般记为 $R$。它是时间的函数,故也记为 $R(t)$,称为可靠度函数。

由于系统失效与不失效是对立事件,因此可借助系统的失效分布函数 $F(t)$ 来表示系统的可靠度函数[式(4-1)],即:

$$R(t)=1-F(t)=\frac{N-n(t)}{N} \tag{4-1}$$

式中:$n(t)$——产品到 $t$ 时刻的累计故障数;

$N$——观测样本的总容量。

2）失效率

失效率指工作到 $t$ 时刻尚未失效的系统，在 $t$ 时刻后的单位时间内发生失效的概率，称为系统在时刻 $t$ 的失效率，记为 $\lambda(t)$。

$$\lambda(t)=\lim_{\substack{N\to\infty\\ \Delta t\to 0}}\frac{n(t+\Delta t)-n(t)}{[N-n(t)]\Delta t}=\frac{1}{N-n(t)}\times\frac{\mathrm{d}n(t)}{\mathrm{d}t} \tag{4-2}$$

式中：$n(t)$——产品到 $t$ 时刻的累计故障数；

$N$——观测样本的总容量。

3）平均无故障距离/时间

可修复系统常使用平均无故障距离/时间（MDBF/MTBF，mean distance/time between faults）来衡量可靠性，平均无故障距离/时间指平均两次相邻故障之间的距离/时间。

## 4.2 失效的基本概念和等级划分

### 4.2.1 失效的基本概念

谈可靠性必谈失效，二者息息相关。从字面上理解“失效”即“失去效果”，根据现行有关标准的规定：“失效指产品丧失规定的功能，对可修复产品通常也称为故障。”从该定义表述中可看出，失效与故障其实大同小异，只是“失效”更常用于不可修复产品，而“故障”更常用于可修复产品。其次，“丧失规定的功能”内涵非常丰富，丧失什么功能、功能丧失到什么程度算失效呢？因此，还需再对失效模式进行明确，对失效等级进行划分。

失效模式可以理解为失效在设备上所体现的结果，可以通过人的观察而发现或使用仪表进行测量。失效模式分析是可靠性管理的基础，因此非常重要。城市轨道设备的失效模式十分复杂，且与材料、工艺、维修维护、运行环境等多种因素相关，而且在设计、建设、运营的各个阶段都有可能变化，因此很难进行完整、细致、精准的统一描述。

不同失效模式对系统可靠性的影响是不同的，不能一概而论。应从失效发生的频率、失效产生的后果严重性、失效是否容易被检测到这几个方面综合判断失效等级。合理、准确的失效等级划分能为可靠性管理提供重要的依据。

### 4.2.2　失效的等级划分

以运营晚点影响程度为出发点，广州地铁首次提出网络化运营下地铁任务可靠性失效等级的新定义，并将其失效模式根据影响严重程度划分为功能失效、任务失效、服务失效3个等级，如图4-2所示。

图4-2　失效模式分类

## 4.3　行车设备可靠性的衡量指标

### 4.3.1　城市轨道交通设备可靠性的含义

从城市轨道交通运营本质出发，设备可靠性指在系统运营过程中保障乘客准时到达目的地的能力。保障乘客准时到达目的地的能力也包含了两个方面：一是运输容量能力，二是列车按计划正点运行能力。因乘车人多造成拥挤、乘客误操作等而导致无法登乘、列车无法准时出发，以及由此引发的后续列车运行延误及晚点属于前者；因技术或管理原因造成的运营中断、列车晚点，以及由此引发的后续列车运行延误，或维修延误造成的列车运行晚点等属于后者。总体表现为运营服务可靠性。

除此之外，城市轨道交通系统的可靠性也可用保障乘客方便舒适旅行的能力来表示。如车站的乘客引导系统、自动售票机、电扶梯、通风空调、照明系统、装饰装修等设备，该类设备发生故障可能并不影响列车的正点运行，但会给乘客带来不便或不舒服。此项能力也应是可靠性的能力之一，即正点运营可靠性基础上的服务质量可靠性。城市轨道交通设备可靠性的含义如图4-3所示。

本书的关注点是行车设备的差异化维修策略，因此以运营服务可靠性为关注重点。

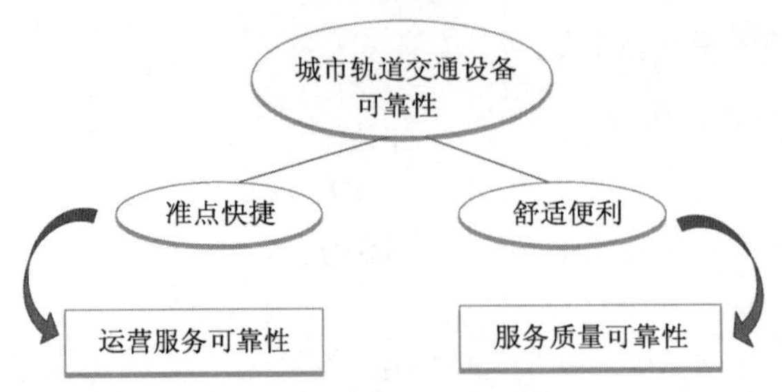


图 4-3　城轨交通设备可靠性含义

### 4.3.2　城市轨道交通设备可靠性的衡量指标

城市轨道交通系统是一个极复杂、极庞大的系统，包括数目众多的设备，失效机理复杂、失效模式繁杂，各子系统、部件间既千差万别又有着千丝万缕的关系。IEC 62278—2002 标准给出了部分适用于城市轨道交通设备可靠性的评价指标，见表 4-1，但具体应选择哪一种指标尚无统一定论。

**城轨交通设备可靠性(系统能力)评价指标**　　表 4-1

| 可靠性衡量指标 | 适 用 范 围 |
|---|---|
| 失效率 $\lambda(t)$ | 皆可 |
| 平均工作时间 MUT | 皆可 |
| 平均失效距离 MDTF | 不可修复产品 |
| 平均失效时间 MTTF | 不可修复产品 |
| 平均故障间隔距离 MDBF | 可修复产品 |
| 平均故障间隔时间 MTBF | 可修复产品 |
| 可靠度 $R(t)$ | 皆可 |

对于城市轨道交通系统而言，准时地将乘客运送至目的地是运营服务需满足的基本功能，因此行业内常用运营服务可靠度来衡量城市轨道交通设备可靠性，即系统能力。如 COMET 协会每年都会对其会员(城市轨道公司)的运营服务可靠度进行评价与比较。运营服务可靠度指在规定时间、规定条件下系统发生 5min 及以上延误事件之间的平均无故障距离。为方便行业对标，本章也采用运营服务可靠度作为城市轨道交通设备可靠性衡量指标。

### 4.3.3　行车设备可靠性的衡量指标

如前文所述，本书重点关注除车辆之外的行车设备，主要包括：

(1)供电系统。由外部电源、主变电站、中压供电系统、牵引供电系统、动力照明系统、电力监控系统等组成,是肩负地铁电能供应及动力支撑的关键系统,通过城市一次电力系统及地铁供电系统实现电力输送或变换,提供各类电压等级来满足地铁设备用电需求。

(2)信号系统。目前世界各国的城市轨道交通系统的信号系统大多采用列车自动控制系统,包括三个子系统:列车自动防护系统(ATP)、列车自动操纵系统(ATO)和列车自动监督系统(ATS),主要作用为指挥行车、保证安全、提高效率。

(3)轨道。主要由钢轨、轨枕、扣件、道床、道岔及附属设备组成,铺设在路基之上,直接承受列车车辆及其荷载的巨大压力,对列车起着导向作用的一组设备。

(4)线路。是指由轨道及相关设备组成正线、联络线、场线等不同作用的线路,以及切换到相关线路的道岔组成,按照位置又可分为地面线路、地下线路、高架线路。

根据各专业主要的失效特征,建议的可靠性衡量指标见表4-2。

**行车设备各专业建议的可靠度衡量指标** 表4-2

| 专业/设备 | 失效特性 | 工作负荷相关因素 | 建议衡量指标 |
|---|---|---|---|
| 变电/断路器 | 老化劣化 | 工作时间 | 可靠度,平均失效时间 |
| 接触网/靴轨 | 机械耗损 | 客运里程 | 可靠度,平均故障距离 |
| 信号/VOBC | 老化劣化 | 工作时间 | 可靠度,平均失效时间 |
| 信号/转辙机 | 机械耗损 | 动作次数 | 可靠度,平均故障车次 |
| 线路/轨道 | 机械耗损 | 通过总重量 | 可靠度,平均故障距离 |
| 线路/道岔 | 机械耗损 | 动作次数 | 可靠度,平均故障车次 |

## 4.4 行车设备可靠性指标分配方法

行车设备可靠度分析模型的应用需要基于轨道交通设备可靠性指标目标值进行评估验算,下文为轨道交通设备可靠性指标分配的说明。

可靠性指标分配分为两个层级,一是线网到系统的分配层级;二是子系统到设备关键零部件的分配层级,城市轨道交通设备设施可靠性分配步骤(图4-4)如下:

第一步:确定系统可靠性分配思路。参照行业做法,确定可靠性目标分配要素和思路。

第二步:提出未来线网可靠性目标。根据未来5年战略规划,确定线网可靠性目标。

第三步:建立线路可靠性分配方案。明确线路可靠性分配原则,参考行业标准,验证结果。

第四步:研究系统级可靠性分配模型。建立分配模型,分配既有线与新线可靠性指标。

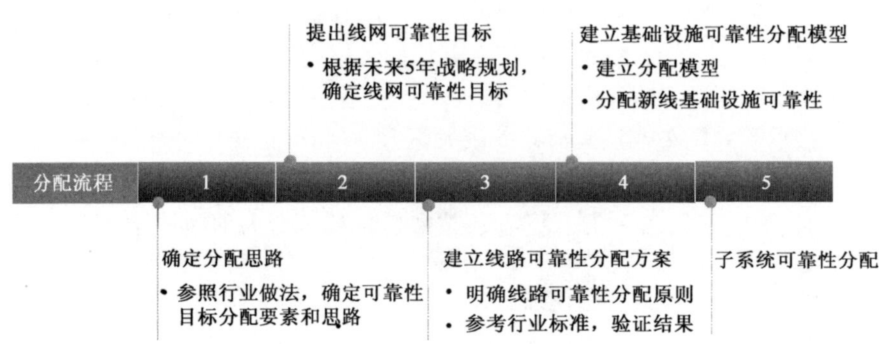


图 4-4　地铁系统可靠性逐级分配步骤

后文分别阐述。

### 4.4.1　线网-线路-系统级可靠性指标分配

从线网至系统级的可靠性指标分配在地铁中已经有研究应用,分析模型如下:

(1)线网可靠度分析。主要根据往年可靠性表现和未来期望指定,一般由公司运营部门确认。例如,可将"2020 年线网行车服务可靠度需不低于 800 万车公里/5min 延误件次"作为线网可靠性分配的顶层指标。

(2)寻找分配特征变量。线路设备的维护主要考虑影响线路可靠性分配系数的变量,研究分配系数。

(3)建立分配系数模型。

(4)预测分配特征变量的未来值。根据以上模型,对线路的相关要素进行计算即可得出分配的故障件次占比。

(5)计算线路可靠性分配指标,并对各线路指标进行逆向推导,得出上层指标应符合可靠性目标要求。

### 4.4.2　系统-设备-最小可维修单元可靠性指标分配

从系统至设备级的可靠性指标分配,建议采取以下两种方法进行分配。

1)系统相似的分配方法

对于在新、老系统功能、结构、使用环境相似(新系统如有局部功能明显改善,可仅做局部比例调整),能够获取老系统统计数据的条件下,使用比例组合分配法。

比例组合分配法计算方式见式(4-3):

$$\lambda_{i新}^{*}=\lambda_{S新}^{*}\times\frac{\lambda_{i老}^{*}}{\lambda_{S老}^{*}} \tag{4-3}$$

式中:$\lambda_{i新}^{*}$——新系统中第 $i$ 个单元的分配值;

$\lambda_{S新}^{*}$——新系统的目标值;

$\lambda_{i老}^{*}$——老系统中第 $i$ 个单元的分配值;

$\lambda_{S老}^{*}$——老系统的目标值。

一般地,这个指标可以是故障率或者 MTBF 等能由故障率换算得来的参数。

如果已知老系统中第 $i$ 个单元故障数占系统总故障数比例 $K_i$ 的统计值,那么也可以按式(4-4)计算分配值:

$$\lambda_{i新}^{*}=\lambda_{S新}^{*}\times K_i \tag{4-4}$$

2)变化较大的新系统

对于变化较大的新系统,一般在正式投用前需要有足够的寿命试验数据,可以取其寿命试验的失效数据,用比例组合分配法,初步分配可靠性目标,当新系统应用时,再根据实际使用数据结合 AGREE 分配法分析校正目标。

对于关键设备关键部件,譬如一般地铁运维分类的 A 类设备 a 类部件,同时采用 AGREE 分配法和比例分配法进行可靠性目标分配评估,对两者的可靠性目标值,取要求更高的值为最终可靠性分配目标,若部件复杂,且未能获取足够数据,采用比例分配法即可。

AGREE 分配法中,越重要的单元,其分配的可靠性指标的计算权重占比应加大,越复杂的单元,由于比较容易出故障,可靠性指标目标值可以分配得低一些。重要度是指子系统故障引发设备系统故障失效的占比;复杂度是指子系统的构成部件占设备系统部件总数的比例。

设系统目标可靠度为 $R_S^*$,子系统 $i$ 可靠度分配值为 $R_i^*$,可由式(4-5)计算:

$$R_i^*(t_i)=e^{-t_i/\theta_i} \tag{4-5}$$

式中:$\theta_i$——分配给子系统 $i$ 的平均无故障间隔时间;

$t_i$——子系统 $i$ 的工作时间。

$$\theta_i=\frac{\omega_i t_i}{C_i(-\ln R_s^*)} \tag{4-6}$$

式中：$\omega_i$——子系统 $i$ 的重要度；

$C_i$——子系统 $i$ 的复杂度。

$$\omega_i = \frac{N_i}{r_i}$$

$$C_i = \frac{n_i}{N}$$

式中：$N_i$——由子系统 $i$ 故障引起系统故障的次数；

$r_i$——子系统 $i$ 的故障次数；

$n_i$——子系统 $i$ 的重要构成部件数；

$N$——系统的总构成部件数。

对于变化较大的新系统，一般在正式投用前需要有足够的寿命试验数据，可以取其寿命试验的失效数据，用比例组合分配法，初步分配可靠性目标，当新系统应用时，再根据实际使用数据校正目标。

### 4.4.3 可靠度分配指标应用示例

首先，根据系统故障引发任务失效比例确定该系统的重要度，可用该系统故障引起5min以上晚点的次数除以线路所有5min晚点次数来计算，见表4-3。

**确定系统的重要度** 表4-3

| 系统分类 | 系统引起5min以上晚点（次） | 线路所有晚点列次（次） | 重要度 |
|---|---|---|---|
| 信号系统 | 154 | 297 | 0.52 |
| 车辆系统 | 57 | 119 | 0.48 |
| 屏蔽门系统 | 3 | 26 | 0.12 |
| 电力系统 | 4 | 4 | 1.00 |
| 线路系统 | 1 | 3 | 0.33 |

注：表中数据源自某地铁公司运营数据，以下同。

根据系统内关键部件数量占线路所有系统关键部件数量总和的比例确定系统的复杂度（表4-4）。

**系统复杂度计算** 表4-4

| 专业 | 关键部件数量（个） | 复杂度 |
|---|---|---|
| 车辆 | 4155 | 0.46 |
| 信号 | 1055 | 0.12 |
| 变电 | 733 | 0.08 |
| 线路 | 1004 | 0.11 |
| 屏蔽门 | 2122 | 0.23 |

计算获得系统的重要度与复杂度后,将它们与系统工作时间列在同一个表格中(表4-5),为后续的可靠性分配做准备。

各专业系统主要指标一览表　　表4-5

| 系统分类 | 重要度 | 复杂度 | 工作时间(h) |
|---|---|---|---|
| 信号系统 | 0.52 | 0.25 | 24 |
| 车辆系统 | 0.48 | 0.35 | 12 |
| 屏蔽门系统 | 0.12 | 0.12 | 18 |
| 变电系统 | 1.00 | 0.24 | 24 |
| 线路系统 | 0.33 | 0.04 | 18 |

依照某地铁公司的发展规划目标,由线路可靠性分配可得,未来第1年的线路可靠性目标为5min以上晚点次数控制在1.8次以内,平均无故障距离为778万车公里,平均无故障时间为4866h,平均无故障列次为7888列次(表4-6)。

线路可靠性指标　　表4-6

| 线路指标 | 年度运营里程(km) | 年度运行时间(h) | 年度开行列次(列次) | 平均无故障距离(万车公里) | 平均无故障时间(h) | 平均无故障列次(列次) |
|---|---|---|---|---|---|---|
| 取值 | 1400 | 8760 | 14200 | 778 | 4866 | 7888 |
| 适用系统 | 车辆/轨道 | 信号/变电 | 屏蔽门 | 车辆/轨道 | 信号/变电 | 屏蔽门 |

将表4-5中数据代入计算各系统未来第1年的平均无故障时间目标值,再利用表4-6中线路参数将平均无故障时间换算成各自适用的可靠性指标。最终得到系统可靠性分配结果,见表4-7。

各系统可靠性分配结果一览表　　表4-7

| 系统分类 | 可靠性衡量指标 | 可靠性分配值 |
|---|---|---|
| 车辆系统 | 平均无故障距离 | 1055(万车公里/件次) |
| 变电系统 | 平均无故障时间 | 20359(h/件次) |
| 信号系统 | 平均无故障时间 | 10091(h/件次) |
| 线路系统 | 平均无故障距离 | 6164(万车公里/件次) |
| 屏蔽门系统 | 平无均故障列次 | 4365(列次/件次) |

按照逐级分配的原则,还可继续将系统的可靠性目标值分配至关键子系统。

下文以信号系统为例,说明如何将系统的可靠性目标值分配至关键子系统。信号系统比较复杂,各子系统之间在重要程度、危害程度和可检测程度上的差异性也比较大,同样采用 AGREE 分配方法。

首先,对于其中一些固有可靠性非常高、几乎不会发生失效,或者对信号系统的任务可靠性几乎没有影响的子系统,可以不直接参与可靠性分配,可将它们纳入其他的考核项目中去。

通过构建信号系统的风险四象限矩阵(如图 4-5 所示,其中 *X* 轴代表影响严重程度,*Y* 轴代表年均故障频次),可以发现分布在第四象限的信号机、计轴和传输网络正好符合这些特性,可以不直接参与可靠性分配。

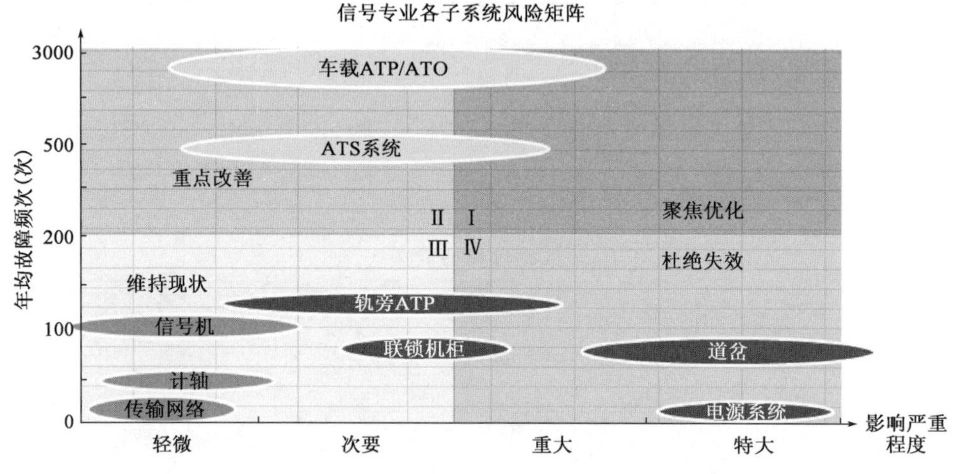


图 4-5 信号专业各子系统风险矩阵图

其次,接下来对信号系统中的关键子系统进行可靠性分配。首先根据历史运营数据求出各子系统在系统中的危害度、复杂度和工作时间,见表 4-8。

**信号子系统可靠性分配参数** 表 4-8

| 子系统分类 | 危害度 | 复杂度 | 工作时间(h) |
|---|---|---|---|
| 电源设备 | 0.02 | 0.02 | 24 |
| 监测设备 | 0.10 | 0.02 | 24 |
| 正线联锁设备 | 0.07 | 0.15 | 24 |
| 自动列车保护与驾驶设备(ATP/ATO) | 0.04 | 0.09 | 24 |
| 自动列车监控设备(ATS) | 0.29 | 0.72 | 24 |

分配给信号系统的平均无故障时间为 10091(h/件次),换算成可靠度为

0.997。将表4-8中参数值与系统可靠度目标代入AGREE分配法计算中,得到各个子系统的可靠性指标(平均无故障时间)见表4-9。

信号系统可靠性分配结果　　表4-9

| 子系统分类 | 平均无故障时间(h) |
|---|---|
| 电源设备 | 7987.994 |
| 监测设备 | 39939.970 |
| 正线联锁设备 | 3727.731 |
| 自动列车保护与驾驶设备(ATP/ATO) | 3550.220 |
| 自动列车监控设备(ATS) | 3217.386 |

## 4.5 基于退化的行车设备可靠性建模方法

前文介绍了“线网-线路-系统级”可靠性指标分配和“系统-设备-最小可维修单元”可靠性指标分配的方法及应用参考。具体到某一类行车设备或者再细分的关键部件(最小可维修单元),研究和关注其可靠性建模方法,仍然有着重要的现实意义。

基于退化的可靠性建模方法,首先关注的是设备失效过程信息,通过选择与设备(部件)寿命和可靠性高度相关的物理变量,称为可靠性(性能)特征量(Reliability Indicator),并采用定量的数学模型描述其随时间的变化规律,所建立的模型也不再局限于经验模型,如回归分析模型、时间序列模型,提出了退化轨道模型、典型随机过程模型(如Wiener过程、Gamma过程、复合Poisson过程、Lévy过程)等多种类型的模型和方法。

基于退化的可靠性技术的目标是建立可靠性特征量(退化量)的分布函数,并且分布通常与时间有关,因此是一个随机过程。可靠性评估是通过失效准则和所建立的可靠性特征量的随机过程模型得到的。具体设$X(t)$是设备在时刻$t$的退化量取值,设备性能要求为$\Omega$,$t$为规定时间,则设备的可靠度定义为:

$$R(t)=P\{X(\tau)\in\Omega,0\leq\tau\leq t\} \tag{4-7}$$

按这种方式定义的可靠度又称为性能可靠度,即对设备在规定时间和规定条件下,可靠性(性能)特征量满足要求能力[即性能可靠性(performance Reliability)]的概率度量。

### 4.5.1 基于退化的可靠性建模与分析过程

基于退化的可靠性建模方法是建立在对设备退化量演化规律描述的基础上。设设备退化量为 $X$,描述设备寿命的时间尺度为 $t$($t$ 可能是通常的时间,也可能是其他类型的时间尺度,如公里数,循环次数等)。基于退化的可靠性建模与分析,主要包括设备退化过程的建模与分析,以及基于退化过程和失效阈值的寿命分布建模与分析两大部分,如图 4-6 所示。

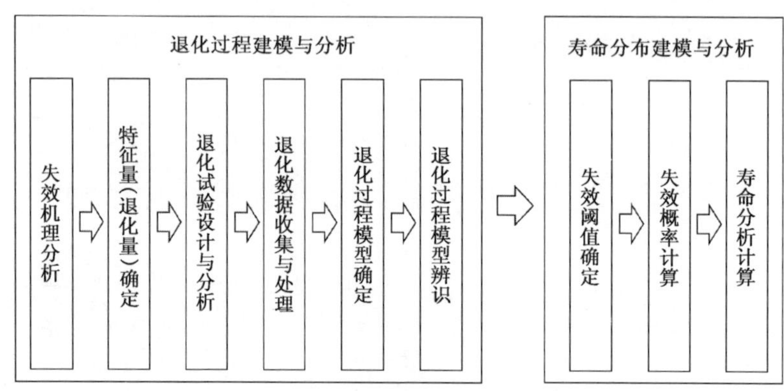


图 4-6 基于退化的可靠性建模与分析过程

### 4.5.2 根据不确定性选择可靠性建模方法

根据退化过程的类型选择合适的退化过程模型,也是实际中常用的方法。可从以下三个方面考虑:

(1)根据退化量与时间的关系选择模型;

(2)根据样本路径的分析性质选择模型;

(3)根据不确定性选择模型。

影响设备退化过程的不确定性可以分为随机效应(Random Effect)和时间不确定性(或序列不确定性)两个部分。

由于退化轨道模型、基于 Wiener 过程的退化模型、基于 Gamma 过程的退化模型以及基于复合 Poisson 过程的退化模型,在目前基于退化的可靠性建模方法研究中,得到最为广泛的研究,同时也能够描述已知的多种退化机理,因此在分析行车设备可靠度时,可以依照以下步骤选择适当的模型,如图 4-7 所示。

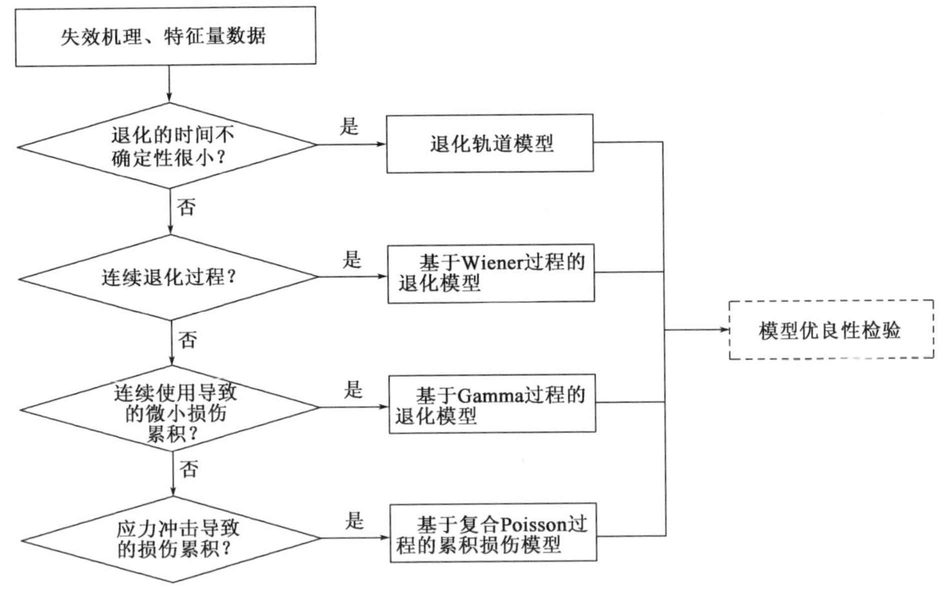


图 4-7 退化过程模型的确定流程

## 4.5.3 行车设备可靠性分析模型

根据行车设备主要的失效机理,各专业优先推荐的可靠性分析模型见表 4-10。

行车各专业典型设备优先推荐的可靠性分析模型　　表 4-10

| 专　业 | 设　备 | 特　点 | 可靠性分析模型 |
|---|---|---|---|
| 接触网 | 接触轨及附件 | 连续使用导致的微小损伤累积 | 基于 Gamma 过程的退化模型 |
| 线路 | 钢轨 | 连续使用导致的微小损伤累积 | 基于 Gamma 过程的退化模型 |
| 供电 | 断路器 | 连续退化过程 | 基于 Wiener 过程的退化模型 |
| 信号 | 车载 ATC | 连续退化过程 | 基于 Wiener 过程的退化模型 |
| 信号 | 道岔 | 退化的时间不确定性很小 | 退化轨道模型 |

1) 基于 Wiener 过程的退化模型

Wiener 过程是一类具有线性漂移项的扩散过程,由标准布朗运动驱动,而布朗运动是均值为 0、方差与时间相关的高斯过程,最初用于描述微小粒子的随机游动。Wiener 过程一般用于建模具有线性趋势的非单调退化过程。

一般地,Wiener 过程$\{X(t),t\geqslant0\}$可以表示为式(4-8):

$$X(t)=\lambda t+\sigma B(t) \tag{4-8}$$

式中: $\lambda$——漂移系数;

$\sigma$——扩散系数,>0;

$\{B(t),t\geqslant0\}$——标准布朗运动。

2)基于 Gamma 过程的退化模型

Gamma 退化过程也是目前研究和应用比较广泛的一类退化过程模型,是一类增量非负的单调随机过程,主要用于描述设备随机退化过程严格单调的情况。例如,磨损过程、疲劳扩展过程等一般随着时间会逐渐累积,退化的增量是非负的,因此更具有合理性;Gamma 过程是纯跳过程,其样本路径是不连续的,既可描述连续的微小冲击导致的缓慢退化,也可描述大的冲击,导致的大的损伤,而这在实际中是比较典型的退化机理。

一般地,Gamma 过程$\{X(t),t\geqslant0\}$具有如下性质:

(1)随机增量$X(t_i)-X(t_{i-1})$为 Gamma 分布:

$$X(t_i)-X(t_{i-1})\sim \mathrm{Ga}[v(t_i)-v(t_{i-1}),\sigma] \tag{4-9}$$

式中:Ga——Gamma 函数;

$v(t)$——形状参数,>0;

$\sigma$——尺度参数,>0。

(2)不相交时间区间上的随机增量相互独立。

(3)$X(0)=0$。

退化过程模型辨识包括模型参数估计和模型优良性检验两个方面,实际上也是退化过程建模中最重要、最困难的两个方面,也是目前这个领域研究的重点和难点,这里不做展开。

### 4.5.4 基于维纳(Wiener)过程的智能断路器退化模型及验证

智能断路器是电力行业广泛使用的开关控制器件,主要用于电路的开断与控制,随着分合闸次数的增长,其电气应力与机械应力引起的损耗不断地累积,智能断路器的性能也会逐步降低,最终失效,会造成巨大的经济损失与安全事故。因此,在使用智能断路器时应对其性能退化进行监测,并进行电寿命预测,在失效前及时更换,可以提高用电控制系统的可靠性,并可以保障用电设备的安全。

选用的方法——统计数据驱动,是以概率论统计理论为基础,利用随机模型

对监测数据进行建模，它的优势在于可给出预测结果概率密度函数和可靠度函数，能够对具有不确定性的产品的寿命进行预测，具有较强的物理意义。

1）退化性能模型建模

断路器的合闸电流的首达时间的退化过程是可以直接观测的，即在当前的检测时刻 $t_k$，对应的第 $k$ 个数据点 $X(t_k)$ 是可观测的。根据这一特性可以得到在某一个检测周期内的 $n+1$ 个数据点的合闸首达时间 $\{t_0, X(t_0)\}, \{t_1, X(t_1)\}, \cdots, \{t_n, X(t_n)\}$，其中 $t_0 \leqslant t_1 \leqslant t_2 \leqslant \cdots \leqslant t_n$。

智能断路器是一个可靠性很高的设备，具有长寿命的特点，其退化过程中可能出现突变点，所以采用 Wiener 过程建模方法需要解决三个实际问题：

一是对 Wiener 过程参数首先给定其共轭先验分布，虽然这种假设具有良好的统计特性，但在实际情况下难以避免出现假定分布类型的不准确性，从而降低剩余寿命评估准确性；

二是目前有些方法是基于正常应力下的性能退化实验数据给出参数先验分布，但对一些高可靠性、长寿命产品，必须在正常应力水平下实验才能获得性能退化数据，如何利用加速退化实验数据进行参数先验分布估计的研究缺乏；

三是针对一些产品性能退化过程具有多阶段非单调的特点，如果不区分其阶段性容易导致预测结果的相对保守。

采用多阶段-随机 Wiener 退化过程来预测断路器的剩余寿命。通过高频次加速退化实验得出的数据对参数值进行估计，然后加速因子折算得到正常速率下的参数估计值，得到数据的先验分布；根据得到的参数非共轭先验分布以及正常频率下性能退化数据，利用贝叶斯（Bayes）信息融合方法进行参数分布更新，得到参数的后验分布，进而得到剩余寿命的预测结果。

基于上述分析，考虑到不失一般性，可以将多阶段的性能模型定义为以下形式：

$$X(t) = [X(0) + X_1(t)]I_{(0,t_1)}(t) + [X(t_1) + X_2(t-t_1)]I_{(t_1,t_2)}(t) + \cdots + [X(t_1) + X_2(t-t_1)]I_{(t_1,\infty)}(t) \tag{4-10}$$

式中：$t_i$——性能退化阶段的分界时间；

$X(0)$——表示性能退化模型的初始值；

$X(t_i)$——性能退化阶段的分界值；

$I_{(*,*)}(t)$——示性函数。

根据上述多阶段退化模型一般性定义，可以建立两阶段性能退化模型：

$$X(t)=[X(0)+X_1(t)]I_{(0,t_D)}(t)+[X(t_1)+X_2(t-t_D)]I_{(t_D,\infty)}(t) \quad (4\text{-}11)$$

当假设$X_1(t)$和$X_2(t)$均服从 Wiener 过程时，式(4-11)就成为两阶段 Wiener 过程的性能退化模型。

2)针对 ZDS5 智能断路器的验证过程

搭建直流断路器寿命试验环境，如图 4-8 所示。

图 4-8 直流断路器寿命试验环境

本书以合闸电流量第一次到达最大值的到达时间作为特征量，经过大量实验，发现智能断路器 ZDS5 合闸电磁铁的故障占比比较大，合闸电流的到达时间是呈线性增加的趋势，但是会受润滑不良，机械部件磨损程度不一等不确定因素的影响，产生小幅度的波动，其趋势很符合 Wiener 过程所要求的具有线性趋势的非单调的过程。

结合 Wiener 的建模原理，将实验过程分为下面几个流程：

(1)整体系统的搭建。传感器采集智能断路器的电流、振动等数据，然后通过信号调理电路进行初步滤波，信号增大以提高信噪比，接着用微处理芯片对几路数据进行实时采样、模数转换和阈值判定，上传数据至上位机，最后用上位机软件对数据保存、分析。

(2)特征量提取。采集到数据后，需要对退化数据进行分析，对波形分析出特征点的个数，然后用 MATLAB 程序每隔一定的次数提取出特征值，组成一个特征值矩阵，并得出阈值 $W$。

(3)对于取出来的特征值，需要进行分布检验，判断出增量是否符合正态分布假设，如果是，则验证了符合 Wiener 过程。

(4)利用极大似然法对退化数据的特征值的漂移系数和扩散系数得出估计值，然后将得到的估计值代入剩余寿命概率密度函数，其最大值的对应时刻即为

该时刻估计的剩余寿命。

图 4-9 所示为断路器内部结构详细图。

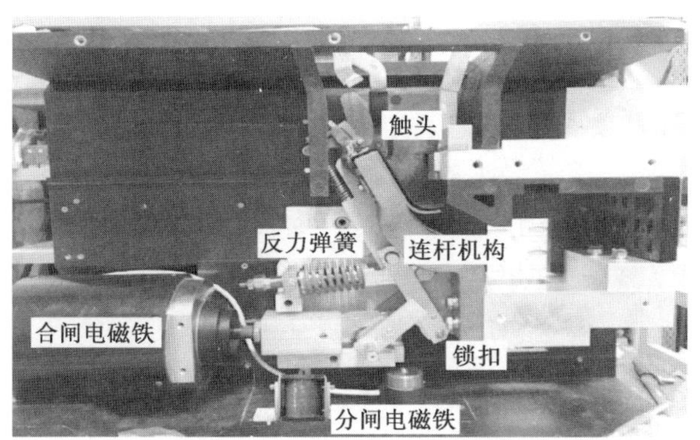


图 4-9 断路器内部结构详细图

断路器 ZDS5 的合闸过程中合闸力由合闸电磁铁提供。当合闸线圈通电后,铁芯拉动连杆运动,并压缩反力弹簧为分闸过程储能。当触头合上后,合闸电磁铁继续拉动铁芯,使操作机构达到锁扣状态。分闸过程类似于装有弹簧机构的交流断路器的分闸动作过程。分闸电磁铁通电后,铁芯运动顶开合闸锁扣,合闸锁扣状态被打破,反力弹簧能量释放,将触头拉开。

检测前端硬件部分通过传感器采集断路器的线圈电流信号和机械部件振动信号,并利用信号调理电路进行信号滤波及放大,提高信号的信噪比、精度和功率。检测前端软件利用微处理器实现对振动及电流两类信号实时采样、模数转换、阈值判定、上下位机数据传输的功能。上位机软件对数据进行显示与保存,利用数字信号处理算法对两种信号进行信号预处理、特征量提取、剩余寿命预测。其信号处理过程如图 4-10 所示。

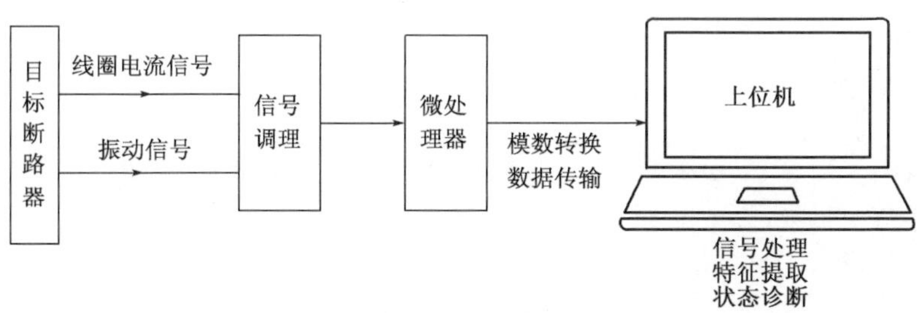


图 4-10 信号处理详细过程

继电保护装置和断路器的实物图如图 4-11 所示。

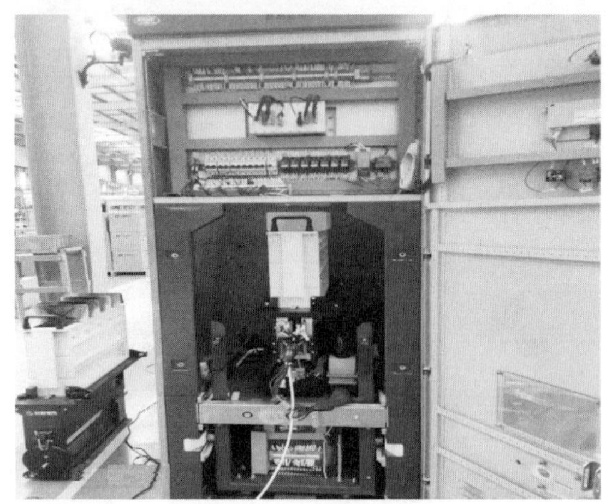

图 4-11　继电保护装置和断路器的实物图

# 4.6　基于贝叶斯网络法分析设备可靠度

## 4.6.1　贝叶斯网络(BN)

一个贝叶斯网络(BN)由 $N=\{(V,E),P\}$ 表示,其中$(V,E)$分别是有向非循环图(DAG)的节点和边,$P$ 是 $V$ 上的一个概率分布。离散型随机变量 $V=\{X_1, X_2,\cdots,X_n\}$ 被分配给节点,而 $E$ 代表节点之间的因果概率关系。

在贝叶斯网络中,可以确定一个定性部分(由 DAG 表示的网络拓扑结构)和一个定量部分(条件概率)。定性部分表示一组条件独立性假设,这些假设可以通过 d 分离这一图论概念来获取。

定量分析建立在利用网络模拟条件独立性假设的基础上,由于这些假设,考虑变量在其父节点的所有可能实例化条件下的取值概率,由此可以完整地确定定量部分。对每个节点,通过定义一个条件概率表(CPT)来给定这些局部条件概率。没有父节点的变量称为根变量,边缘先验概率与他们有关。据此,具有变量 $X_1,\cdots,X_n$的贝叶斯网络的联合概率分布 $P$ 可以进行因式分解,即:

$$P[X_1,X_2,\cdots X_n]=\prod_{i=1}^{n}P\{X_i|Parent(X_i)\} \tag{4-12}$$

贝叶斯网络的基本推断任务主要包括:已知一组变量 $E$ 的观测值,变量 $E$ 称为证据,在这些条件下计算一组查询变量 $Q$ 后验概率分布 $P(Q|E)$。

### 4.6.2 把故障树映射到贝叶斯网络

故障树分析(FTA)是针对可靠性建模和大型复杂系统评估的非常普遍和广泛的技术。

在故障树分析中,分析通过两步来实施:

(1)定性分析。推导出顶事件(TE)(即系统失效),由最小割集表示的逻辑表达式。

(2)定量分析。在给定基本组件失效概率的基础上,计算顶事件(和对应与逻辑子系统的任意中心事件)发生的概率。

如前所述,贝叶斯网络(BN)提供了一套不确定情形下的健全的概率推理方法。在人工智能领域,它们已经成功地被推荐为不确定性条件下最灵活的推理体系,并且已应用于各种实际问题。

在标准的故障树分析中,有以下基本假设:

(1)事件是二元事件(运行/不运行);

(2)事件是独立统计的;

(3)事件和失效原因之间的关系由 AND 和 OR 逻辑门表示。

通常采用以下的约定:已知一个通用二进制组件 $C$,记组件失效为 $C=1$,组件运行为 $C=0$。故障树的量化要求给每一叶子节点分配一个概率值。由于在给定的任务时刻 $t$ 进行运算,所以人们应该提供基本组件在时刻 $t$ 的失效概率。在通常的假设下,组件失效是指数分布的,基本事件($C=1=$故障)发生的概率为 $P(C=1,t)=1-e^{-\lambda_C t}$,其中 $\lambda$ 是组件 $C$ 的失效率。

根据基本门的变换规则,可以直接将故障树映射到二元贝叶斯网络,即每一变量 $V$ 有两个允许值:假($\overline{V}$)对应于一个正常或工作值,真($V$)对应于故障或不工作值。转换过程按下面的步骤进行:

(1)对故障树的每一叶子节点(即基本事件或系统组件),在贝叶斯网络中创建一个根结点;但是,如果故障树的多个叶子表示相同的基本事件(即相同的组件),在贝叶斯网络中只需创建一个根节点。

(2)把故障树中叶子结点的先验概率(在给定任务时刻 $t$ 计算得到的)分配给贝叶斯网络中相应的根节点。

(3)对故障树中的每一个门,在贝叶斯网络中创建相应的节点。

(4)按照故障树中门的连接关系,连接贝叶斯网络中相应的节点。

(5)对故障树中每一个门(OR,AND,或 $k:n$),给贝叶斯网络中相应节点分配等价的条件概率表。

由于故障树中的门的特殊本质，事实上贝叶斯网络中的非根结点是确定节点，没有随机变量和相应的条件概率表可以自动分配。根节点的先验概率和分配给故障树叶子节点的相应概率是一致的。

### 4.6.3 贝叶斯定理法计算行车设备可靠度的方法

基本思想：正常条件下系统的可靠度乘以某一选定组件的可靠度，再加上该组件失效条件下系统的可靠度与该组件的不可靠度之乘积即为系统总的可靠度。

或者描述为：将一个复杂的网络系统分解为若干个相当简单的子系统，先求各个系统的可靠度，再利用全概率公式计算系统总的可靠度。

比如，系统 $K$ 中有一个子系统 $M$，先分别假定 $M$ 子系统正处于正常和失效两种状态，这样就可分别得到两个相应的子系统 $K|M$，$K|\overline{M}$，由全概率公式，得到这两个子系统能正常工作的概率就是该系统的可靠度 $R(K)$，即：

$$R(K) = p(M)p(K|M) + p(\overline{M})p(K|\overline{M}) \tag{4-13}$$

式中：$p(M)$——子系统 $M$ 正常的概率；

$p(\overline{M})$——子系统 $M$ 失效的概率；

$p(K|M)$——子系统 $K|\overline{M}$正常的概率；

$p(K|\overline{M})$——子系统 $K|\overline{M}$失效的概率。

显然，上述方法可以连续使用，直至使每个子系统的可靠度都易于计算为止。

### 4.6.4 基于贝叶斯网络的可靠性分析案例

基于贝叶斯网络法，完成地铁牵引变电所可靠性分析。简述如下：

在对变电所进行可靠性研究时，既要考虑其结构组成以及运行方式，还需要充分了解变电所各元件可靠性模型及其故障形式的特性。历史统计数据表明，对于不同类型的设备，其故障率的分布函数也有所不同，如果在构建变电所整个寿命周期的可靠性模型时分别采用不同的故障率分布函数，将会增加可靠性建模及分析的复杂度。综合考虑到电力系统主要设备的故障率往往较低，而通过统计方法得到的可靠性参数误差对变电所可靠性的影响可能会更大，根据变电所计算精度和复杂度的要求，以及某线路的实际情况，在计算过程中假设所有元件均处于寿命中期的偶发故障区，即失效率为常数，变电所元件的可靠度函数服从指数分布。

通常,在研究电力系统主要设备的可靠性时,假设这些为可修复元件,即某元件一旦发生故障就退出运行,待检修完成后再恢复到正常工作状态。同时,在计算过程中一般不考虑计划检修,而假设这些元件具有两种状态:正常工作状态及故障状态。

1)贝叶斯网络模型的构建

贝叶斯网络模型的构建方法:

(1)在 GeNIE 软件中,将变电所主接线中的基本事件和逻辑关系转换为贝叶斯网络图形中的节点。

(2)根据地铁牵引变电所基本事件之间的层次关系,使用有向边将贝叶斯网络模型中的节点全部连接起来。

(3)设置贝叶斯网络中部分节点的条件概率表,并确定其他节点的先验概率。最终得到典型变电所贝叶斯网络的可靠性模型,如图 4-12 所示。

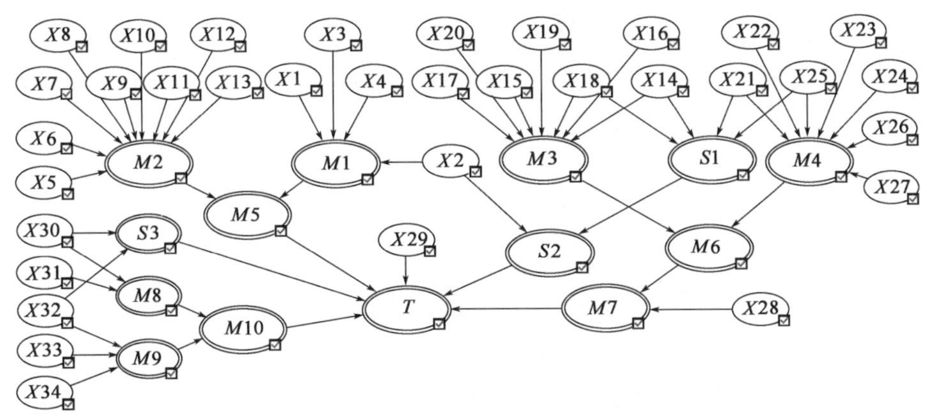


图 4-12 典型地铁牵引变电所的贝叶斯网络模型

采用动态贝叶斯网络建立变电所可靠性模型的方法与静态贝叶斯网络类似,主要包括图形节点、有向边、条件概率表、转移概率表,以及先验概率的设置等,不同之处在于动态贝叶斯网络引入了时间因素,在网络模型建立的过程中需要确定同一网络节点当前时间与下一个单位时间之间的条件转移概率。根据典型变电所贝叶斯网络模型,在 GeNIE 软件中构建其动态贝叶斯网络,拓扑结构如图 4-13 所示。其中,各节点的具体含义与静态贝叶斯网络节点相同。

2)可靠性分析

利用贝叶斯网络的反向推理功能,可以分别计算出变电所故障条件下,各元件在静态贝叶斯网络和动态贝叶斯网络中的后验概率情况,获得牵引变电所主要节点的后验概率一览表。可知,在静态贝叶斯网络中,直流母线、35kV Ⅰ段母线对牵引变电所可靠性的影响比较大,后验概率分别达到了 47.30% 和 21.83%,是变电所可靠性的薄弱环节,上述计算结果与变电所运行中导致变电所失效的直接原因为直流母线或者交流母线断电的实际情况相符;在考虑到维修因素的动态贝叶斯网络中,直流母线、35kV 进线电源、整流变压器等的后验概率排名比较靠前,说明以上节点是系统稳态后的薄弱环节,在维修过程中需要对以上部件加强注意,以提升各单元的可靠性来提升双边供电方式下该供电分区整体的可靠性。

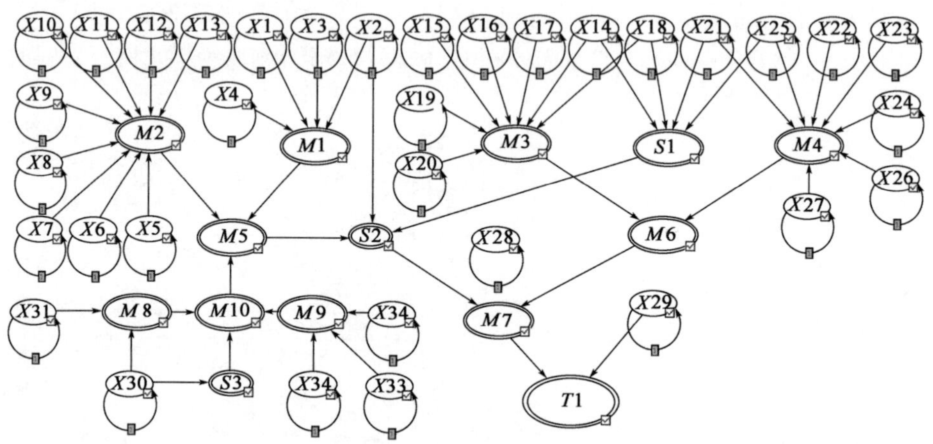


图 4-13　典型地铁牵引变电所的动态贝叶斯网络模型

同时,在考虑维修因素后部分节点的后验概率发生较大变化,其中,主要是整流变压器、整流器和 35kV 进线电源对变电所可靠性的影响大幅提升,说明在考虑维修因素时,设备的维修率会对节点在变电所中的重要度产生影响,如变压器和整流器等是变电所的关键设备,虽然其故障率较低,导致变电所失效的后验概率较小,但考虑到该设备的修复时间长、修复率低等维修因素时,其对变电所的稳态可靠度影响程度将大幅增大。因此,除了通过降低设备自身的故障率以外,还可以对变电所关键设备的维修策略进行优化,使变电所可以长时间维持在较高的可靠度水平上。

# 第5章 行车设备重要度分类和风险级别判定

风险管控是将行车设备可靠度目标管理与差异化维修策略设计工作实现联通的重要方法,本章将介绍风险管控技术、行车设备重要度分类,以及基于可靠度目标管理进行风险等级评定的基本准则。

## 5.1 风险管控技术

风险管控技术主要包含风险识别、风险分析、建立风险管理矩阵等内容。

### 5.1.1 风险管理的相关术语

关于风险及其管理,以下是国内外相关领域的专业术语:

(1)风险(Risk):不确定性对目标的影响。ISO Guide 73:2009 对风险的定义涵盖了各行各业对"风险"的定义,更具全面性和科学性。

(2)风险管理(Risk Management):针对风险所采取的指挥和控制组织的协调活动。风险无处不在,所以风险管理也无处不在。风险管理不是要把风险的大小变为零或让风险绝对发生/不发生,而是要把风险控制在可容忍、可接受的范围内。

(3)风险管理过程(Risk Management Process):将管理方针、程序和操作方法系统地应用到沟通与咨询、建立环境,以及识别、分析、评价、应对、监测与评审风险的活动中。

(4)建立环境(Establishing the Context):在管理风险和为风险管理方针设定范围及风险准则时,设定被考虑的外部和内部的参数的过程。

(5)风险准则(Risk Criteria):评价风险重要性的参照依据。

(6)风险评估(Risk Assessment):风险识别、风险分析和风险评价的全过程。

(7)风险识别(Risk Identification):发现、承认和描述风险的过程。

(8)风险分析(Risk Analysis):理解风险本性和确定风险等级的过程。

(9)风险评价(Risk Evaluation):把风险分析结果与风险准则相比,以决定风险和/或其大小是否是可接受的或可容忍的过程。

值得一提的是“建立环境”，就是风险管理的文化建设。一般可从四个方面入手：建立外部环境、内部环境、风险管理过程环境、风险准则。

假设将城市轨道交通运营单位定义为“组织”，则：

(1)外部环境包括国内城市轨道交通大发展的大背景，当地城市轨道交通加快建设、逐步形成网络的区域环境等。

(2)内部环境包括城市轨道交通运营单位的组织结构，企业文化，方针、目标，以及实现它们的战略等。

(3)风险管理过程环境包括设定风险管理活动的目的和目标，为风险管理过程确定职责，确定实施风险管理活动的范围、深度和广度，确定风险评估方法等。

(4)风险准则是风险管理的核心内容，没有风险准则，风险评估就无从谈起。可以参考《轨道交通　可靠性、可用性、可维修性和安全性规范及示例》(GB/T 21562—2008)中“风险”的有关内容，制定风险准则。其中的内容包括后果准则、可能性准则、风险等级、风险应对准则、风险接受原则[如英国使用的“最低合理可行”原则(ALARP)、法国使用的“综合最优”原则(GAMAB)、德国使用的“最小内源性死亡率”原则]、风险接受/容忍准则等。

### 5.1.2　风险识别的主要工作

风险识别，是风险管理的第一步，也是风险管理的基础。只有在正确识别出所面临的风险基础上，人们才能够主动选择适当有效的方法进行处理。

风险识别的主要工作内容是识别风险源、影响的范围、相关事件、风险原因及潜在的后果，核心内容是要识别所有的重要原因和重要后果。其主要目的是建立一个基于风险事件的、综合的、广泛的风险清单。在风险识别之前需要事先建立风险分类目录和风险编码规则，便于今后采用数据库的形式记录风险。

### 5.1.3　风险分析的主要工作

风险分析是风险评估的核心子过程。风险分析是通过量化过程将数据转化为与风险相关的决策支持信息。这些量化数据一般指事件的概率，以及事件后果的严重程度。

风险分析主要完成两项工作：

(1)深入理解风险的特性；

(2)估计风险的大小及风险等级。

一般可采用情景分析、后果/可能性矩阵等风险评估方法，对风险识别过程识别出的风险逐项进行分析，包括分析现有风险应对措施及其有效性(先分析

其设计的有效性,再分析其执行的有效性,最后分析其执行的效率),然后估计风险发生的可能性(概率)及后果,最后确定风险等级。

## 5.2　风险管控的工作方法和开展步骤

风险管控的目的是定性评估设备风险等级,并通过分析得出失效因素及风险构成,为后续策略选择提供决策参照。数据分析的目的是对设备的风险进行定性评估分级,并根据分析的结果,明确风险管控的范围和要素。

各专业可根据设备及部件的重要程度及数据完备情况决定评估方式,分为失效数据评估和 FMEA(失效模式与影响分析)评估。当数据完备时,采取失效数据评估为评估方式;当数据不完备时或设备未正式运营且无相关数据,不具备分析条件时,采取 FMEA 分析为评估方式。

本章所阐述的评估方式为实际工作开展时的应用参照。在具体评估时,不需要过分追求数据的细致完善;即使缺乏足够的数据支撑,仍然根据运营维护经验给相应设备定级,后续分析改善时,再结合其他特性要素分析,为后续制订差异化维修策略奠定工作基础。

下面首先介绍 FMEA 工具的基本概念,然后再介绍风险管控工作展开的具体步骤和流程。

### 5.2.1　失效模式与影响分析方法(FMEA)

失效模式与影响分析,即"潜在失效模式及后果分析"(Failure Mode and Effects Analysis),或简称为 FMEA。FMEA 是在产品设计阶段和过程设计阶段,对构成产品的子系统、零件,对构成过程的各个工序逐一进行分析,找出所有潜在的失效模式,并分析其可能的后果,从而预先采取必要的措施,以提高产品的质量和可靠性的一种系统化的活动。其展开步骤如图 5-1 所示。

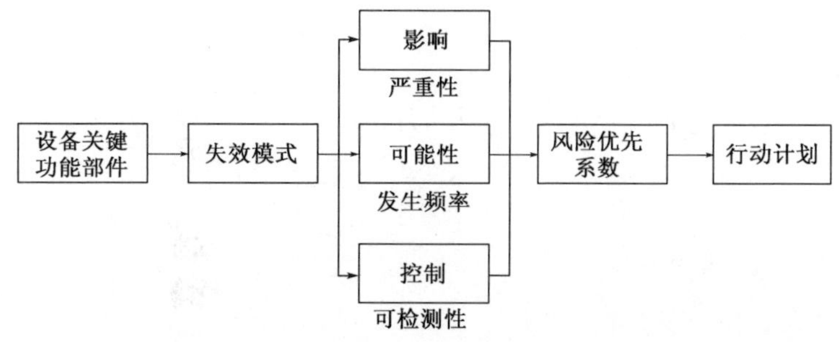


图 5-1　FMEA 分析方法的展开步骤

失效模式是失效的表现形式和状态,如电路短路、机械断裂等。失效影响则是指某种失效模式对所关联的子系统或整个系统功能的影响。失效危害性则是指失效后果的危害程度,通常用风险优先系数(RPN,Risk Priority Number)来定量分析度量。RPN 是事件严重程度(严重度 S)、发生的频率(可能性 O)和可检测等级(探测度 D)三者乘积,因为三者均可用 1 ~ 10 来量化,因此 RPN 最坏的情况是 1000,最好的情况是 1。

### 5.2.2 风险管控的工作开展步骤

风险管控的工作开展步骤如图 5-2 所示,主要分为六步:

(1)专业设备的重要度分类;

(2)将设备按照功能性进行分解,列出功能性组件;

(3)重要部件的功能描述;

(4)通过数据指标分析结果(可靠度数据)定量分级或者根据运营管理及维修经验(FMEA 分析方法)定性分级的方式,完成风险等级判定;

(5)获得风险优先系数 RPN 的取值来对应不同的风险等级,以建立各专业完整的设备风险台账(风险矩阵);

(6)基于设备风险台账,参考其他判定条件,确立不同专业设备的差异化维修策略。

下面将详细进行展开说明。

## 5.3 专业设备重要度分类

重要度分类的总体思路参考图 5-3 所示。

第一步:各专业按照统一标准明确重要度定义。

第二步:以“影响行车和消防安全”作为 A 类专业的划分依据,以“影响客户服务质量”作为 B 类专业的划分依据,两者皆否,则为 C 类专业。

第三步:每类专业,再以特定的分类原则和流程,确定设备 ABC 分类和部件 abc 分类,如图 5-4 所示为 A 类专业的设备重要度和部件重要度的分类流程。

各设备及主要零部件分类后,形成的重要度类别有:Aa,Ab,Ac,Ba,Bb,Bc,C;其中 Aa 则表示 A 类设备中的 a 类零部件(设备分解的方法见后文);C 类设备整体重要度较低,不需要再细分。

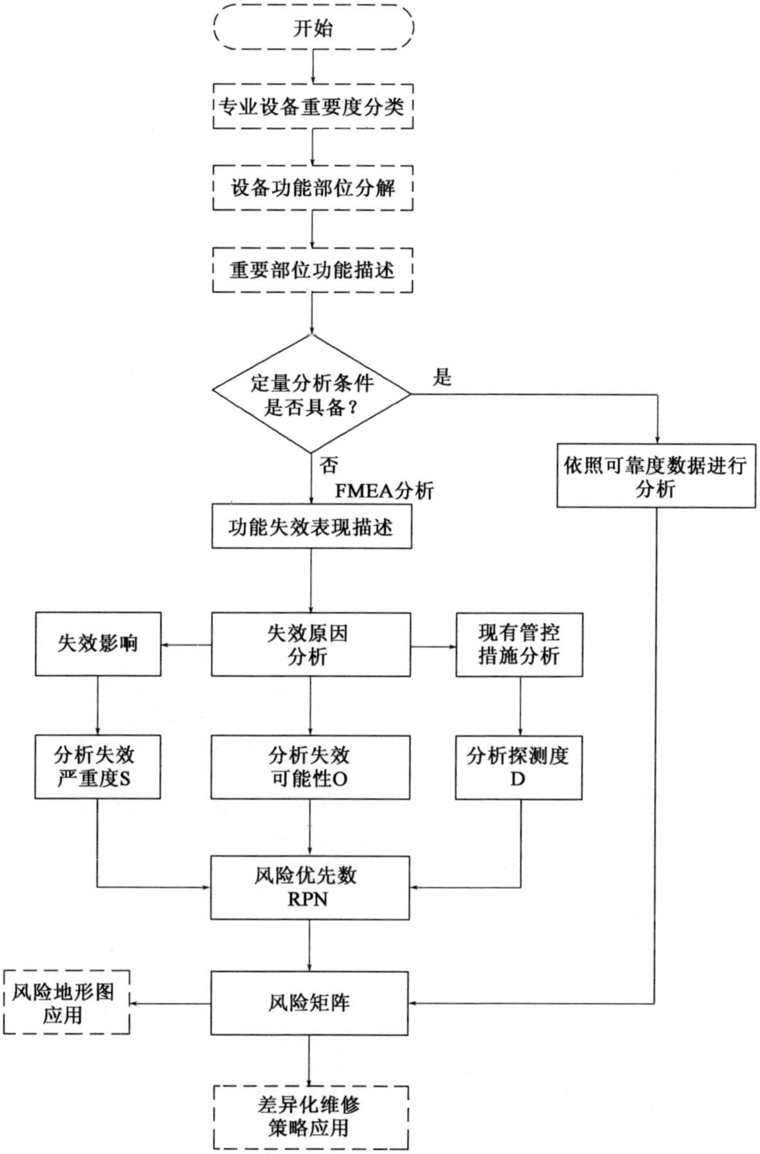

开始

专业设备重要度分类

设备功能部位分解

重要部位功能描述

定量分析条件是否具备？

是

依照可靠度数据进行分析

否

FMEA分析

功能失效表现描述

失效影响

失效原因分析

现有管控措施分析

分析失效严重度S

分析失效可能性O

分析探测度D

风险优先数RPN

风险地形图应用

风险矩阵

差异化维修策略应用

图 5-2　风险管控核心工作开展步骤

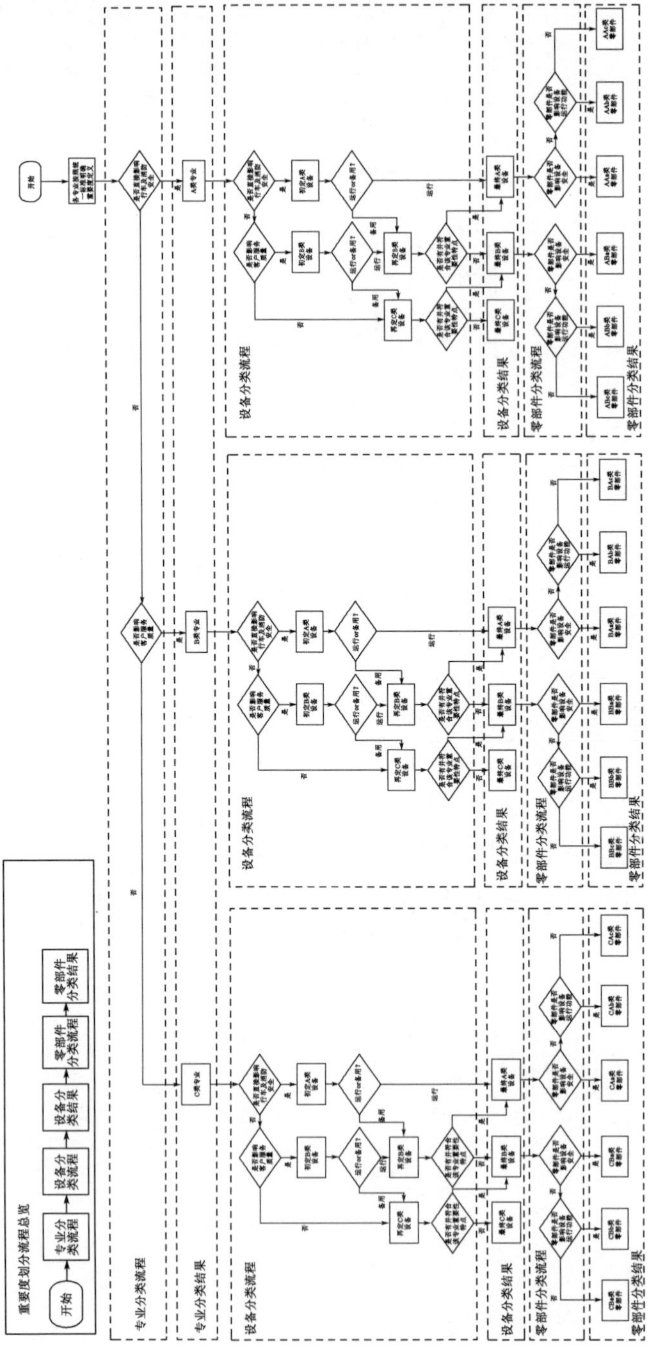

图5-3　重要度分类的总体思路

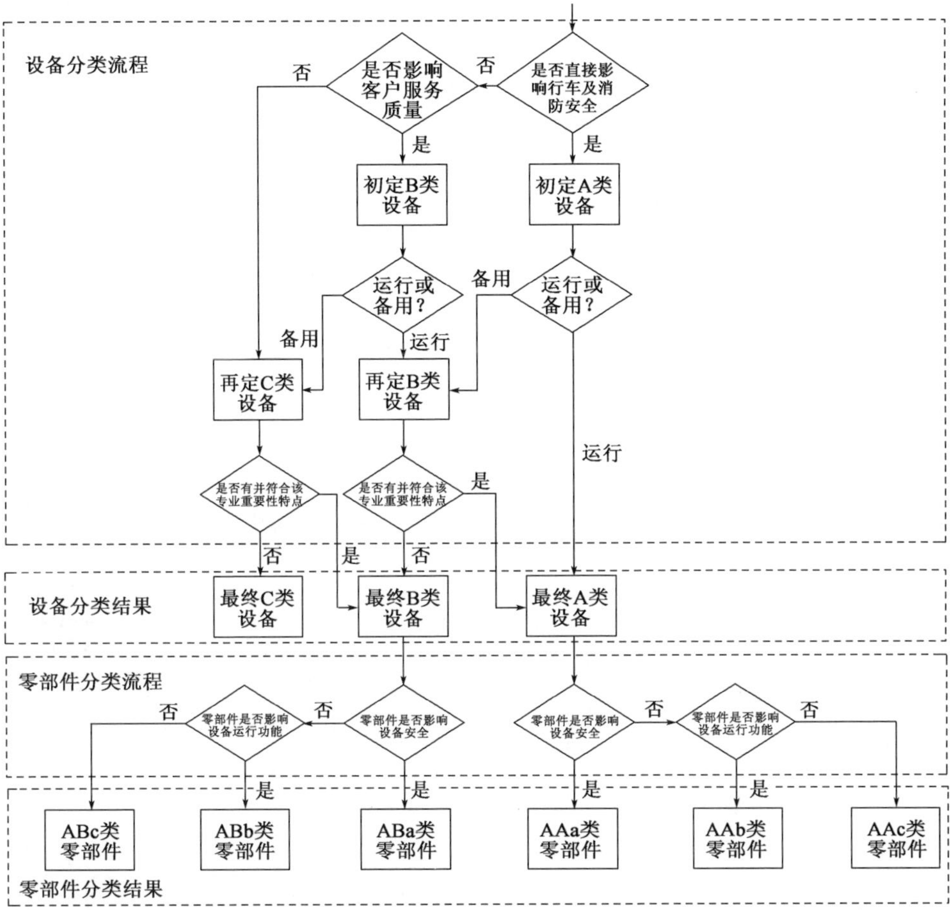

设备分类流程
是否直接影响行车及消防安全
否
是否影响客户服务质量
否
是
是
初定B类设备
初定A类设备
运行或备用？
备用
运行或备用？
备用
运行
再定C类设备
再定B类设备
运行
是否有并符合该专业重要性特点
是否有并符合该专业重要性特点
是
否
是
否
设备分类结果
最终C类设备
最终B类设备
最终A类设备
零部件分类流程
零部件是否影响设备运行功能
否
零部件是否影响设备安全
否
零部件是否影响设备安全
否
零部件是否影响设备运行功能
否
是
是
是
是
ABc类零部件
ABb类零部件
ABa类零部件
AAa类零部件
AAb类零部件
AAc类零部件
零部件分类结果

图5-4　A类专业的设备重要度和部件重要度的分类流程

# 5.4　设备功能部位分解及重要部件功能描述

## 5.4.1　编制专业设备信息汇总表

为了更好规范基础数据的收集及标准化，各专业应编制专业设备信息汇总表，汇总表各列的填写要求见表5-1。表中给出了每个字段对应的列名称，以及该字段进行填写的基本规范准则。

专业设备信息汇总表的填写要求　　表 5-1

| 序号 | 类别 | 列 名 称 | 填 写 要 求 |
| --- | --- | --- | --- |
| 1 | 基本信息类 | 专业 | 建议:需全局统一。按照公司内划分专业。如:1-变电;2-接触网;3-信号;4-线路等 |
| 2 | | 线路 | 建议:需全局统一。按照公司内对外公布线路名编写。如:1-1 号线;2-2 号线;3-3 号线;4-3 北线等 |
| 3 | | 站点 | 建议:需全局统一。按照公司内对外公布站点名编写。如:1-广州东;2-广州塔;3-天河客运站等 |
| 4 | | 子系统 | 建议:需全局统一及专业规范定义。以变电专业为例,如:1-110kV 系统;2-33kV 系统;3-1500V 系统;4-400V 系统等 |
| 5 | | 模块 | 建议:需全局统一及专业规范定义。以变电专业 1500V 系统为例,如:1-1500V 进线柜;2-1500V 馈线柜等 |
| 6 | | 设备编号 | 建议:需全局统一及专业规范定义。以变电专业 1500V 系统为例,如:1-201 等(1500V 进线柜);2-211 等(1500V 馈线柜)等 |
| 7 | | 最小单元 | 建议:需全局统一及专业规范定义。以变电专业 1500V 系统的进线开关柜为例,如:1-PLC CPU;2-人机界面;3-模拟输入模块;4-电源模块;5-分流器;6-电流变送器等 |
| 8 | | 站点开通时间 | 建议:需全局统一。以公司对外正式开通时间为准,因某线路部分站点开通时间提前或延后,应区别开,以正式开通日为准 |
| 9 | | 设备故障时间 | 建议:统计期内的设备故障时间 |
| 10 | | 全线模块数量 | 建议:需代实数列出全线模块总数计算公式。如:站点数 × 站点内模块数 = 全线模块总数 |
| 11 | | 全线最小单元数量 | 建议:需代实数列出全线最小单元总数计算公式。如:站点数 × 站点内模块数 × 模块内最小单元数 = 全线最小单元总数 |

续上表

| 序号 | 类别 | 列　名　称 | 填 写 要 求 |
| --- | --- | --- | --- |
| 12 | 功能部位故障现象及原因分类 | 功能 | 建议:需全局统一。如:1-PLC CPU:逻辑控制单元;2-人机界面:显示报警、历史记录、断路器状态、定值参数等信息等 |
| 13 | | 故障现象 | 建议:简洁描述设备部位出现的主要故障现象 |
| 14 | | 故障影响 | 建议:需全局统一及专业规范定义。以变电专业 1500V 系统为例,如:1-影响列车运营安全;2-电气间隔退出;3-修后运行;4-隔离后运行;5-不影响行车等 |
| 15 | | 故障分类 | 建议:需全局统一及专业规范定义。以变电专业 1500V 系统为例,如:1-小车断路器故障;2-保护控制装置故障;3-一次设备故障;4-二次设备故障;5-断路器因保护动作分闸;6-断路器因外部保护连跳分闸;7-故障误报等 |
| 16 | | 故障主要原因 | 建议:需全局统一及专业规范定义,以变电专业 1500V 系统为例,详见故障分类-故障主要原因对照表(可根据分类项下多选) |
| 17 | | 检测方法 | 建议:需全局统一及专业规范定义(可多选)。如:1-感官检测(视觉、听觉、触觉和嗅觉等);2-测量检测(电、光等信号检测、电气量、机械量、环境量、温度量、噪声量等参数检测) |
| 18 | FMEA分析 | O/故障概率 | 建议:需全局统一及专业规范定义。以实际可统计年数为准,计算年均值即可。如某线路开通 5 年内最小单元(具体看统计对象)年均故障概率:统计最小单元发生总故障数 ÷(最小单元总数 × 5 年)。亦可参考各专业编制的 1 ~ 10 级分类量化值 |
| 19 | | S/故障严重性 | 建议:需全局统一并与故障影响对照。如:1-影响列车运营安全-计 5 分;2-电气间隔退出-计 4 分;3-修后运行-计 3 分;4-隔离后运行-计 2 分;5-不影响行车-计 1 分。亦可参考各专业编制的 1 ~ 10 级分类量化值 |
| 20 | | D/可检测性 | 建议:需全局统一及专业规范定义。如:1-高度-计 3 分:(很难检测);2-中度-计 2 分(一般检测);3-轻度-计 1 分(容易检测)。亦可参考各专业编制的 1 ~ 10 级分类量化值 |
| 21 | | RPN | 建议:故障概率、故障严重性、可检测性的乘积 RPN = O × S × D |

续上表

| 序号 | 类别 | 列　名　称 | 填 写 要 求 |
| --- | --- | --- | --- |
| 22 | 故障处理方式及预防措施 | 处理详情 | 建议:需全局统一及专业规范定义。如:1-重启;2-更换;3-紧固二次端子;4-现场检查恢复;5-更新程序;6-调校参数 |
| 23 | | 预防技术措施 | 建议:需全局统一及专业规范定义。以 1500V 系统为例,如:1-年检(DC1500V 开关柜维护);2-3 年检(DC1500V 开关柜预防性试验);3-5 年检(DC1500V 开关柜保护校验) |
| 24 | | 检测指标 | 建议:需全局统一及专业规范定义(可以多选),具备哪种故障特征的表征现象。如:1-电气量;2-机械量;3-环境量;4-温度量;5-噪声量;6-信号量;7-表征参数 |
| 25 | | 执行频率 | 建议:需全局统一及专业规范定义。如:1-日检-1/1;2-周检-1/7;3-年检-1/365;4-3 年检-1/1095;5-5 年检-1/1825 |

## 5.4.2　设备功能部位分解

该工作是专业设备重要度分类的延续,也可以与设备部件 abc 分类同步进行。

其工作内容为:将设备按照功能性进行分解,列出功能性组件。

其工作方式为:制定设备结构树,将设备从功能性组件层面进行分解,建立所有功能性组件的列表。

其参与的主要人员有:设备工程师/技术员、维修人员和操作人员。

设备的分解自上而下进行,一般分到第三级即可。

第一级:设备,将各专业业务流程中具有某一专门功能的功能性组件聚集在一起,如 ZDS5 直流快速断路器;

第二级:功能性组件,将具有某个半复杂独立功能的可维修项目聚集在一起,如合闸电磁铁;

第三级:可维修对象,作为可替代的最小对象(零部件),可从系统中分离出来,如合闸电磁铁动铁芯组件。

设备的三级分解的示意图如图 5-5 所示。

设备细分使得后期的维修工作具有了适当的细化程度:既不会太低,以至于不够具体且不能确保维修工作的针对性;也不会太高,以至于被细节所困惑而忽视了对其他可维修项目的影响。

设备分解的同时,可以展开关键性评估,以确定部件的重要度级别。通过“是否影响设备安全”和“是否影响设备运行功能”进行分类,从而获得不同重要度级别的设备部件清单。

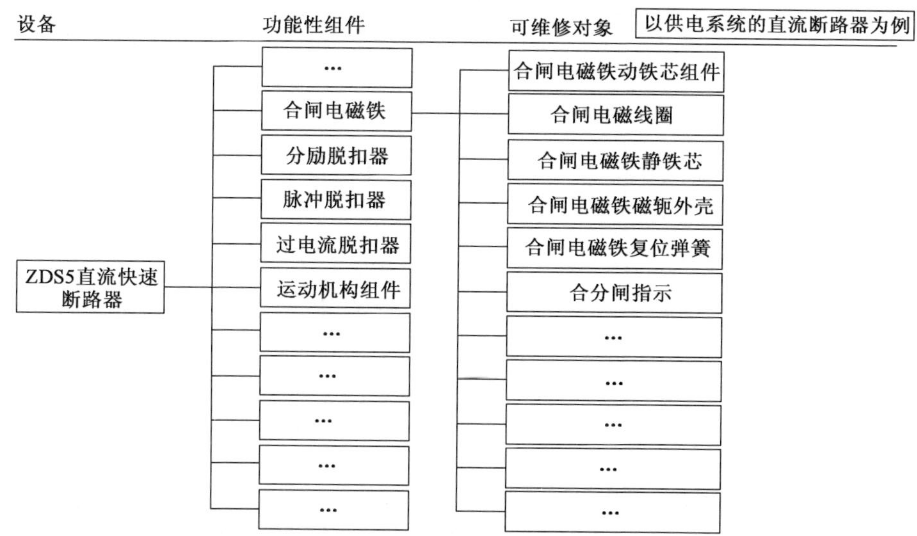


图5-5　设备的三级分解的示意图

### 5.4.3　重要部件功能描述

将设备依照功能性分解到部件层面后，可以优先对重要度级别高的设备部件清单进行功能描述，以车载ATC专业为例，参照表5-2。

**重要部件的功能描述**(以车载ATC专业为例)　　表5-2

| 子　系　统 | 设备(模块) | 功 能 部 件 | 部件重要度级别 | 部件功能描述 |
| --- | --- | --- | --- | --- |
| 车载ATP/ATO | BTM主机 | BTM-电源板 | | 设备供电 |
| | | BTM-功放板 | | 应答器数据处理 |
| | | … | | … |
| | ATP单元 | ATP-电源板 | | 设备供电 |
| | | ATP-继电器板 | | 车辆接口-内部继电器 |
| | | … | | … |
| | 车载无线系统 | TRU-电源板 | | 设备供电 |
| | | TRU-无线网卡板 | | 网络通信 |
| | | TRU-有线网卡板 | | 网络通信 |
| | | TRU-主机 | | 无线数据处理器 |
| | … | … | | … |

## 5.5 关键设备故障管控点分析及故障树构建

确立设备重要度及功能部分分解后,各专业可以将关键设备管控点及故障树构建工作结合起来,为下一步的风险等级评定做好基础性工作。下面结合各专业举例说明。

### 5.5.1 供电系统

1)梳理系统功能,关键设备选择

从第2章对供电系统的设备划分可见,相关的A类电气隔间为管控关键设施,a类单元部件即为关键故障控制零部件,其中直流开关柜馈线回路的直流高速断路器是实现直流馈出保护的关键,下文以该设备为例,对其关键失效事件用故障树等方法进行故障分析,得出供电系统的关键故障管控点。

直流高速断路器主要功能为:在线路发生短路或者过载时能够及时分断,保护线路安全;在无故障时应该能够正常合闸。

2)顶事件选择

断路器故障中,“断路器跳闸”对服务影响较大。断路器跳闸主要有两类原因,其中因“外部、下级负荷设备故障触发保护装置判断动作出口跳闸”,属于断路器功能正常发挥,不做分析,此处主要分析由于直流高速断路器本身故障导致的跳闸,以该类故障为顶事件,即“断路器误跳闸”。

3)功能结构逻辑分析

因为不同品牌的断路器有结构差异,因此,此处主要选择ZDS5快速直流断路器作为分析研究对象,分析结果作为模型验证参考。ZDS5快速直流断路器主要部件有:合闸电磁铁、分励脱扣器、脉冲脱扣器、过电流脱扣器、运动机构组件、铜排、引弧角系统、灭弧室、控制盒、分合闸控制模块、通信模块、框架及其他。

断路器发生误跳闸,一般经过以下流程,通信模块发出分闸指令,分合闸控制模块接收指令并控制分闸,分闸指示灯指示分闸状态。

根据历史信息统计,错误指示断路器合分闸状态、分合闸控制模块错误动作、通信模块输出错误指令均会导致意外分闸,具体故障数据见表5-3。

**ZDS5 快速直流断路器可靠性分析报告(摘录)** 表 5-3

| 部 件 | 故障模式 | 对断路器的影响 | 产品故障率(每小时) | 数量 | 基本故障率占比 |
|---|---|---|---|---|---|
| 合闸电磁铁 | | | | | 54.27% |
| 合分闸指示 | 错误指示 | 错误指示断路器合分闸状态 | $1.08\times10^{-5}$ | 1 | 54.26% |
| 分合闸控制模块 | | | | | 15.61% |
| Interface | 连接器开路 | 可能导致断路器意外分闸或不能正常合闸 | $7.31\times10^{-8}$ | 1 | 0 |
| NEKO | 丧失脉冲脱扣线圈状态监控 | 可能导致断路器意外分闸或不能正常合闸 | $2.31\times10^{-5}$ | 1 | 0.15% |
| NEKO | 输出错误的脉冲脱扣线圈状态 | 可能导致断路器意外分闸或不能正常合闸 | $2.31\times10^{-5}$ | 1 | 0.15% |
| NEKO | 无法提供脉冲脱扣线圈状态指示信号 | 可能导致断路器意外分闸或不能正常合闸 | $2.31\times10^{-5}$ | 1 | 0.15% |
| NEKO | 无法输出电容充电状态 | 可能导致断路器意外分闸或不能正常合闸 | $2.31\times10^{-5}$ | 1 | 0.15% |
| NEKO | 输出错误的电容充电状态 | 可能导致断路器意外分闸或不能正常合闸 | $2.31\times10^{-5}$ | 1 | 0.15% |
| NEKO | 丧失电容过充保护指示 | 可能导致断路器意外分闸或不能正常合闸 | $2.31\times10^{-5}$ | 1 | 0.15% |
| NEKO | 丧失充电功能 | 可能导致断路器意外分闸或不能正常合闸 | $2.31\times10^{-5}$ | 1 | 0.15% |
| 脉冲脱扣控制单元 | 误接收脉冲脱扣指令 | 断路器意外分闸 | $8.72\times10^{-7}$ | 1 | 0 |

续上表

| 部　　件 | 故 障 模 式 | 对断路器的影响 | 产品故障率（每小时） | 数量 | 基本故障率占比 |
|---|---|---|---|---|---|
| 脉冲脱扣控制单元 | 意外控制脉冲脱扣电容放电 | 断路器意外分闸 | $8.72 \times 10^{-7}$ | 1 | 0 |
| 分励脱扣控制单元 | 误接收分励脱扣指令 | 断路器意外分闸 | $8.72 \times 10^{-7}$ | 1 | 0 |
| 分励脱扣控制单元 | 意外输出分励脱扣指令信号 | 断路器意外分闸 | $8.72 \times 10^{-7}$ | 1 | 0 |
| 通信模块 | | | | | 0.85% |
| CPU | 发出错误的断路指令 | 可能导致断路器意外分闸或不能正常合闸 | $2.09 \times 10^{-8}$ | 1 | 0 |
| Sensor | 丧失电流温度振动监控收集及放大功能 | 可能导致断路器意外分闸或不能正常合闸 | $3.55 \times 10^{-7}$ | 1 | 0.02% |
| Sensor | 电流温度振动输出出错 | 输出错误的运行状态信息，可能导致断路器意外分闸或不能正常合闸 | $3.55 \times 10^{-7}$ | 1 | 0 |

4）故障树构建

按照上述故障统计情况，构建故障树如图 5-6 所示。

5）故障树分析求最小割集

因为各事件无相同子树，且为或门，因此各基本事件的集合基本为“断路器错误跳闸”的最小割集，为“错误指示断路器合分闸状态，CPU 发出错误断路指令，Sensor 输出错误状态，Interface 连接器开路，误收脉冲脱扣指令，意外控制脉冲脱扣电容放电，误收分励脱扣指令，意外输出分励脱扣指令”。

可见，分合闸控制模块、通信模块是故障管控的关键点。

### 5.5.2　接触网系统

根据第 2 章关于接触网系统组成及技术特点的介绍以及对运营维护中常见

故障的梳理，接触网系统常见故障主要在系统支持定位装置、隔离开关等故障中较多。其中，隔离开关故障对列车运行的影响程度较低，支持定位装置故障会严重影响接触网系统的可靠性，影响供电跳闸，设置引起系统坍塌等中断行车事件，严重影响列车安全运行，故以接触轨形式的接触网系统为例，将接触轨支撑装置作为本次分析的故障顶事件，用故障树等方法进行故障分析，可以得出接触轨系统的关键故障管控点。

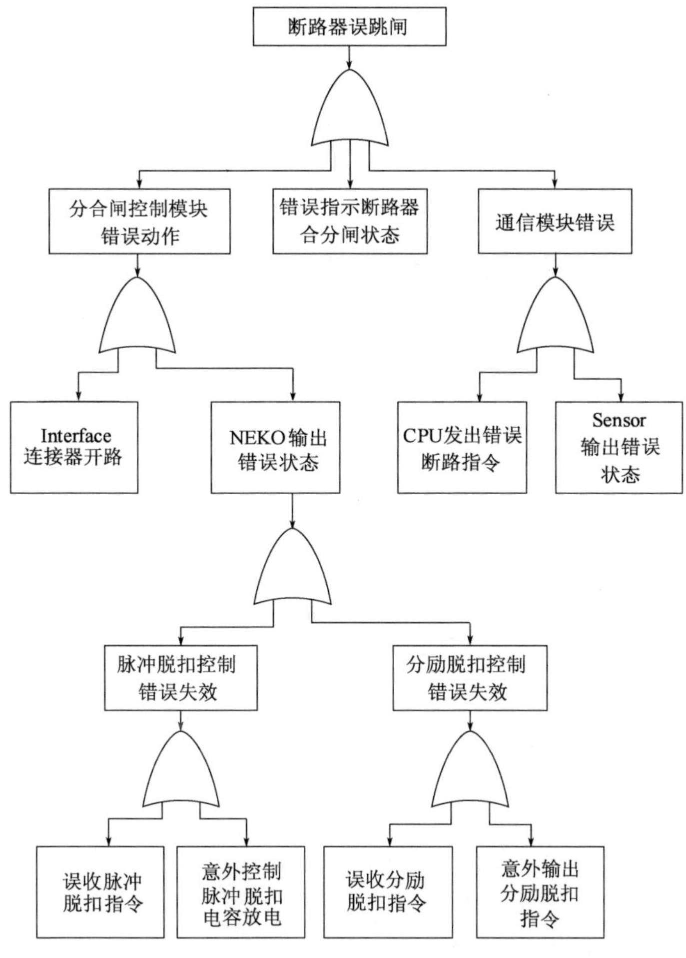


图5-6　断路器误跳闸故障树

1）故障树构建

支撑装置故障的故障树构建如图5-7所示。

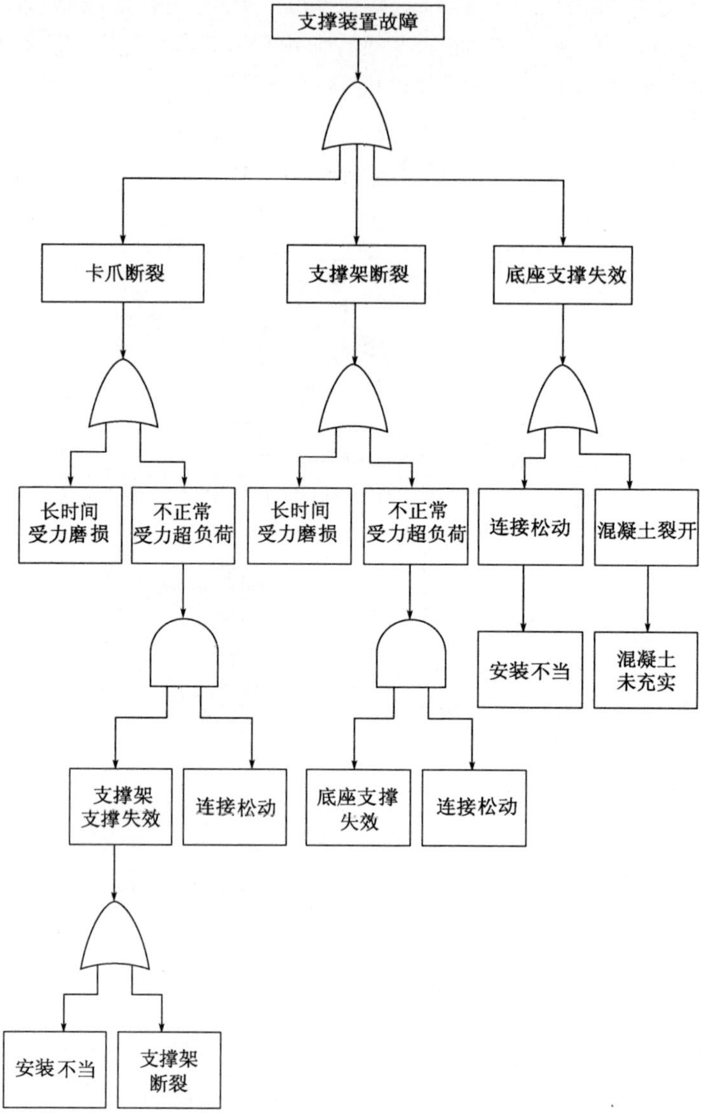

支撑装置故障

卡爪断裂
支撑架断裂
底座支撑失效

长时间受力磨损
不正常受力超负荷
长时间受力磨损
不正常受力超负荷
连接松动
混凝土裂开

安装不当
混凝土未充实

支撑架支撑失效
连接松动
底座支撑失效
连接松动

安装不当
支撑架断裂

图 5-7　支撑装置故障故障树

2）故障树分析求最小割集

按照布尔代数运算规则，找出支撑装置故障的最小割集，为“卡爪、支撑架长时间受力磨损，卡爪、支撑架安装不当，卡爪、支撑架连接松动，卡爪、底座支撑连接安装不当，底座支撑混凝土未充实”。

### 5.5.3　信号系统

1）梳理系统功能，关键设备选择

功能分析：信号专业设备中，选取列车自动控制系统（ATC）的关键子系统为研究对象。ATC系统，是将控制技术、通信技术、计算机技术与轨道交通信号技术融为一体的行车指挥、监控、管理自动化系统，它是保证现代轨道交通行车安全、提高运输效率的核心，由计算机联锁系统、列车自动防护系统（ATP）、列车自动驾驶系统（ATO）和列车自动监督系统（ATS）组成，包括现场轨旁设备、车载信号设备、控制中心及车站信号设备。

结构分析：车载ATP/ATO系统主要由车载控制器（VOBC）和区域控制器（ZC）组成，车载子系统设备包括车载ATP/ATO、TRU（无线通信单元）、TIU（Train Interface Unit）、DMI司机显示屏、测速装置、OPG速度传感器、BTM（应答器传输单元）应答器等，具体如图5-8所示。

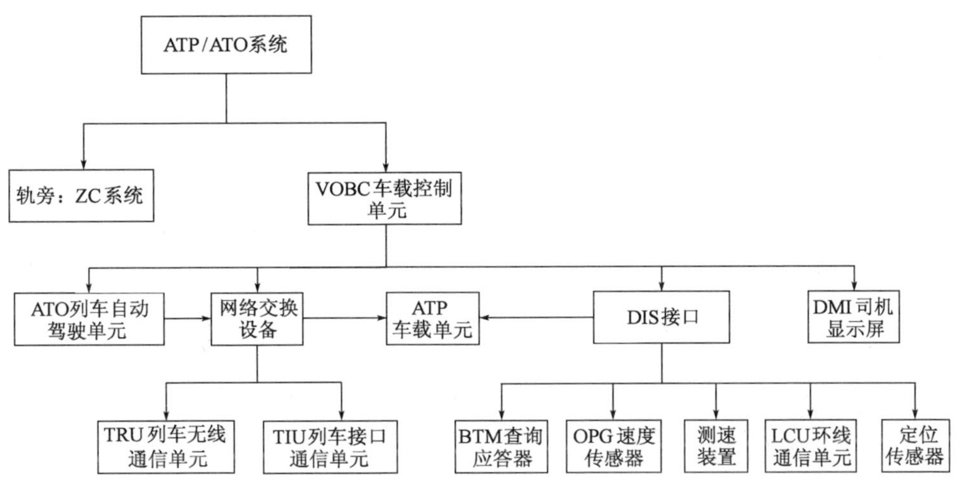


图5-8　车载ATP/ATO主要设备

2）顶事件选择

VOBC主要功能为信号监控、定位及超速保护。因为其设备均采用冗余设计，各单元故障不会造成服务失效、任务失效故障，主要是造成功能失效故障，且不同单元的故障的影响程度不同。如BTM故障，ITC等级下，会导致列车无法以ITC模式运行，仅能以RM25/NRM模式运行，会持续造成晚点；TRU故障，导致降级使用，系统丧失冗余，不会对列车运行直接造成影响。因为BTM故障影响较大，TRU的故障较多，因此分别以TRU红点和BTM黄点为故障等事件进行分析。

3)功能结构逻辑分析

TRU 是 VOBC 的车载无线通信单元,负责与轨旁系统的安全与非安全数据交互,包括必要的处理器单元、无线 AP、网络交换以及电源等模块。通过网络交换机与 VOBC 其他部件进行通信。TRU 各板卡的故障中,又以 CPU 故障占比最高,占 VOBC 的故障比重较大。

BTM 是车载查询应答器系统处理主机,包括处理单元、发送/接收、功放、通信接口单元组成。BTM 与线缆、天线组成查询应点器系统,接收轨旁点式信息,可以在 ITC、CTC 级别下提供列车 MA 和辅助位置校正。

4)故障树构建

TRU 红点故障树如图 5-9 所示。

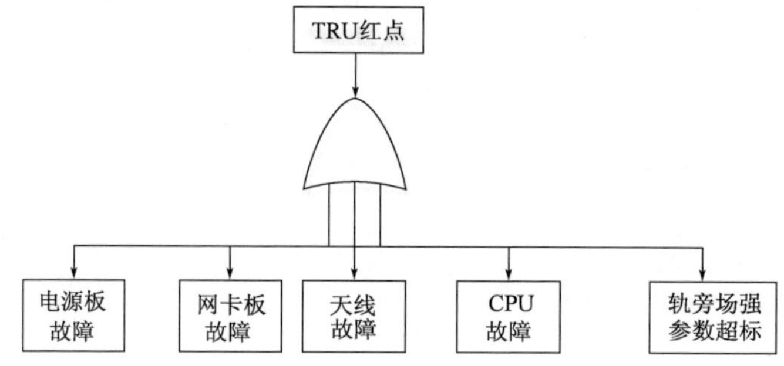


图 5-9 TRU 红点故障树

BTM 黄点故障树如图 5-10 所示。

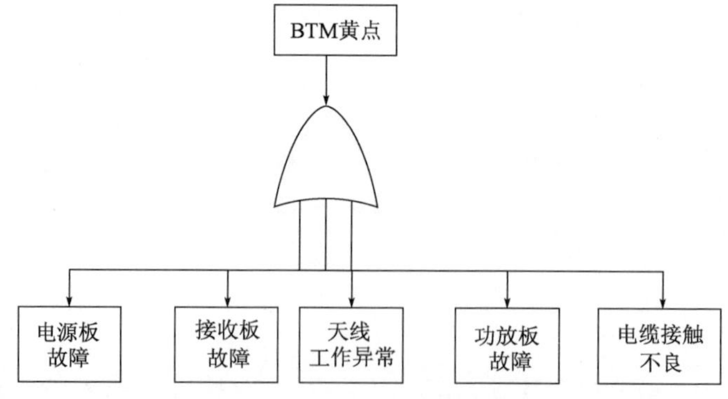


图 5-10 BTM 黄点故障树

5）故障树分析求最小割集

TRU红点的最小割集，为“电源板故障，网卡板故障，天线故障，CPU故障，轨旁场强参数超标”。

BTM黄点最小割集，为“电源板故障，接收板故障，天线工作异常，功放故障，电缆接触不良”。

### 5.5.4　轨道系统

1）系统功能及组成

功能分析：轨道系统是引导列车运行，直接承受列车的竖向、横向及纵向力的基础。轨道系统主要由道床、轨枕、钢轨、连结零件、道岔等部分组成。

其中：道床是轨道框架的基础，通常指的是轨枕下面，路基面上铺设的垫层。主要作用是支撑轨枕，把轨枕上部的巨大压力均匀地传递给路基面，并固定轨枕的位置，阻止轨枕纵向或横向移动，减少路基变形的同时，还缓和了机车车辆轮对钢轨的冲击。

轨枕是支承钢轨，保持钢轨位置，并把钢轨传递来的巨大压力传递给道床的过渡设备。

钢轨是轨道的主要组成部件，它的功用在于引导机车车辆的车轮前进，承受车轮的巨大压力，并传递到轨枕上。

连结零件功能在于长期有效地保证钢轨与钢轨，以及钢轨与轨枕间的可靠连接，保持钢轨的连续性与整体性，阻止钢轨相对于轨枕的纵向移动，并在机车车辆的动力作用下充分发挥缓冲减振性能。

道岔是一种使机车车辆从一股道转入另一股道的线路连接设备，也是轨道的薄弱环节之一，其主要结构包含转辙机、基本轨、尖轨、辙叉心、滑床板、连接杆件、紧固螺栓等。

2）顶事件选择

顶事件选择主要从故障可能性和故障后果考虑，以影响晚点的故障作为分析对象。由于轨道系统中钢轨主要属于机械磨耗，其劣化过程可测、可修复，故障较少；道床、轨枕等设备类似于基础设施，故障率极低；连结零件总数量较大，单个零件出现故障影响较小。本次从故障后果的严重性选择分析事件，在线路设备的故障中，道岔的故障可直接导致列车转向失败，严重时造成停车事件，因此，选择道岔故障为分析对象。

在表5-4所列的这些故障中，按照故障对行车造成的影响严重情况分析，选择“道岔转不到位”的故障为故障树分析顶事件。

道岔故障分类表　　表 5-4

| 子系统 | 模块 | 故障分类代码 | 故障分类 | 故障原因代码 | 故障主要原因 | 故障处理代码 | 故障处理 |
|---|---|---|---|---|---|---|---|
| 线路钢轨 | 道岔 | Z005 | 道岔转不到位 | ZY006 | 尖轨异物卡阻或尖轨变形 | CZY003 | 修复或更换受损配件 |
| | | | | ZY007 | 基本轨变形 | CQT003 | 矫正基本轨 |
| | | | | ZY008 | 螺栓松动 | CQT004 | 紧固螺栓 |
| | | | | JK002 | 其他专业原因 | CQT005 | 配合其他专业修复 |
| | | Z006 | 尖轨掉块、裂纹 | ZY009 | 列车动力冲击及材质不良 | CZY004 | 更换尖轨 |
| | | Z007 | 岔心裂纹 | ZY010 | 列车动力冲击材质不良 | CZY005 | 更换辙叉 |
| | | Z008 | 道岔基本轨前磨耗严重 | ZY011 | 磨耗 | CQT006 | 涂油润滑、调整导曲线超高等 |
| | | Z010 | 噪声较大 | RW003 | 误报 | CZH001 | |
| | | Z011 | | ZY012 | 波浪磨耗 | CQT007 | 打磨 |

3)功能结构逻辑分析

道岔的功能实现过程为:信号系统发出控制信号,控制转辙机动作,并通过连接杆件带动尖轨,完成轨道转变动作,各功能结构属于故障串联关系,因此构建故障树用与门。

由于道岔的信号控制设备,转辙机属于信号专业,因此此处主要识别机械故障,构建相关故障树。

4)故障树构建

根据道岔故障分类表中的道岔转不到位的几类故障主要原因,以及道岔结构,构建故障树。道岔转动需要通过连接杆件带动尖轨,尖轨转动并贴合基本轨,完成轨道转变动作。这些动作属于串联动作,任一动作失效均会导致道岔转动不到位。具体如:螺栓松动或连接杆件断裂变形,带动不了尖轨转动;尖轨有异物卡阻,导致尖轨被顶住导致不贴合;基本轨或尖轨变形,导致轨道不贴合。根据分析逻辑构建故障树如图 5-11 所示。

5)故障树分析求最小割集

因为各事件无相同子树,且为或门,因此各基本事件的集合基本为“道岔转

不到位”的最小割集，为“基本轨变形，尖轨变形，尖轨异物卡阻，连接杆件断裂、变形，螺栓松动”。

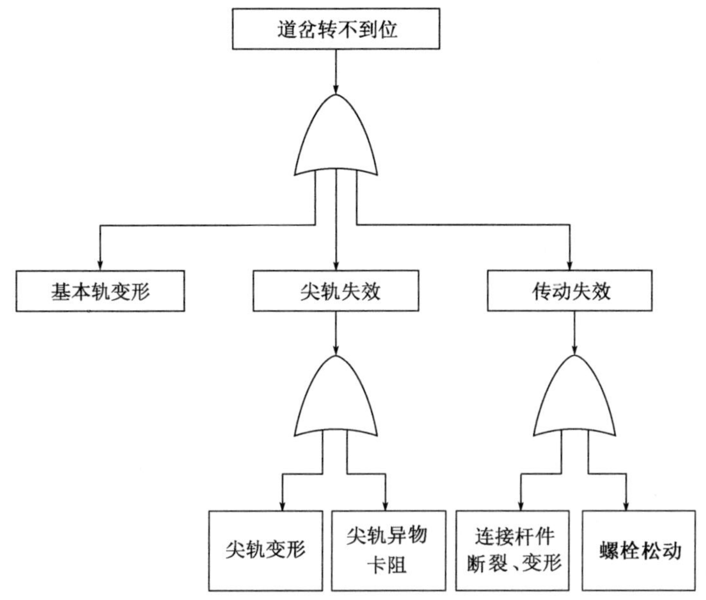


图 5-11　道岔转不到位故障树

## 5.6　风险等级的判定

风险等级判定的目的，是建立各专业完整的设备风险台账，以确保：

(1)所有设备的功能部件都依照判定原则(行车安全和设备功能发挥)明确重要度，不会遗漏任一重要度高的部件。

(2)不同重要度的部件纳入不同的风险等级管理，对应不同的管控和维修措施；运营单位可以根据风险等级的判定结果合理配置维修资源，分类管理。

风险等级的判定的总体方式见表 5-5。

具体来说，在满足通行能力要求的前提下，对各专业设备风险等级判定可以从以下两个方面展开：

方案一：通过数据指标分析结果(可靠度数据)定量分级；

方案二：根据运营管理及维修经验(FEMA 分析方法)定性分级。

风险等级的判定的总体方式　　表 5-5

| 评估方式 | 适用设备部件 | 相关评估数据 | 达标情况及风险评价 |
| --- | --- | --- | --- |
| 失效数据 | Aa,Ab,Ba,Ac,Bb,Bc | 服务失效 | 超标,评价为高风险等级;<br>达标,继续评估任务失效情况 |
| | | 任务失效 | 超标≥20%,评价为高风险等级;<br>超标<20%,根据功能失效情况评估;<br>达标,继续评估功能失效情况,最高为中风险 |
| | | 功能失效 | 任务失效<20%且功能失效超标≥20%,评价为高风险等级;<br>超标<20%,故障率达标就是低风险,故障率超标是中风险;<br>达标,则是低风险 |
| FMEA 分析 | Aa | 风险优先系数(RPN) | RPN≥500,高风险;<br>200<RPN<500,中风险;<br>RPN≤200,低风险 |

### 5.6.1 依照可靠度数据进行判定

依照可靠度数据进行判定的数据评估类别分为:失效数据评估、故障数据评估、隐患数据评估。

(1)失效数据评估主要指对比不同失效等级(服务失效,任务失效,功能失效)所对应的年度分配的可靠性目标实绩数据;

(2)故障数据评估主要是指设备故障率达标评估,包括未造成失效的设备故障;

(3)隐患数据评估指尚未造成设备故障,但已经表征设备处于劣化状况的数据,如异常振动值、温升值等。

对于不同失效层级的可靠度数据目标对比分析,可采取比例组合分配法。

如表 5-6 所示,假定本年度可靠性目标为服务失效次数 0,任务失效次数≤3,功能失效次数未设定,则可根据历史失效次数比例推算其功能失效次数目标值为≤16(非实际考核目标,仅作为评估目标)。

可靠度数据分析记录表(示例) 表 5-6

| 失效等级(故障级) | 历史设备相关失效次数比例 | 本年度可靠性目标(故障件次/百万车公里) | 最近一年失效数据 | 可靠度验证结论 |
|---|---|---|---|---|
| 服务失效 | 5% | 0(本年度有更高要求) | 1 | 超标 |
| 任务失效 | 15% | 3 | 1 | 达标 |
| 功能失效 | 80% | 16(推算值) | 10 | 达标 |

可靠度数据分析时从上至下逐级评估,如果任一上级目标超标,则评估结果为超标(如表 5-6 结果,服务失效次数≤1)。

当考核目标(服务失效和任务失效)未超标,但评估目标(功能失效)超标时(假设表 5-6 三个等级失效数据分别为“0/3/20”),则虽然考核目标未超标,但评估目标(功能失效)超标,所以仍需根据其失效程度,评估其风险等级。

当失效数据对比可靠度目标值均未超标,但设备重要度相对较高时(Aa,Ab,Ba 设备及部件),则提取设备故障率数据,通过故障率数据进行风险等级评估。

依照可靠度数据进行风险等级判定的业务流程如图 5-12 所示。

当设备可靠性高,无法获取相关的失效数据,则对设备关键功能部位(Aa 级)进行隐患数据分析。

隐患数据的评估分析方式有两种,一种是对已经掌握明确劣化机理,相应特征参数、维护记录有完整监测、记录、分析,且处于稳定运营期的关键设备及部件,可评估隐患发现次数,隐患点监测率、发现率、解决率等与目前数据对比,评估劣化趋势。第二种方式是当设备数据不齐全,或设备未正式运营且无相关数据,不具备分析条件时,可用 FMEA 分析替代。

## 5.6.2 依照失效模式与影响分析方法(FMEA)进行判定

下面详细介绍如何依照 FMEA 分析方法进行风险等级判定。

在表 5-2 的基础上,继续添加“故障现象”“故障影响(后果)”“故障主要原因”等信息,即可开展 FMEA 分析过程。

1)失效严重度的判定标准和流程

构建的失效严重度的判定标准(10 级)见表 5-7。

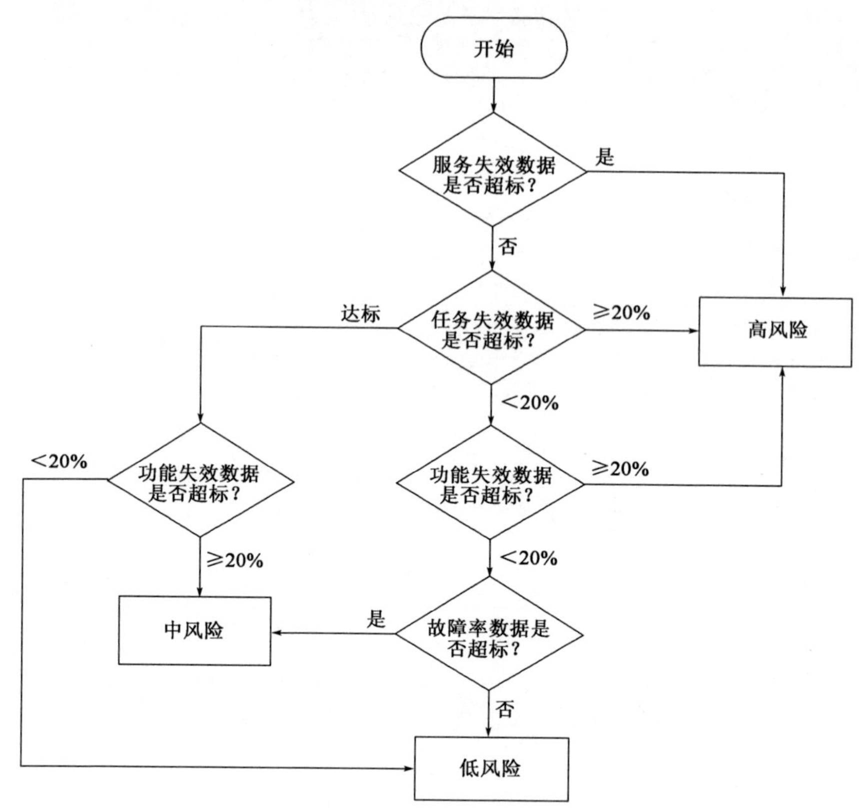


图 5-12 依照可靠度数据进行风险等级判定的业务流程

失效严重度的判定标准(10 级)一览表 表 5-7

| 等级 | 失效后果严重度描述 |
|---|---|
| 10 | 10min 以上关键站点或 30min 以上晚点或伤害事故 |
| 9 | 5min 以上关键站点或运营高峰晚点或 10min 以上晚点;但不会发生意外伤害 |
| 8 | 会导致 5 ~ 10min 内的列车晚点,但非关键站点或运营高峰 |
| 7 | 会导致 5min 内的列车晚点 |
| 6 | 不会导致晚点,但局部或单车次行车影响(如行车效率下降) |
| 5 | 修复前要一直干预,行车失效风险加大 |
| 4 | 会出现短暂失效,人工短暂干预或启用备用方案后恢复使用 |
| 3 | 设备性能下降或受限,但仍有冗余,未发生功能失效 |
| 2 | 仅影响辅助功能 |
| 1 | 对功能失效无影响 |

失效严重度的判定流程如图 5-13 所示。

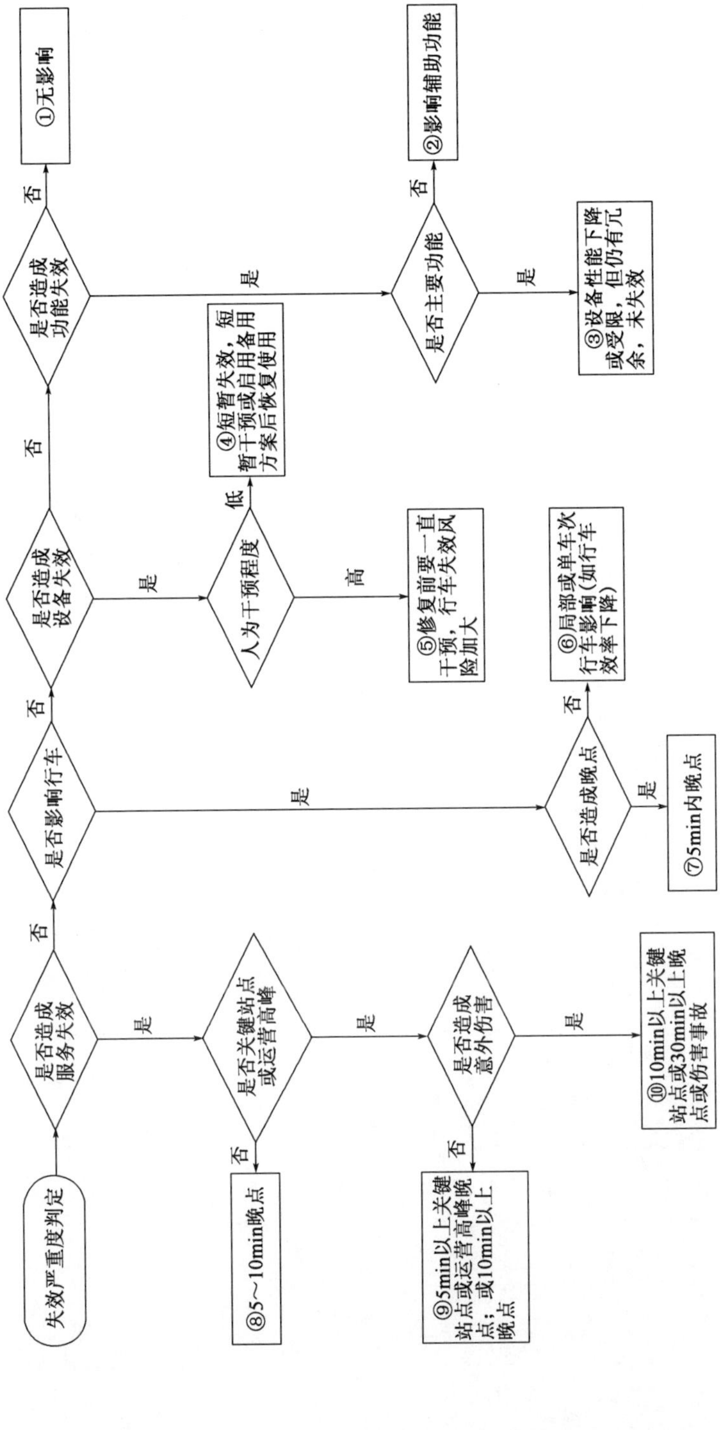

失效严重度判定
是否造成服务失效
是否影响行车
是否造成设备失效
是否造成功能失效
①无影响
是否关键站点或运营高峰
⑧5～10min晚点
是否造成意外伤害
⑨5min以上关键站点或运营高峰晚点；或10min以上晚点
⑩10min以上关键站点或30min以上晚点或伤害事故
是否造成晚点
⑦5min内晚点
⑥局部或单车次行车影响(如行车效率下降)
人为干预程度
④短暂失效，短暂干预或启用备用方案后恢复使用
⑤修复前要一直干预，行车失效风险加大
是否主要功能
②影响辅助功能
③设备性能下降或受限，但仍有冗余，未失效
是
否
低
高

图5-13 失效严重度的判定流程

2)失效可能性的判定标准和流程

构建的失效可能性的判定标准(10 级)见表 5-8。

失效可能性的判定标准(10 级)一览表　　表 5-8

| 等　级 | 失效可能性描述 |
| --- | --- |
| 10 | 极高,每天失效且无法避免 |
| 9 | 很高,每天有失效 |
| 8 | 高,每周发生失效且无法避免 |
| 7 | 较高,每周发生 |
| 6 | 一般,失效频次 <1 件/月 |
| 5 | 较低,失效频次 <1 件/季度 |
| 4 | 低,失效频次 <1 件/年 |
| 3 | 在本设备上偶然发生过 |
| 2 | 极少,仅在相似设备发生过 |
| 1 | 罕见,相似设备已知均未发生过 |

失效可能性的判定流程如图 5-14 所示。

3)失效探测度的判定标准和流程

构建的失效探测度的判定标准(10 级)见表 5-9。

失效探测度的判定标准(10 级)一览表　　表 5-9

| 等　级 | 失效探测度描述 |
| --- | --- |
| 10 | 无探测手段 |
| 9 | 突发失效时,通过人工监控可以发现 |
| 8 | 突发失效后可以自动报警 |
| 7 | 劣化特征通过特定仪器检测分析,需申请外部检测资源 |
| 6 | 劣化特征通过特定仪器检测分析,内部非常规检测分析 |
| 5 | 可提供数据,通过外部资源预测剩余寿命 |
| 4 | 劣化特征通过常规点检手段监控,可根据数据录入生成劣化趋势曲线 |
| 3 | 劣化特征实时状态检测,自动生成劣化趋势曲线 |
| 2 | 有寿命预测模型,且准确率较高,预测频率能满足需求 |
| 1 | 自有多个寿命预测模型且准确率处于领先水平,实时预测 |

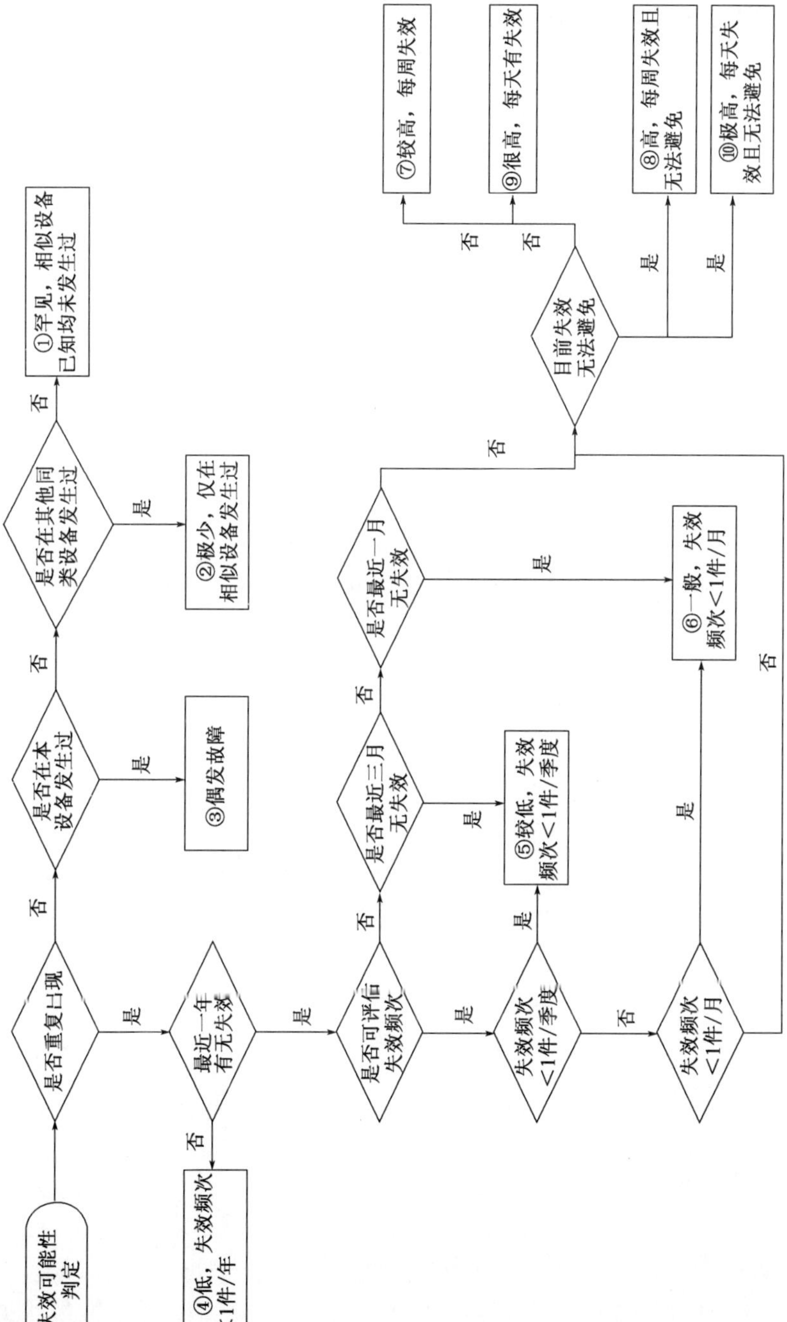

失效可能性判定

是否重复出现

最近一年有无失效

④低，失效频次<1件/年

是否可评估失效频次

失效频次<1件/季度

⑤较低，失效频次<1件/季度

失效频次<1件/月

⑥一般，失效频次<1件/月

是否在本设备发生过

③偶发故障

是否在其他同类设备发生过

②极少，仅在相似设备发生过

①罕见，相似设备已知均未发生过

是否最近三月无失效

是否最近一月无失效

目前失效无法避免

⑦较高，每周失效

⑨很高，每天有失效

⑧高，每周失效且无法避免

⑩极高，每天失效且无法避免

图5-14　失效可能性的判定流程

失效探测度的判定流程如图5-15所示。

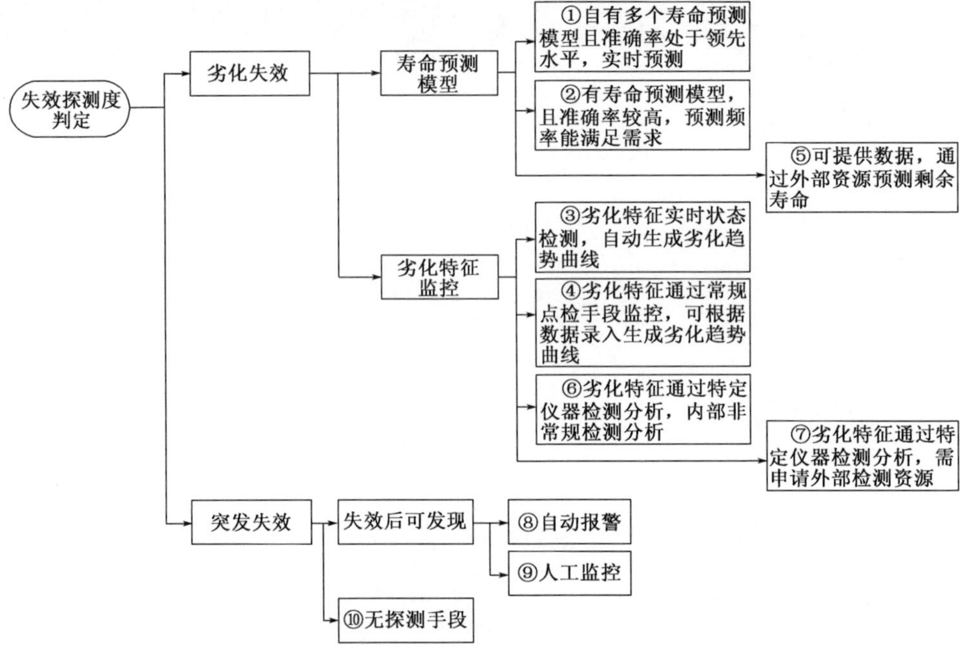


图5-15 失效探测度的判定流程

4)依据风险优先数划分风险等级

如前所述,通过FMEA分析获得关键部位对应的"失效严重度S"(取值范围:1~10)、"失效可能性O"(取值范围:1~10)、"失效探测度D"(取值范围:1~10)量化等级,三者的乘积即为"风险优先系数RPN"(取值范围:1~1000):

$$RPN = S \times O \times D$$

根据风险优先系数RPN的取值,对应不同的风险等级,见表5-10。

**风险优先系数与风险等级对照表** 表5-10

| 风险优先系数RPN | 风 险 等 级 |
|---|---|
| ≥500 | 高风险 |
| 200<风险度<500 | 中风险 |
| ≤200 | 低风险 |

分别对行车设备各专业设备关键功能点进行失效严重度、失效可能性和失效探测度分析后,通过FMEA分析评估表进行评分,即可得出各子系统主要设备部件(样本数据)的风险等级评估结果,见表5-11。

各子系统主要设备部件(样本数据)的风险等级评估结果　　表5-11

| 设备名称 | 重要度 | 部件名称 | 部件重要度 | 严重度S | 可能性O | 探测度D | 风险优先系数 | 风险等级 |
|---|---|---|---|---|---|---|---|---|
| 信号系统 | A | ATC/BTM | | 7 | 5 | 6 | 210 | 中 |
| 信号系统 | A | ATC/TRU | | 4 | 6 | 6 | 144 | 低 |
| 供电系统 | A | 断路器 | b | 8 | 7 | 8 | 448 | 中 |
| 轨道系统 | A | 道岔钢轨 | a | 5 | 4 | 4 | 80 | 低 |
| 接触网 | A | 柔性接触网 | | 9 | 3 | 4 | 108 | 低 |
| 接触网 | A | 隔离开关 | | 6 | 5 | 9 | 270 | 中 |

从表5-11中可以看出:信号系统的ATC/BTM、变电系统的断路器和接触网的隔离开关为中风险,信号系统的ATC/TRU、线路的道岔钢轨和接触网的柔性接触网为低风险。

对比上述两种风险等级的判定方案,最后获取的各专业设备关键部件的风险等级清单,主要用于分类管理而非对标管理。从实际执行过程中,借助FMEA分析工具的定性判定方法更易操作,应用也更普遍。

本书第6章介绍的行车设备差异化维修策略应用,也可以基于各专业设备关键部件的风险等级划分作为重要的判定条件来展开。

# 第 6 章　行车设备差异化维修策略应用指引及案例成果

在前文介绍行车设备可靠性目标分配，以及设备重要度分类及风险级别判定的基础上，本章继续介绍行车设备差异化维修策略的判定依据、判定流程、具体方法、各专业应用案例等内容。

## 6.1　差异化维修策略的判定依据

### 6.1.1　差异化维修策略的关联要素

行车设备差异化维修策略的关联要素，主要体现在：

(1)不同设备之间的维修策略差异；

(2)同类设备在不同线网站点运行时，根据其风险等级的维修策略差异；

(3)同类设备在不同运行环境时受到环境因素影响的维修策略差异；

(4)同一设备在不同寿命周期阶段的维修策略差异；

(5)同一设备在不同的维修条件(技术、技能、资金)下的维修策略差异。

概括来说，以上设备功能位置和特性的差异又可以归纳为四个判定条件，作为设备特性因素的提取判定依据：设备失效特征、设备寿命周期阶段、设备及部件风险分级和设备工作环境。

### 6.1.2　基于设备固有可靠度的判定条件

基于设备固有可靠度的判定条件包括设备失效特征和设备所处寿命周期阶段两部分内容，可靠度主要因设备固有属性决定。

(1)设备的失效特征。基本上在设备设计安装时已经固定，如“突发型和劣化型”，识别设备失效特征的参数如温度、压力、振动、声音、油脂劣化表现等。

(2)设备所处寿命周期阶段。相同设备进入寿命周期不同阶段的时间与设备使用状况有关，但寿命周期同一阶段的设备失效表现相似。

### 6.1.3　基于设备外部可靠度的判定条件

基于设备外部可靠度的判定条件包含设备及部件的风险等级和设备工作环境两部分内容，可靠度受外部条件影响。

(1)设备及部件的风险等级。同一型号的设备会因设备在系统中的不同位置，存在不同的运行要求而获得不同的风险等级。

(2)设备的工作环境。同一型号的设备会因设备所处的工作环境不同而影响其可靠度，如客观环境的"客流密度、温湿度、粉尘污染度、极端气候环境"等，主观环境的"维修人员平均技能水平、维修人员配备数量、备件预算费用"等。

## 6.2　差异化维修策略的判定流程

### 6.2.1　常用维修策略方法的细化

维修策略指的是从技术、经济因素出发，构建的设备维修方式和维修模式，包括决策依据、维修措施及执行时机。维修策略的制订一般根据设备故障预防的实现程度设计，从事后处理到设备故障预防，轨道交通行业目前普遍采用故障修、计划修、状态修和改善修四类维修策略，简述如下：

1)故障修

指设备故障后才采取维修措施，一般适用于故障影响较小或无影响，采取事后维修综合成本最优的设备。但若部分关键设备由于故障特性原因，近期无法采取预防维修措施，则应有维修预案等快速故障处理应对措施。

2)计划修

指按照预定的计划执行的设备保养、修理工作，适用于具有明显损耗周期且可通过换件、修复、调试等恢复正常运行的设备零部件，以及属于特种设备，有相应法规或标准需要实施计划检查、保养的设备。

3)状态修

指对设备进行各种参数测量，相应参数的变化能直接或间接反映设备实际状态，并按照状态的变化安排维修工作的设备维修策略。一般适用于测量的参数经过评估可提前触发维修任务示警的设备，以及需要监控的突发故障类型的设备。

4)改善修

以提升当前的初始可靠度为目标，致力于从根本上消除设备故障隐患，达到延长修理周期,甚至达到在寿命周期内不会发生故障的设备设计改良。

结合第3章介绍的常用维修策略方法,可以进一步将上述四大类维修策略细化为维修策略库,来制定维修策略应用方案、措施等。

维修策略库不是一成不变而是不断更新完善的。如果各专业运维部门当前实际应用较好且适用的维修策略,在维修策略库中未有,可根据四个维修策略大类,补充到对应的维修策略库中。

细化的维修策略库见表6-1。

**维修策略库的分类细化** 表6-1

| 主策略 | 策略库 | 策略说明 |
|---|---|---|
| 故障修 | 事后维修 | 适用于故障影响小的设备,主要着重维修流程优化 |
| | 维修预案 | 适用于相对重要但设备故障突发的设备,维修标准 |
| | 抢修演练 | 对于故障影响较大的设备抢修(赛车式维修),进行演练,提高协作效率 |
| 计划修 | 计划保养 | 周期性实施保养,适用于保养能有效提升可靠性的设备 |
| | 设备检修 | 周期性实施检修,适用于具有周期性耗损,但需要深入拆解才能评估其可靠性的设备 |
| | 定期更换 | 按照相对固定周期直接更换,一般用于耗损周期较为明确的部件 |
| 状态修 | 精密点检 | 定期点检,并根据点检结果制定维修方案,包括现场点检、仪器精密点检等 |
| | 状态监测 | 根据故障问题点,以及故障现象,完善监控手段 |
| | 状态维修 | 根据监测的状态参数预警生成维修方案 |
| | 精准维修 | 构建故障预测模型(设备健康管理),精准预测故障部位、时间,并据此准备备件、工具,安排维修作业,模型优化 |
| 改善修 | 维修预防 | 针对可能造成故障的环境因素等设计防护措施,如挡水护罩等 |
| | 设备技术改造 | 设备由于设计不合理导致的设备故障,可通过设备技术改造进行优化,一般在设备正常运行期采取此策略 |
| | 设计改良 | 设备在正式交付期之前发现由于设备问题导致的不合理缺陷、浪费等,通过设计改良,如容差设计、降额设计等,重新制造并完善设备 |
| | 冗余设计 | 部分关键设备、部件的失效无法预测,为防止突发失效,则通过备用设备,热备份等设计增加系统冗余,避免因设备突发故障导致系统失效,同时日常增加备机测试、定期切换等保障备用系统的可靠性 |

### 6.2.2　差异化维修策略的形成逻辑

差异化的维修策略选择是根据特定的设备失效影响因素,从维修策略库中筛选,得出适用的维修策略集的过程。维修策略集是指经过一系列条件筛选得出的适用策略。但在实际应用时,为保障设备的可靠性,对关键设备可采取多种维修策略并行,形成维修策略集的方式。其形成逻辑如图6-1所示。

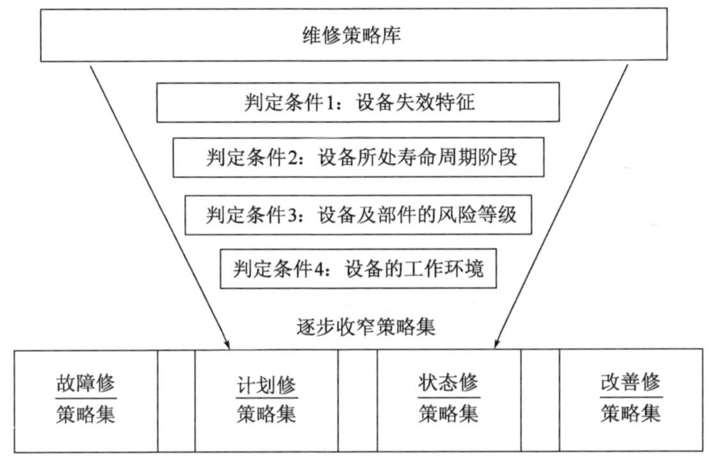


图6-1　通过判定条件逐步筛选适用的维修策略集

### 6.2.3　差异化维修策略的判定流程

差异化维修策略的判定流程主要分为七步,涵盖从维修策略库建立,到定义设备特性因素,并依照判定条件确立判定路径,结合设备特性评估结果及相关的特性数据来确定对应的维修策略集(验证可靠性指标的达成情况),以及维修策略库的更新优化等,其选择关键步骤为:

(1)建立维修策略库;

(2)定义设备特性因素;

(3)确定策略判定路径;

(4)分析确定设备特性评估结果以及相关特性数据;

(5)根据判定结果及特性数据判定选择维修策略集;

(6)判定后,策略库中无适用策略的,讨论新增策略,纳入策略库;

(7)根据可靠性指标的达成情况验证策略的可行性,并定期修订维修策略集,当有设备处于相同判定条件时,应用该策略集。

差异化维修策略的判定流程如图 6-2 所示。

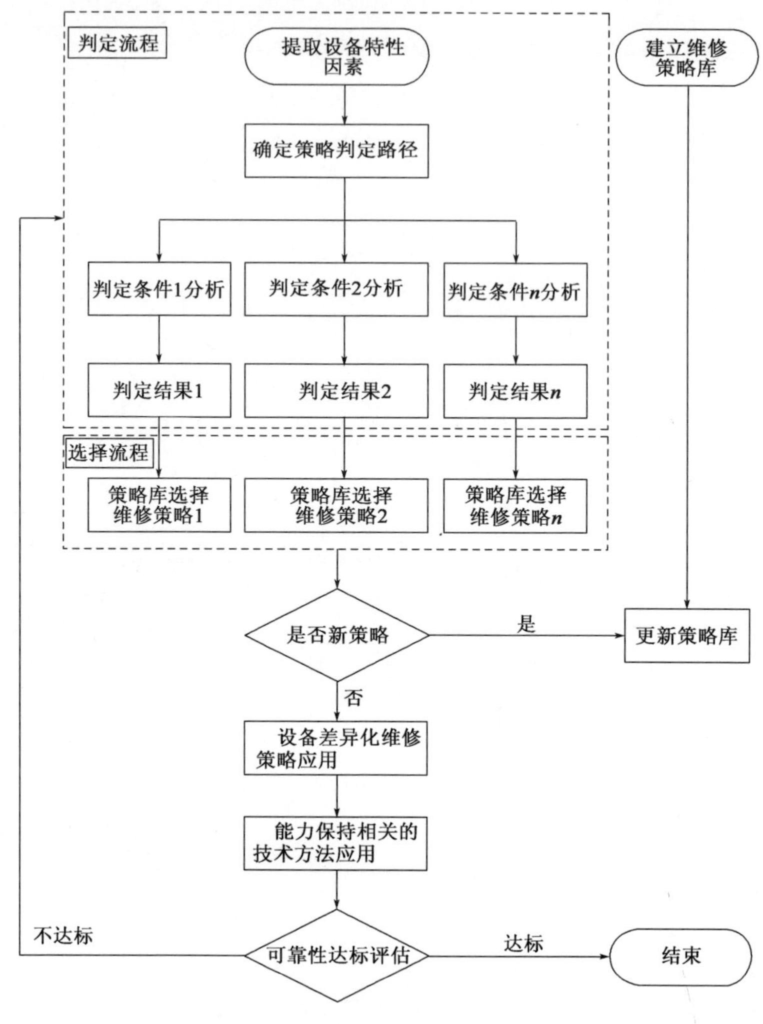


图 6-2 维修策略判定流程

## 6.3 差异化维修策略判定的具体方法

如前所述,四个判定条件作为设备特性因素的提取判定依据,包括:设备失效特征、设备所处的寿命周期阶段、设备及部件风险分级和设备工作环境。下面分别进行详细阐述。

### 6.3.1 判定条件1:设备失效特征

设备失效特征分为突发型和劣化型两种,判定标准见表6-2。

**设备失效特征判定依据** 表6-2

| 判定标准(FMEA分析探测度) | 判定结果 |
|---|---|
| 探测度8~10级 | 突发型 |
| 探测度1~7级 | 劣化型 |

具体分析如下:

(1)突发失效一般无法通过降低失效概率来提高可靠度,可通过提高探测能力,选用合适的维修策略方案:如自动报警、在线监测及评估,或降低故障后果(严重度),以提升设备可靠度。适用的维修策略:如冗余设计、维修预案、维修演练、维修资源的现场配备等。

(2)规律失效(一般指劣化失效),适用基于特征参数监控和预测的设备场合,如采集电流、电压、温度、气压、振动、声音、油脂劣化、磨损程度等特征参数及监控精度要求,用于点检、状态监控以及检修时判定,根据期望的条件完善相应维修措施。还可基于以上参数并结合环境参数建立的寿命预测模型(钢轨磨耗寿命预测模型),适用于高可靠性要求设备的分析预测。

规律失效特性中又分为有明显周期性耗损特性和当前条件周期性损耗不明显两类。

(1)具有明显周期性损耗特性的,应了解失效规律,可根据其失效时机制定适用维修方案,如:点检、保养、润滑、检修周期的优化。

(2)当前条件周期性损耗不明显,指由于内外部条件复杂,设备损坏周期难以估计,如果以计划修策略为主,则不确定性太多,难以实现或效果不佳。因此,如果属于关键设备,则应纳入改善修策略。

综上分析,归纳失效特性适用策略见表6-3。

**失效特性适用策略一览表** 表6-3

| 维修策略 | | 失效特征 | |
|---|---|---|---|
| | | 突发型 | 劣化型 |
| 故障修 | 事后维修 | √ | √ |
| | 维修预案 | √ | √ |
| | 抢修演练 | √ | |

续上表

| 维修策略 | | 失效特征 | |
|---|---|---|---|
| | | 突发型 | 劣化型 |
| 计划修 | 计划保养 | | √ |
| | 设备检修 | | √ |
| | 定期更换 | | √ |
| 状态修 | 精密点检 | | √ |
| | 状态监测 | | √ |
| | 状态维修 | | √ |
| | 精准维修 | | √ |
| 改善修 | 维修预防 | √ | √ |
| | 设备技术改造 | √ | |
| | 设计改良 | √ | |
| | 冗余设计 | √ | |

### 6.3.2 判定条件2:设备所处的寿命周期阶段

设备依据所处的设备寿命周期的不同阶段,分为"设计规划、质保期、稳定期、淘汰期"四个阶段,每个阶段有其相适用的维修策略。

该判定条件适用于整体评估,单一模块的判定需要服从上级模块所处阶段判定结果。如某设备整体处于耗损周期,但设备中的电机刚更换,其总体判定仍应该划分为耗损期,但耗损期可根据实际情况延长,设备所处寿命周期阶段见表6-4。

**设备寿命周期阶段判定标准** 表6-4

| 判定标准(年限或特征) | 判定结果 |
|---|---|
| 从立项到设备出厂 | 设计规划 |
| 从设备出厂到质保期结束前 | 质保期 |
| 从验收交付到设备淘汰/改造立项前 | 验收运营 |
| 从设备淘汰立项到设备处置完成(设备淘汰立项需要经过寿命评估,下述各类寿命评估方式,任一类经过评估确认可纳入淘汰期,则可纳入淘汰阶段) | 淘汰期 |

设备寿命周期阶段适用的维修策略判定路径如图6-3所示。

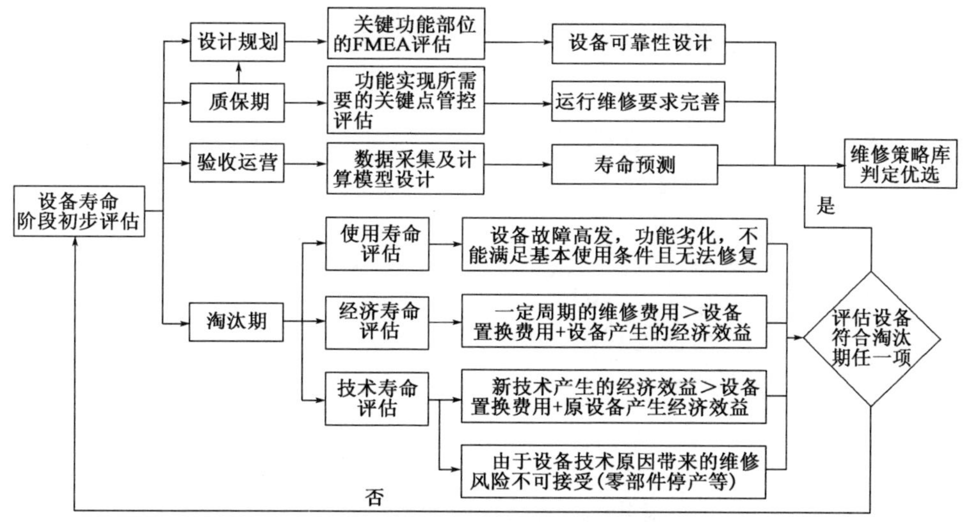


图 6-3　设备寿命周期阶段判定路径

不同的寿命周期阶段，适用不同的维修策略，见表 6-5。

**寿命周期特性适用策略**　　表 6-5

| 维修策略 | | 寿命周期阶段 | | | |
|---|---|---|---|---|---|
| | | 设计规划 | 质保期 | 稳定期 | 淘汰期 |
| 故障修 | 事后维修 | | | √ | √ |
| | 维修预案 | | √ | √ | √ |
| | 抢修演练 | | | √ | √ |
| 计划修 | 计划保养 | √ | √ | √ | √ |
| | 设备检修 | √ | | √ | √ |
| | 定期更换 | √ | | √ | |
| 状态修 | 精密点检 | √ | √ | √ | √ |
| | 状态监测 | √ | √ | √ | √ |
| | 状态维修 | √ | | √ | √ |
| | 精准维修 | √ | | √ | |
| 改善修 | 维修预防 | | √ | √ | |
| | 设备技术改造 | | √ | √ | √ |
| | 设计改良 | √ | √ | | √ |
| | 冗余设计 | √ | √ | | √ |

### 6.3.3 判定条件3:设备及部件风险分级

基于失效数据判定或FMEA分析结果,对设备关键部件进行风险等级评估,并通过达标情况或风险优先系数(RPN)数值来确定设备及部件风险等级,该风险等级参考历史失效数据评估或FMEA的风险分析度得出判定结果。设备及部件风险等级分为高风险、中风险及低风险。风险等级的划分原则见表6-6。

设备及部件风险登记判定表　　表6-6

| 判定标准 | 风险优先系数(RPN) | 判定结果 |
|---|---|---|
| 历史数据对比评价为高,或风险度在0.7~1 | ≥500 | 高风险 |
| 历史数据对比评价为中,或风险度在0.2~0.7 | 200 < RPN < 500 | 中风险 |
| 历史数据对比评价为低,或风险度在0~0.2 | ≤200 | 低风险 |

注:若设备缺乏历史数据,则可评估风险度(风险=概率×后果),或基于FMEA分析方法得出风险优先系数(RPN=1~1000);当可通过经验判定设备明显为低风险时,一般不再进行FMEA分析。

基于风险等级确定不同的风险管控维修策略(风险等级判定的具体步骤方法可参考第5章),见表6-7。

基于风险等级确定适用的维修策略　　表6-7

| 维修策略 | | 风险等级 | | |
|---|---|---|---|---|
| | | 低 | 中 | 高 |
| 故障修 | 事后维修 | √ | | |
| | 维修预案 | | √ | √ |
| | 抢修演练 | | | √ |
| 计划修 | 计划保养 | √ | √ | √ |
| | 设备检修 | | √ | √ |
| | 定期更换 | | | √ |
| 状态修 | 精密点检 | √ | √ | √ |
| | 状态监测 | | √ | √ |
| | 状态维修 | | | √ |
| | 精准维修 | | | √ |
| 改善修 | 维修预防 | | √ | √ |
| | 设备技术改造 | | | √ |
| | 设计改良 | | | √ |
| | 冗余设计 | | | √ |

维修策略选择说明：

高风险的设备意味着当期失效后，对系统可靠性目标的达成有较大影响，不允许有事后维修的情况出现；而同时，为保障其可靠性，则各类维修策略措施都可以根据需要实施，以维修资源的投入，保障其可靠性，以降低或控制其风险。

中风险的设备维修策略制定时，需要从设备本身的可靠度以及运维成本之间找到平衡；在风险可接受的情况下，可以采取常规的维修策略，以降低运维成本，一般较少使用改善修策略。

低风险的设备一般采取故障修策略，即故障发生后再进行维修恢复工作，把设备的价值发挥完后再处理，并配合计划维修安排以维持设备正常状态。

### 6.3.4　判定条件4：设备工作环境

设备工作环境影响因素主要分为客观环境及主观环境两方面。客观环境基本不受人为因素改变，仅可在局部区域改善；主观环境可通过人为因素干预，有较大改变。客观环境和主观环境互补，客观环境恶劣的，要通过提高主观环境提升以提高可靠性。

(1)设备工作环境的客观环境：温湿度、粉尘污染度、极端气候环境等，需先明确该设备运行需要的工作条件，如工作温度区间、湿度区间、洁净度区间，然后对各要素适宜度进行评分，取其得分平均值，并参考环境条件因素评分准则分为4~5级(良好)、3级(适宜)、1~2级(恶劣)5个等级(表6-8)。处于恶劣环境的设备，应提高其设备维修策略等级，同时根据其环境特征有对应的特定维修策略，如恶劣粉尘污染环境，可选策略有粉尘隔绝、粉尘防护、设备清扫频次加强等。

**环境条件因素评分准则**　　表6-8

| 等　级 | 分　数 | 说　明 |
|---|---|---|
| 1 | 1~2 | 该单元产品处于系统中最恶劣的工作环境之中(如工作温度最高、振动加速度最大、湿度最大) |
| 2 | 3~4 | 该单元产品处于系统中较恶劣的工作环境之中(如工作温度较高、振动加速度较大、湿度较大) |
| 3 | 5~6 | 该单元产品处于系统中适中的工作环境之中(如工作温度适中、振动加速度适中、湿度适中) |
| 4 | 7~8 | 该单元产品处于系统中较好的工作环境之中(如工作温度适中、振动加速度较小、湿度较低) |
| 5 | 9~10 | 该单元产品处于系统中最好的工作环境之中(如工作温度适中、振动加速度最小、湿度最低) |

(2)设备工作环境的主观环境:维修人员技能成熟度(可根据表6-9进行评估)、维修人员配备数量、备件预算费用等,评估单位可根据以上因素,结合实际决定评估指标及标准,最后综合评估等级为紧缺、一般、富余三个程度,同时根据其环境特征制定对应的特定维修策略。

**面向运维的技术成熟水平因素评分准则** 表6-9

| 等级 | 分数 | 说明 |
|---|---|---|
| 1 | 1~2 | 能使用其功能并根据厂家预制的操作指引进行应急处理 |
| 2 | 3~4 | 掌握其基本功能原理,能处理常见类型的故障使暂时恢复正常 |
| 3 | 5~6 | 掌握较全面的运行原理,能处理故障并查出故障源,从源头上进行修复 |
| 4 | 7~8 | 熟悉运行特性,能通过监测数据分析得出结果,提前发生故障隐患 |
| 5 | 9~10 | 非常熟悉运维特性,能在故障前发现隐患并采取预防措施消除隐患 |

如人员平均水平未达标的,可通过技能培训、人员招聘等策略提升可靠度;如对维修成本有考虑的,对高成本设备可采取材料二次加工的方式,提高其耐用性(如打磨方式研究)。

综合以上因素,各专业维修单位可构建设备工作环境判定表,案例见表6-10。

**设备工作环境判定表** 表6-10

| 判定标准 | 判定结果 |
|---|---|
| 1.客流强度>线网均值20%;<br>2.外部工作环境恶劣,多项条件在设备推荐工作范围外;<br>3.人员当前平均技能等级及编制低于线网推荐值,未能完成规程维修工作;<br>4.备件费用超预算 | 恶劣<br>(2、3、4分) |
| 1.客流强度在线网均值±20%;<br>2.个别外部工作环境在设备推荐工作环境范围外,但有防护措施;<br>3.人员当前平均技能等级及编制满足线网推荐值,基本完成规程维修工作;<br>4.备件费用符合预算 | 适宜<br>(1、0、-1分) |
| 1.客流强度<线网均值20%;<br>2.外部工作环境均在设备推荐工作环境范围内;<br>3.人员当前平均技能等级及编制满足线网推荐值,完成规程维修工作,且能持续改善维修条件;<br>4.备件费用在预算的90%~95% | 良好<br>(-2、-3、-4分) |

说明:以上四项判定条件,处于恶劣的判定+1分,处于适宜的+0分,处于良好的-1分;根据综合得分判定等级。

不同工作环境适用的维修策略见表6-11。

工作环境特性适用策略　　表6-11

| 维修策略 | | 工作环境 | | |
|---|---|---|---|---|
| | | 良好 | 适宜 | 恶劣 |
| 故障修 | 事后维修 | √ | √ | √ |
| | 维修预案 | √ | √ | √ |
| | 抢修演练 | √ | √ | √ |
| 计划修 | 计划保养 | √ | √ | √ |
| | 设备检修 | √ | √ | |
| | 定期更换 | √ | √ | |
| 状态修 | 精密点检 | √ | √ | √ |
| | 状态监测 | √ | √ | √ |
| | 状态维修 | √ | √ | |
| | 精准维修 | √ | √ | |
| 改善修 | 维修预防 | √ | √ | √ |
| | 设备技术改造 | √ | √ | √ |
| | 设计改良 | | | √ |
| | 冗余设计 | | | √ |

## 6.3.5 判定条件结果矩阵与差异化维修策略对照表

基于以上四大判定条件，各专业维修单位可以设计设备特性因素判定结果表（表6-12）。实际应用该表时，可根据需要简化表单，从四大判定条件中选取相关特性进行评估。

设备特性因素判定结果表　　表6-12

| | | | | | | 风险特性数据 | | | | 寿命周期阶段特性（设备级） | | | | 设备失效特性（零部件级） | | | | | 工作环境特性 | | | | | |
|---|---|---|---|---|---|---|---|---|---|---|---|---|---|---|---|---|---|---|---|---|---|---|---|---|
| 设备编号 | 设备名称 | 设备重要度 | 部件编号 | 部件名称 | 部件重要度 | 风险等级 | 严重度S | 可能性O | 探测度D | 寿命阶段 | 剩余折旧年限 | 年维修费用 | 年度质量评估得分 | 失效特性 | 周期特性 | 特性参数1 | 特性参数2 | 特性参数3 | 环境等级 | 外部环境等级 | 客流负担 | 技能满足程度 | 人员编制 | 备件费用预算 |
| | | A | | | a | 高 | | | | 设计规划 | | | | 突发型 | 周期 | | | | 良好 | | | | | |
| | | B | | | b | 中 | | | | 安装调试 | | | | 劣化型 | 随机 | | | | 适宜 | | | | | |

续上表

| | | | | | | 风险特性数据 | | | | 寿命周期阶段特性（设备级） | | | | 设备失效特性（零部件级） | | | | | 工作环境特性 | | | | | |
|---|---|---|---|---|---|---|---|---|---|---|---|---|---|---|---|---|---|---|---|---|---|---|---|---|
| 设备编号 | 设备名称 | 设备重要度 | 部件编号 | 部件名称 | 部件重要度 | 风险等级 | 严重度S | 可能性O | 探测度D | 寿命阶段 | 剩余折旧年限 | 年维修费用 | 年度质量评估得分 | 失效特性 | 周期特性 | 特性参数1 | 特性参数2 | 特性参数3 | 环境等级 | 外部环境等级 | 客流负担 | 技能满足程度 | 人员编制 | 备件费用预算 |
| | | C | | | c | 低 | | | | 稳定运营 | | | | | | | | | 恶劣 | | | | | |
| | | | | | | | | | | 淘汰期 | | | | | | | | | | | | | | |

按照以上开展对应的设备四个维度的特性因素判定，最后整理出维修策略适用特性因素表，见表6-13。

**设备策略适用特性因素表**　　表6-13

| 维修策略 | | 风险特性 | | | 寿命周期 | | | | 失效特征 | | 工作环境 | | |
|---|---|---|---|---|---|---|---|---|---|---|---|---|---|
| | | 低 | 中 | 高 | 设计规划 | 质保期 | 稳定期 | 淘汰期 | 突发型 | 劣化型 | 良好 | 适宜 | 恶劣 |
| 故障修 | 事后维修 | √ | | | | | √ | √ | √ | √ | √ | √ | √ |
| | 维修预案 | | √ | √ | | √ | √ | √ | √ | √ | √ | √ | √ |
| | 抢修演练 | | | √ | | | √ | √ | √ | | √ | √ | √ |
| 计划修 | 计划保养 | √ | √ | √ | √ | √ | √ | √ | | √ | √ | √ | √ |
| | 设备检修 | | √ | √ | √ | | √ | √ | | √ | √ | √ | |
| | 定期更换 | | | √ | √ | | √ | | | √ | √ | √ | |
| 状态修 | 精密点检 | √ | √ | √ | √ | √ | √ | √ | | √ | √ | √ | √ |
| | 状态监测 | | √ | √ | √ | √ | √ | √ | | √ | √ | √ | √ |
| | 状态维修 | | | √ | √ | | √ | √ | | √ | √ | √ | |
| | 精准维修 | | | √ | √ | | √ | | | √ | √ | √ | |
| 改善修 | 维修预防 | | | √ | | √ | √ | | √ | √ | √ | √ | √ |
| | 设备技术改造 | | | √ | | √ | √ | √ | √ | | √ | √ | √ |
| | 设计改良 | | | √ | √ | √ | | √ | √ | | | | √ |
| | 冗余设计 | | | √ | √ | √ | | √ | √ | | | | √ |

下面举例说明：

某专业设备部件，经判定属于高风险等级、处于验收运营阶段、规律失效、工作环境良好，设备对应相符的特性因素按照表6-14所示的选用案例表选出。

**设备特性因素选用案例** 表6-14

| 判定条件(四大维度) | ×设备×部件特性因素 | | | |
|---|---|---|---|---|
| 设备失效特征 | 突发失效 | 规律失效 | | |
| 设备寿命周期阶段 | 设计规划 | 质保期 | 稳定运营 | 淘汰期 |
| 设备及部件风险等级 | 高 | 中 | 低 | |
| 设备工作环境 | 恶劣 | 适宜 | 良好 | |

根据以上特性判定结果，基于设备特性因素适用维修策略对照表，初步选择维修策略，见表6-15。

**设备特性因素选用策略案例** 表6-15

| 判定条件 | 风险等级 | 寿命周期阶段 | 设备失效特征 | 设备工作环境 |
|---|---|---|---|---|
| 对应等级 | 高 | 稳定运营 | 规律失效 | 良好 |
| 适用维修策略 | | | | |
| 故障修 | 维修预案、抢修演练 | 故障修全部适用 | 事后维修、维修预案 | 故障修全部适用 |
| 计划修 | 计划修全部适用 | 计划修全部适用 | 计划修全部适用 | 计划修全部适用 |
| 状态修 | 状态修全部适用 | 状态修全部适用 | 状态修全部适用 | 状态修全部适用 |
| 改善修 | 改善修全部适用 | 维修预防、设备技改 | 维修预防 | 维修预防、设备技改 |
| 判定结论 | 基于以上综合选用适用的策略，则适用维修预案、维修预防 | | | |

根据以上维修策略，各维修单位可结合具体设备的特性因素优化具体的维修方案，指导维修规程落实。

优化具体的维修方案，需根据具体设备掌握的特性因素多少而确定。如上述案例给出的特性因素判定结果，仅缩小了方向性的设备维修策略建议范围，为初步的差异化维修策略确立了工作指引。实际应用时，各专业维修单位可根据细化的设备特性，再引入新的判定条件，如"状态修策略"，可参考设备特性及监控因素表(表6-16)，结合维修规程要求选择监控因素，根据特性因素物理量参数采集的技术成熟度、成本、安全性等因素综合评判，再选择合适的状态修技术手段，为状态维修方案构建基本条件。

设备特性及监控因素一览表　　　　表6-16

| 设备特性 | 监控因素 |
|---|---|
| 直线运动 | 速度、加速度、距离、稳定性 |
| 圆周运动 | 转速、加速度、振动、稳定性 |
| 气体 | 压力、压强、泄漏、腐蚀、浓度 |
| 液体 | 压力、压强、泄漏、挥发、腐蚀、浓度、pH值 |
| 电器 | 电流、电压、接地、绝缘电阻、老化、温度、能耗、静电 |
| 传动件 | 平稳性、密封状况 |
| 结构件 | 变形量、强度 |
| 润滑油 | 理化指标劣化程度、污染、杂质、金属颗粒 |

## 6.4　各专业差异化维修应用指引

结合各专业工作特点和设备特性因素，初步整理出各专业的关键设备（模块）差异化维修策略应用指引，供读者参考。

### 6.4.1　供电系统

（1）变电专业-断路器，需要制定维修预案，从备件管理和人员技能训练方面提高维修效率（判定过程见表6-17）。

变电专业-断路器维修策略应用指引　　　　表6-17

| 判定条件 | 风险等级 | 寿命周期阶段 | 设备失效特征 | 设备工作环境 |
|---|---|---|---|---|
| 对应等级 | 中 | 稳定运营 | 突发 | 良好 |
| 适用维修策略 | | | | |
| 故障修 | 维修预案 | 故障修全部 | 故障修全部 | 故障修全部 |
| 计划修 | 计划保养<br>设备检修 | 计划修全部 | 计划修不适用 | 计划修全部 |
| 状态修 | 精密点检<br>状态监测 | 状态修全部 | 状态修不适用 | 状态修全部 |
| 改善修 | 维修预防 | 维修预防<br>设备技术改造 | 改善修全部 | 维修预防<br>设备技术改造<br>设计改良 |
| 判定结论 | 基于以上综合选用适用的策略，则适用维修预案，维修预防 | | | |

(2)变电专业-断路器(关键功能处,假设高风险,设计规划阶段),可以寻求设计的改良,或对系统做冗余设计(判定过程见表6-18)。

**变电专业-断路器(关键功能处)钢轨维修策略应用指引** 表6-18

| 判定条件 | 风险等级 | 寿命周期阶段 | 设备失效特征 | 设备工作环境 |
|---|---|---|---|---|
| 对应等级 | 高 | 设计规划 | 突发 | 良好 |
| 适用维修策略 | | | | |
| 故障修 | 维修预案<br>抢修演练 | 故障修不适用 | 故障修全部 | 故障修全部 |
| 计划修 | 计划修全部 | 计划修全部 | 计划修不适用 | 计划修全部 |
| 状态修 | 状态修全部 | 状态修全部 | 状态修不适用 | 状态修全部 |
| 改善修 | 改善修全部 | 设计技术改造<br>冗余设计 | 改善修全部 | 维修预防<br>设备技术改造<br>设计改良 |
| 判定结论 | 基于以上综合选用适用的策略,则适用设计改良 | | | |

## 6.4.2 接触网系统

接触网专业-支撑装置,在保持常规保养的同时,应有维修预案,需要定期检修,并视需要上状态监测装置(判定过程见表6-19)。

**接触网专业-支撑装置维修策略应用指引** 表6-19

| 判定条件 | 风险等级 | 寿命周期阶段 | 设备失效特征 | 设备工作环境 |
|---|---|---|---|---|
| 对应等级 | 中 | 稳定运营 | 规律失效 | 良好 |
| 适用维修策略 | | | | |
| 故障修 | 维修预案 | 故障修全部 | 事后维修<br>维修预案 | 故障修全部 |
| 计划修 | 计划保养<br>设备检修 | 计划修全部 | 计划修全部 | 计划修全部 |
| 状态修 | 精密点检<br>状态监测 | 状态修全部 | 状态修全部 | 状态修全部 |
| 改善修 | 维修预防 | 维修预防<br>设备技术改造 | 维修预防 | 维修预防<br>设备技术改造<br>设计改良 |
| 判定结论 | 基于以上综合选用适用的策略,则适用维修预案、计划保养、设备检修、精密点检、状态监测、维修预防 | | | |

### 6.4.3 信号系统

信号专业-关键道岔,在保持常规保养的同时,应有维修预案,需要定期检修,并视需要上状态监测装置(判定过程见表6-20)。

**信号专业-关键道岔维修策略应用指引** 表6-20

| 判定条件 | 风险等级 | 寿命周期阶段 | 设备失效特征 | 设备工作环境 |
|---|---|---|---|---|
| 对应等级 | 中 | 稳定运营 | 规律失效 | 良好 |
| 适用维修策略 | | | | |
| 故障修 | 维修预案 | 故障修全部 | 事后维修<br>维修预案 | 故障修全部 |
| 计划修 | 计划保养<br>设备检修 | 计划修全部 | 计划修全部 | 计划修全部 |
| 状态修 | 精密点检<br>状态监测 | 状态修全部 | 状态修全部 | 状态修全部 |
| 改善修 | 维修预防 | 维修预防<br>设备技术改造 | 维修预防 | 维修预防<br>设备技术改造<br>设计改良 |
| 判定结论 | 基于以上综合选用适用的策略,则适用维修预案、计划保养、设备检修、精密点检、状态监测、维修预防 | | | |

### 6.4.4 线路系统

(1)轨道专业-道岔,在保持常规保养的同时,应建立维修预案,需要定期检修,并视需要选择合适的状态监测装置(判定过程见表6-21)。

**轨道专业-道岔维修策略应用指引** 表6-21

| 判定条件 | 风险等级 | 寿命周期阶段 | 设备失效特征 | 设备工作环境 |
|---|---|---|---|---|
| 对应等级 | 中 | 稳定运营 | 规律失效 | 良好 |
| 适用维修策略 | | | | |
| 故障修 | 维修预案 | 故障修全部 | 事后维修<br>维修预案 | 故障修全部 |
| 计划修 | 计划保养<br>设备检修 | 计划修全部 | 计划修全部 | 计划修全部 |

续上表

| 判定条件 | 风险等级 | 寿命周期阶段 | 设备失效特征 | 设备工作环境 |
|---|---|---|---|---|
| 对应等级 | 中 | 稳定运营 | 规律失效 | 良好 |
| 适用维修策略 | | | | |
| 状态修 | 精密点检<br>状态监测 | 状态修全部 | 状态修全部 | 状态修全部 |
| 改善修 | 维修预防 | 维修预防<br>设备技术改造 | 维修预防 | 维修预防<br>设备技术改造<br>设计改良 |
| 判定结论 | 基于以上综合选用适用的策略，则适用维修预案、计划保养、设备检修、精密点检、状态监测、维修预防 | | | |

(2)轨道专业-钢轨，保持常规保养检修即可(判定过程见表6-22)。

**轨道专业-钢轨维修策略应用指引**　　表6-22

| 判定条件 | 风险等级 | 寿命周期阶段 | 设备失效特征 | 设备工作环境 |
|---|---|---|---|---|
| 对应等级 | 低 | 稳定运营 | 规律失效 | 良好 |
| 可选的维修策略 | | | | |
| 故障修 | 事后维修 | 故障修全部 | 事后维修<br>维修预案 | 故障修全部 |
| 计划修 | 计划保养 | 计划修全部 | 计划修全部 | 计划修全部 |
| 状态修 | 精密点检 | 状态修全部 | 状态修全部 | 状态修全部 |
| 改善修 | 预防修相关<br>策略不适用 | 维修预防<br>设备技术改造 | 维修预防 | 维修预防<br>设备技术改造<br>设计改良 |
| 判定结论 | 基于以上综合选用适用的策略，则适用事后维修，计划保养，精密点检 | | | |

上述为初步维修策略优化方向，各专业可根据具体设备特性再做进一步的差异化维修策略选择。

## 6.5　各专业差异化维修策略应用案例

### 6.5.1　供电系统

1)变压器油色谱在线监测系统应用

通过引入变压器油色谱在线监测系统，基于色谱分析原理，实现对变压器油

中 $CH_4$、$C_2H_4$、$C_2H_6$、$C_2H_2$、$H_2$、CO、$CO_2$ 七种气体成分及总烃含量全检测。同步引入微水在线监测技术，利用变压器油中油和水的介电常数不同，不同含水率对应着不同的介电常数值，通过检测电容的变化量，可以推算出水的含量。通过对变压器油中溶解气体、水分的测量和分析，实现对变压器内部运行状态的在线监控，能够及时发现和诊断其内部故障，随时掌握设备的运行状况，实现异常工况预警、报警，且可实现对相关部件数据未来变化趋势判断，提出针对性的预防性维修策略，其维修保养项目对比表见表 6-23。

**变压器油维修保养项目对比表** 表 6-23

| 检 查 项 目 | 原耗时/原频次 | 现耗时/现频次 |
|---|---|---|
| 油色谱分析 | 2h/年 | 0.01h/周 |
| 微水检测 | 2h/年 | 0.01h/周 |

变压器油色谱、微水在线监测系统的应用，可大幅度提高色谱分析、微水检测效率及精度，实现对应参数实时监测和异常工况预警，通过缩短巡检周期，可实现状态维修和精准维修，见表 6-24。

**引入色谱、微水在线监测系统后维修策略优化对比表** 表 6-24

| 项目 | 传统维修策略 | | 优化后维修策略 | |
|---|---|---|---|---|
| | 内容 | 周期 | 措施 | 周期 |
| 色谱 | 取油样离线分析 | 1 次/年 | 油色谱实时在线监测，异常工况预警、报警 | 1 次/周 |
| 微水 | 取油样离线分析 | 1 次/年 | 油微水实时在线监测，异常工况预警、报警 | 1 次/周 |

2）铁芯接地电流在线监测系统应用

电力设备内部出现局部放电，产生的脉冲电流通过接地引下线引到地上，同时电流流过接地线将会带动磁场的变化，信号属于高频区间（0.5 ~ 300MHz）。将高频传感器夹在接地引下线上，高频传感器内部线圈在电磁感应的作用下，转换成电信号到检测仪器上。所以，在变压器铁芯接地线和中性线上设置高频电流传感器，对变压器内可能产生的局部放电进行监测。

通过采用变压器铁芯接地电流在线监测系统，对铁芯进行连续、实时、在线监测，进而实时监视设备的局部放电即绝缘状况，及时发现内部绝缘受潮或受损，实现异常工况预警、报警，提出针对性的预防性维修策略，检测项目对比表见表 6-25。

**变压器局部放电检测项目对比表** 表 6-25

| 检 查 项 目 | 原耗时/原频次 | 现耗时/现频次 |
|---|---|---|
| 局部放电检测 | 1h/年 | 0.01h/周 |

变压器铁芯接地电流在线监测系统的应用，可大幅度提高局部放电检测效率及精度，实现变压器内部绝缘受潮或受损情况实时监测和异常工况预警，通过缩短巡检周期，可实现状态维修和精准维修，见表6-26。

**引入铁芯接地电流在线监测系统后维修策略优化对比表**　　表6-26

| 项目 | 传统维修策略 | | 优化后维修策略 | |
|---|---|---|---|---|
| | 内容 | 周期 | 措施 | 周期 |
| 局部放电 | 局部放电在线检测 | 1次/年 | 局部放电实时在线监测，异常工况预警、报警 | 1次/周 |

3）地铁供电系统可靠性保持策略

研究结果表明，35kV进线电源、AC35kV母线和DC1500V直流母线是影响牵引变电所可靠性的关键元件。随着牵引变电所运行时间增加，35kV进线电源对牵引变电所可靠性的影响随运行时间增加而越来越大，而AC35kV母线和DC1500V直流母线对牵引变电所可靠性的影响随运行时间增加而越来越小。这是因为，35kV进线电源的失效率最高，随着牵引变电所运行时间增加，35kV进线电源的失效概率很高，且远高于其他元件的失效概率，成为影响牵引变电所可靠度的主要因素。

在每个检修周期初期，DC1500V直流母线和AC35kV母线是影响牵引变电所可靠运行的主要元件，需要加强对DC1500V直流母线和AC35kV母线的监控和日常维护，在每个检修周期后期，35kV进线电源是影响牵引变电所的主要元件，需要加强对35kV进线电源的监控和日常维护。

此外，通过提升牵引变电所设备的质量，降低其故障率，能够提升牵引变电所可靠性。将牵引变电所各设备的失效率降低10%后，其可靠性参数见表6-27。牵引变电所各设备的故障率分别降低10%后，牵引变电所稳态不可用度的降低值见表6-28。

**牵引变电所各设备故障率降低后的可靠性参数表**　　表6-27

| 设备名称 | 故障率 $\lambda'$/(次/h) | 可用度 $A'$(%) |
|---|---|---|
| 35kV进线电源 | $8.22\times10^{-5}$ | 99.90967071 |
| AC35kV母线 | $1.03\times10^{-5}$ | 99.9969179 |
| 断路器 | $1.23\times10^{-5}$ | 99.99630151 |
| 隔离开关 | $8.22\times10^{-6}$ | 99.99753431 |
| 电流互感器 | $1.54\times10^{-6}$ | 99.99845893 |
| 整流器 | $9.24\times10^{-6}$ | 99.98151027 |
| 整流变压器 | $3.08\times10^{-6}$ | 99.97226797 |
| DC1500V直流母线 | $6.68\times10^{-6}$ | 99.99332236 |

各设备故障率降低后对牵引变电所稳态不可用度影响表 表 6-28

| 质量提升的设备 | 不可用度降低值 | 降低百分比(%) |
| --- | --- | --- |
| 35kV 进线电源 | $2.231\times10^{-7}$ | 0.20 |
| AC35kV 母线 | $3.428\times10^{-6}$ | 3.11 |
| 断路器 | $2.567\times10^{-8}$ | 0.02 |
| 隔离开关 | $2.048\times10^{-8}$ | 0.02 |
| 电流互感器 | $8.124\times10^{-9}$ | 0.01 |
| 整流器 | $2.700\times10^{-8}$ | 0.02 |
| 整流变压器 | $4.018\times10^{-8}$ | 0.04 |
| DC1500V 直流母线 | $7.419\times10^{-6}$ | 6.73 |

由表 6-28 可知,AC35kV 母线和 DC1500V 直流母线降低故障率后对提升牵引变电所稳态可用度效果最明显。

牵引变电所各设备的故障率分别降低 10% 后,牵引变电所运行 3 个月时失效概率的降低值见表 6-29。

各设备故障率降低后对牵引变电所故障概率影响表 表 6-29

| 质量提升的设备 | 失效概率降低值 | 降低百分比(%) |
| --- | --- | --- |
| 35kV 进线电源 | 0.00792 | 6.130 |
| AC35kV 母线 | 0.00264 | 2.042 |
| 断路器 | 0.00359 | 2.781 |
| 隔离开关 | 0.00297 | 2.300 |
| 电流互感器 | 0.00034 | 0.261 |
| 整流器 | 0.00049 | 0.379 |
| 整流变压器 | 0.00017 | 0.129 |
| DC1500V 直流母线 | 0.00140 | 1.081 |

由表 6-29 可知,降低 35kV 进线电源、断路器和隔离开关的故障率后对提升牵引变电所可靠性的效果最明显。

综上所述,牵引变电所可靠性保持方法如下:

(1)在每个检修周期初期,需要加强对 DC1500V 直流母线和 AC35kV 母线

的监控和日常维护，在每个检修周期后期，需要加强对35kV进线电源的监控和日常维护。

(2)提升AC35kV母线和DC1500V直流母线质量，降低其故障率，能明显提升牵引变电所稳态可用度。

(3)提升35kV进线电源、断路器和隔离开关的质量，降低其故障率，能明显降低牵引变电所运行时的故障概率。

4)直流断路器状态在线监测装置

为了实现多路模拟信号采集，针对性开发了直流断路器状态在线监测装置(图6-4)，包括了控制板、信号调理板、电源板、底板、传感器板等部分。用于对现场4路传感器数据采集处理传输：(1)采用加速度传感器采集振动信号，采样精度高，灵敏度好；(2)采用霍尔传感器采集线圈电流信号；(3)采用光纤温度传感器采集温度信号，精度0.1℃，满足耐压要求；(4)采用采样精密电阻采集综保电流。

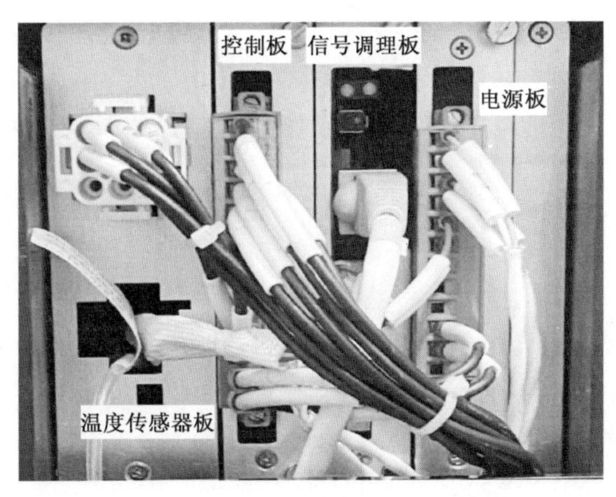


图6-4　直流断路器状态在线监测装置

5)城市轨道交通供变电系统PHM技术方案

广州地铁牵引供电设备状态信息管理和故障预警(PHM)平台是城市轨道交通智能牵引供电系统的重要组成部分，通过采集和存储智能供电设备在线监测数据、离线试验与检修数据、综自系统数据、变电所环境数据等，构成牵引变电所大数据平台。在此基础上充分利用现代信号处理技术、大数据技术、人工智能技术及先进推理模型，实现关键供电设备的故障快速诊断与预警、健康状态监测与评估、运行可靠性及风险评估，为城市轨道交通供电系统的主动运维提供辅助维修决策。牵引变电系统的PHM系统具体功能见表6-30。

**供变电系统 PHM 功能汇总表**　　表 6-30

| 序号 | PHM 功能名称 | 时间尺度 | 功能说明 | 结果 |
|---|---|---|---|---|
| 1 | 故障诊断 | 短期 | 通过分析处理保护动作信息、断路器分合信息、在线监测数据等,利用智能算法或专家诊断系统判断故障设备/元件、故障位置、故障类型等 | 故障元件、故障位置、类型 |
| 2 | 故障预警 | 短期 | 综合变压器油色谱、温升数据、高压设备绝缘电阻值等设备监测和检测信息,分析设备状态变化情况,在设备故障的潜伏期或早期及时发现故障隐患,识别可能的故障类型及其严重程度;综合判断故障发展变化趋势,在故障后果表现之前及时进行故障预警 | 故障概率、故障时间、某一时间段内故障设备数量 |
| 3 | 健康评估 | 中长期 | 利用站端监测单元采集的设备信息,结合离线检测、故障或检修记录样本等历史数据,分析设备的健康状态及其发展变化趋势 | 健康值、健康状态 |
| 4 | 可靠性分析与风险评估 | 中长期 | 通过处理融合、分析利用设备的在线、离线等数据,综合考虑设备性能衰退、服役环境、人为维修活动等因素,对设备的可靠性及风险进行分析评估。分析评估得到设备的可靠性指标表征设备的可靠运行性能,风险评估指标表征设备故障可能性及其后果损失严重程度 | 可用度、故障率等可靠性指标;风险等级、严重程度等风险评估指标 |
| 5 | 剩余寿命预测 | 全寿命周期 | 根据设备的运行服役状况及各项参数指标进行综合评估分析和预测,确定设备的剩余寿命 | 剩余寿命 |
| 6 | 维修决策 | 全寿命周期 | 在上述 PHM 系统功能指标结果基础上,结合当前检修维护制度以及设备健康状态等辅助制定合理的维修维护策略,提供优化的维修周期、维修方式建议,并通过后续总结分析,实现维修方案的不断完善功能 | 维修周期、维修方式 |
| 7 | 数据管理 | 全寿命周期 | 实现对地铁牵引供电系统及设备数据去噪、滤波、压缩等预处理功能,并能够存储管理经数据分析及信号预处理后的定制数据。提供关键设备在线监测和离线检测的各项指标数据,数据采集自设备自身、相邻设备及与其相关的监测装置等多个数据源,可以是离线检测数据、历史故障记录数据与实时在线监测数据。通过数据接口供信息交互与可视化,供高级功能模块随时调用,同时能够存储设备运行检修规程相关信息,供维修维护决策功能模块使用 | 历史状态信息、牵引供电系统及设备相关数据信息可视化、输出决策报表 |

### 6.5.2　接触网系统

1)基于大数据技术的接触网关键部件健康管理系统

接触网作为地铁牵引供电系统最重要的关键供电设施之一。它主要承担运营车辆动力的供给职能,其可靠性影响着车辆运行的安全。地铁接触网按照牵引供电模式可以分为三大类:架空刚性接触网、架空柔性接触网及接触轨。为了保证接触网设备的安全,在轨道交通智能运维全面发展的基础下,开发接触网智能运维健康管理系统有着非常重要的意义。

(1)总体架构。

接触网故障预测与健康管理系统由基础设施层、平台层和应用层组成,利用广州地铁建成的云平台,建设大数据平台、标准化接口和接触网故障预测与健康管理系统,具体如图6-5所示。

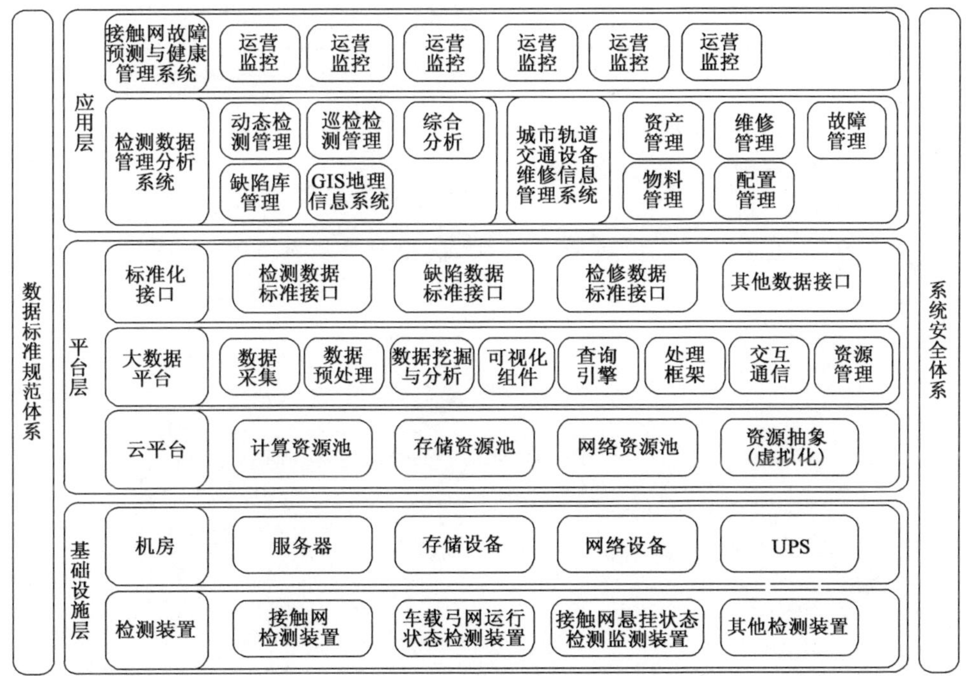


图6-5　接触网故障预测与健康管理系统总体架构

(2)技术架构。

本系统技术架构包含:基础设施、云平台、数据采集整合、数据存储、数据计算、数据分析、平台服务、业务应用等层。

2)智能巡检分析系统应用

通过引入智能接触轨巡检小车、大型网轨检测车等搭载智能巡检分析系统的新型工具,实现对接触轨主体参数、轨面视频状态等信息的智能判断,提出基于网轨检测数据的预防性维修策略。利用智能分析软件,实现接触轨导高、偏移值、轨缝、坡度等参数的分级判断,对异常值进行排序;利用图像识别技术,在检测中实时对接触轨面、防护罩、绝缘支架等部件进行缺陷分析,实现异常部位实时报警。以上措施不仅提高参数检测精度、缺陷识别准确度,且可实现对相关部件数据未来变化趋势判断,提出针对性的预防性维修,见表6-31。

**接触轨主体及附件维修保养项目对比表** 表6-31

| 序　　号 | 检 查 项 目 | 原耗时/锚段(75m) | 现耗时/锚段(75m) |
|---|---|---|---|
| 1 | 导高、偏移值测量 | 0.2h | 0.02h<br>(全部项目) |
| 2 | 轨缝、坡度检查 | 0.1h | |
| 3 | 受流面外观检查 | 0.1h | |
| 4 | 防护罩、绝缘支架等检查 | 0.2h | |

智能巡检分析系统的应用,可大幅度提高参数检测效率及精度,通过缩短巡检周期,可实现状态维修和精准维修。

3)接触轨防护罩检查周期优化

通过增加接触轨防护罩搭接处标识,监控接触轨热胀冷缩时防护罩窜动状态(图6-6),使其搭接状态更易于识别、发现,提前发现隐患,防止防护罩塌陷刮靴。基于以上设备改进措施,可大幅度提高接触轨防护罩检修效率及其缺陷识别准确度,提升了安全性。

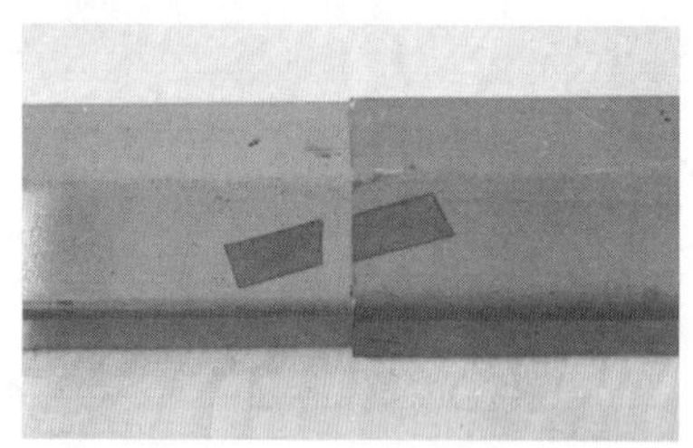

图6-6　增加接触轨防护罩搭接处标识

检查次数的前后变化见表6-32。

**搭接量检查次数的对比表** 表6-32

| 检 查 项 目 | 工时/锚段 | 原次数/年 | 现次数/年 |
|---|---|---|---|
| 搭接量检查 | 0.2h | 24 次 | 6 次 |

4)差异化维修策略优化措施

通过接触网设备在线检测数据,尤其是出现某类故障后对比其他相关部件的状态检测,以此检测数据来修正预期故障指标,从而不断修正接触网设备的维修策略,通过实现进一步验证于改进接触网设备的预防性维修策略,使之逐步趋于完善,成为接触网设备维修的指导工具。

(1)综合状态整理。

综合多次检测数据、现场维修、阈值设定等对线网状态进行多维度整理及评判,分别从故障、缺陷、时间、位置、等级、影响等方面开展多维度统计,如历史故障趋势统计、主要故障占比、故障区间等。经上述信息提取整理后,结合检修标准对数据进行判断,针对线网提供报警信息,缺陷提供预警信息,以列表的形式按照影响等级分类呈现,辅助实际维修人员对异常问题进行针对性维修。

(2)决策支持及维修建议。

线网整体状态通过系统检测,实现数据可视化,通过提取特征数据、整理报警/隐患项点等内容,结合发现时间、高频地点、处理措施、影响等级等内容,提供综合维修决策建议。

### 6.5.3 信号专业

1)AP(无线访问接入点)接入点健康状况评估应用

通过对列车车载无线场强数据的深入分析,可以全面了解车地无线通信的场强信号、列车运行过程中AP接入点的切换顺序、列车运行过程中每个AP接入点的连接时间等,通过这些参数可以很好地判断轨旁AP接入点健康状况。在此基础上,通过软件定期对车载无线通信场强数据进行下载分析,可及时发现轨旁AP无线接入点设备的故障情况并及时采取故障应急处理措施。基于此分步对轨旁AP无线接入点的计划修周期放大,在节省人力、物力的情况下,仍能保证系统正常运行。应用前后的项目对比及效果对比见表6-33和表6-34。

维修保养项目对比表 表6-33

| 序号 | 检查项目 | 工时 | 原次数 | 现次数 |
|---|---|---|---|---|
| 1 | AP的运行状态(巡视) | 0.25h | 4次/日 | 4次/日 |
| 2 | AP箱卫生清洁及外表 | 0.4h | 2次/年 | 1次/年 |
| 3 | AP箱紧固检查 | | 2次/年 | 1次/年 |
| 4 | AP箱连接线检查 | | 2次/年 | 1次/年 |
| 5 | AP箱电气参数检查 | | 2次/年 | 1次/年 |
| 6 | 设备运行状态检查 | | 2次/年 | 1次/周 |

通过车载数据分析后维修策略优化对比表　　表 6-34

| 项目 | 传统维修策略 | | 优化后维修策略 | |
|---|---|---|---|---|
| | 部位 | 周期 | 措施 | 周期 |
| 检查 | 设备运行状态检查 | 2 次/年 | 通过分析车载数据,确保 AP 运行状态正常 | 1 次/周 |

优化后的检修方式更加合理,在确保 AP 设备原有检查内容正常的情况下,通过远程数据的下载,几乎可以做到对 AP 设备的运行状态进行实时监控。

2)轨旁应答器的计划修周期优化应用

通过对列车车载应答器日志数据的分析,可以全面了解全线有源应答器和无源应答器的设备工作状态,通过软件定期对车载应答器日志数据进行下载分析,可及时发现轨旁应答器的故障情况并及时采取故障应急处理措施。基于此可分步放大轨旁应答器的计划修周期,在节省人力、物力的情况下,仍能保证系统正常运行。应用前后的项目对比及效果对比见表 6-35 和表 6-36。

应答器维修保养项目对比表　　表 6-35

| 序　号 | 检查项目 | 工　时 | 原次数 | 现次数 |
|---|---|---|---|---|
| 1 | 应答器外观检查 | 0.4h | 2 次/年 | 1 次/年 |
| 2 | 应答器安装检查 | | 2 次/年 | 1 次/年 |
| 3 | 应答器电缆检查 | | 2 次/年 | 1 次/年 |
| 4 | 应答器紧固检查 | | 2 次/年 | 1 次/年 |
| 5 | 应答器清洁检查 | | 2 次/年 | 1 次/年 |
| 6 | 应答器功能检查 | | 2 次/年 | 1 次/周 |

通过车载数据分析后维修策略优化对比表　　表 6-36

| 项目 | 传统维修策略 | | 优化后维修策略 | |
|---|---|---|---|---|
| | 部位 | 周期 | 措施 | 周期 |
| 检查 | 应答器功能检查 | — | 通过分析车载数据,确保应答器运行状态正常 | 1 次/周 |

优化后的检修方式更加合理,在确保应答器设备原有检查内容正常情况下,通过远程数据的下载,几乎可以做到对在线应答器设备的运行状态进行实时监控。

3)车载信号系统可靠性及维修决策优化研究

(1)地铁车载信号系统可靠性分析。

以故障等级(严酷度)为横坐标,以危害度为纵坐标,根据各故障模式的故障等级,取较高的危害度进行描点,并将各自的分布点向对角线作垂线,绘制车载 ATP/ATO 的危害度矩阵,如图 6-7 所示。

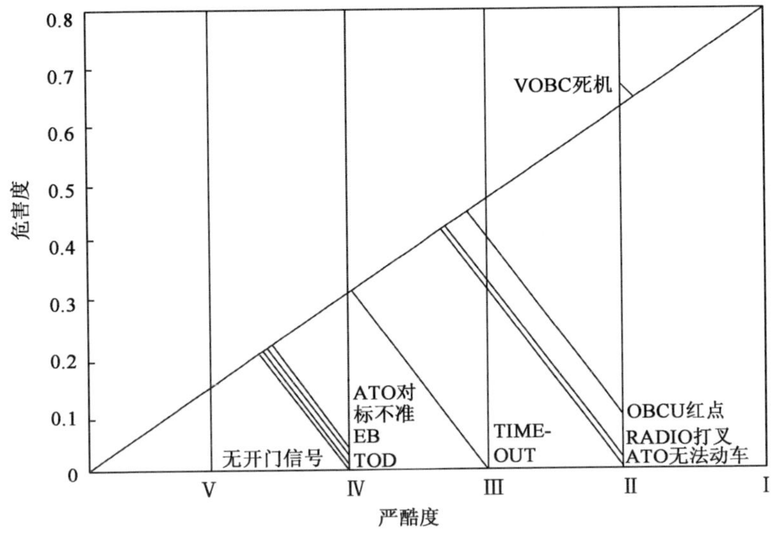


图 6-7 危害度矩阵

图 6-7 中,衡量各故障模式危害度的标准是对角线上各自垂足到坐标原点的距离,距离越长,表明危害度越大,运营人员需高度警惕并尽快采取相应的维修措施,从而有效避免潜在危害大的故障对系统造成严重影响。可以看出车载 ATP/ATO 系统潜在危害度最大的故障模式为 VOBC 死机。

由表 6-37 可知,A 型车车载 ATP/ATO 的关键重要度顺序为:TI 应答器 > 车载无线单元 OBRU > VIM 板卡。

**城市轨道 A 型车故障树关键重要度** 表 6-37

| 事件编号 | 事件名称 | 关键重要度 |
|---|---|---|
| X2 | TI 应答器 1 故障 | 0.521 |
| X4 | TI 应答器 2 故障 | 0.521 |
| X1 | OBRU1 故障 | 0.379 |
| X3 | OBRU2 故障 | 0.379 |
| X10 | VIM1 板卡故障(备) | 0.033 |
| X11 | VIM2 板卡故障(备) | 0.033 |
| X17 | VIM3 板卡故障(备) | 0.033 |

续上表

| 事件编号 | 事件名称 | 关键重要度 |
| --- | --- | --- |
| X5 | VIM1 板卡故障(主) | 0.033 |
| X6 | VIM2 板卡故障(主) | 0.033 |
| X15 | VIM3 板卡故障(主) | 0.033 |
| X16 | VID 硬件故障(主) | $4.26\times10^{-5}$ |
| X18 | VID 硬件故障(备) | $4.26\times10^{-5}$ |
| X7 | 微处理器 1 故障(主) | $4.09\times10^{-9}$ |
| X8 | 微处理器 2 故障(主) | $4.09\times10^{-9}$ |
| X9 | 微处理器 3 故障(主) | $4.09\times10^{-9}$ |
| X12 | 微处理器 1 故障(备) | $4.09\times10^{-9}$ |
| X13 | 微处理器 2 故障(备) | $4.09\times10^{-9}$ |
| X14 | 微处理器 3 故障(备) | $4.09\times10^{-9}$ |

结合对信号系统的分析,基于已有的数据记录,利用现场数据,统一取故障修复时间为 3h,计算车载信号系统各元部件的平均失效率作为根节点的先验概率,具体见表 6-38。

根节点的先验概率　　表 6-38

| 节点 | 先验概率 | 节点 | 先验概率 | 节点 | 先验概率 |
| --- | --- | --- | --- | --- | --- |
| X1 | $3.1\times10^{-6}$ | X16 | $1.1\times10^{-5}$ | X34 | $1.2\times10^{-5}$ |
| X2 | $1.4\times10^{-5}$ | X17 | $1.1\times10^{-5}$ | X35 | $1.5\times10^{-6}$ |
| X3 | $1.4\times10^{-5}$ | X18 | $1.1\times10^{-5}$ | X36 | $1.5\times10^{-6}$ |
| X5 | $3.2\times10^{-5}$ | X19 | $8.2\times10^{-6}$ | X37 | $8.6\times10^{-4}$ |
| X6 | $2.7\times10^{-5}$ | X20 | $8.2\times10^{-6}$ | X38 | $1.6\times10^{-3}$ |
| X7 | $4.4\times10^{-5}$ | X21 | $9.5\times10^{-4}$ | X39 | $3.8\times10^{-4}$ |
| X8 | $4.6\times10^{-5}$ | X22 | $6.0\times10^{-4}$ | X40 | $3.8\times10^{-5}$ |
| X9 | $3.4\times10^{-6}$ | X27 | $1.2\times10^{-6}$ | X41 | $1.1\times10^{-4}$ |
| X10 | $2.5\times10^{-6}$ | X28 | $2.5\times10^{-5}$ | X42 | $1.5\times10^{-4}$ |
| X11 | $1.2\times10^{-6}$ | X29 | $1.8\times10^{-8}$ | X43 | $3.4\times10^{-4}$ |
| X12 | $1.2\times10^{-6}$ | X30 | $1.2\times10^{-5}$ | X44 | $7.2\times10^{-4}$ |
| X13 | $3.5\times10^{-8}$ | X31 | $1.4\times10^{-8}$ | X45 | $1.4\times10^{-5}$ |
| X14 | $3.5\times10^{-8}$ | X32 | $3.0\times10^{-4}$ | X46 | $1.4\times10^{-8}$ |
| X15 | $1.1\times10^{-5}$ | X33 | $2.7\times10^{-3}$ | | |

从后验概率的结果来看,在车载信号系统故障的条件下,DCS 子系统的调制解调器 MODEM 故障(红、蓝网故障)导致系统故障原因的概率最高,其次较

高的分别为人机界面子系统的空开保险熔断故障和车载控制器的 CMP 板故障。

(2)信号系统维修策略建模优化。

以信号系统车载控制器 ITF 通信板卡为案例进行 CBM 决策分析，通过该方法，可推广至其他信号设备，以不同信号设备实际故障数据为依据，通过调整模型，推荐设备检修周期和剩余使用寿命，实现信号系统不同设备采用不同的检修策略的动态优化和主动维修，最大化可靠性/可用性的同时最小化维修成本。

根据调研情况，信号系统车载控制器的通信板卡 ITF 的实际采购价为 65000 元，即预防性更换费用 $C = 65000$ 元；失效后更换费用包括维修成本和停机成本等，即 $C + K = 600000$ 元，时间单位为天(d)，成本决策函数如图 6-8 所示。

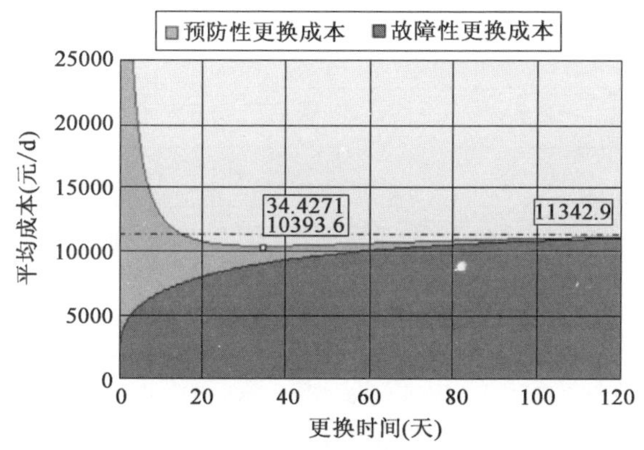


图 6-8 使得维修成本最小的最佳失效风险等级

图 6-8 中，绿色区域(半深色区域)代表预防性更换成本，红色区域(深色区域)代表故障性更换成本。可以看出，该案例中最佳失效风险等级约为 34d。若不进行预防性更换措施干预，仅在失效后再更换的费用为 11342.9 元/d，而在故障后更换的同时采取适当比例的预防性更换，优化后的更换费用为 10393.6 元/d。预防性更换和故障性更换的成本分析对比见表 6-39。

**成本分析总结** 表 6-39

| | 总成本(元/d) | 预防性更换成本(元/d) | 故障性更换成本(元/d) | 预防性更换(%) | 故障性更换(%) | 更换之间的预期时间(d) |
|---|---|---|---|---|---|---|
| 最优策略 | 10393.6 | 1386.21 (13.3%) | 9007.39 (86.7%) | 58.7 | 41.3 | 27.5189 |
| 仅故障后更换 | 11342.9 | 0(0%) | 11342.9 (100%) | 0.0 | 100.0 | 52.8968 |
| 节省数 | 949.244 | -1386.21 | 2335.46 | -58.7 | 58.7 | -25.3779 |

最优策略为:预计用于预防性更换的成本为 1386.21 元/d,预计用于故障性更换的成本为 9007.39 元/d;在所有更换中预防性更换占比 58.7%,故障性更换占比 41.3%;预期平均更换时间间隔约 27.5d。经过模型优化后可节约大约 950 元/d 的成本,即大约 8.4% 的维修费用。

由于最优策略有一定的适用范围,当成本条件改变时,需要检查策略的有效性。因而进一步分析最优策略是如何根据成本变化的,它取决于更换成本率 $(C+K)/C$,该特性用于分析最优策略对成本率变化的敏感程度,见表 6-40。

**最优策略随成本率变化表** 表 6-40

| 成本率 $(C+K)/C$ | 最佳更换时间 (d) | 最优成本比率 (%) | 预防性更换 (%) | 更换之间的预期时间 (d) |
|---|---|---|---|---|
| 2 | 468.904 | 23.65 | 0.00 | 52.90 |
| 4 | 92.3504 | 46.88 | 15.90 | 47.00 |
| 6 | 54.5663 | 68.32 | 38.68 | 37.22 |
| 8 | 39.8326 | 88.27 | 52.73 | 30.53 |
| *9.23077 | 34.4271 | 100.00 | 58.69 | 27.52 |
| 10 | 31.8038 | 107.16 | 61.72 | 25.94 |
| 12 | 26.6907 | 125.25 | 67.89 | 22.63 |
| 14 | 23.1203 | 142.70 | 72.37 | 20.12 |
| 16 | 20.4725 | 159.62 | 75.76 | 18.16 |
| 18 | 18.4227 | 176.10 | 78.41 | 16.58 |
| 20 | 16.7841 | 192.20 | 80.55 | 15.28 |
| 24 | 14.3186 | 223.43 | 83.76 | 13.25 |
| 26 | 13.3647 | 238.63 | 85.00 | 12.45 |
| 28 | 12.543 | 253.58 | 86.06 | 11.75 |

绘制最优策略的风险敏感性和成本敏感性,如图 6-9 所示。

由图 6-9a)可以看出,绿色区域(深色区域)代表应计划更少的预防性更换,而灰色区域代表应该进行更多的预防性更换;由图 6-9b)可以得到,当更换成本率 $(C+K)/C=9.23077$ 时,最优成本率达到 100%。

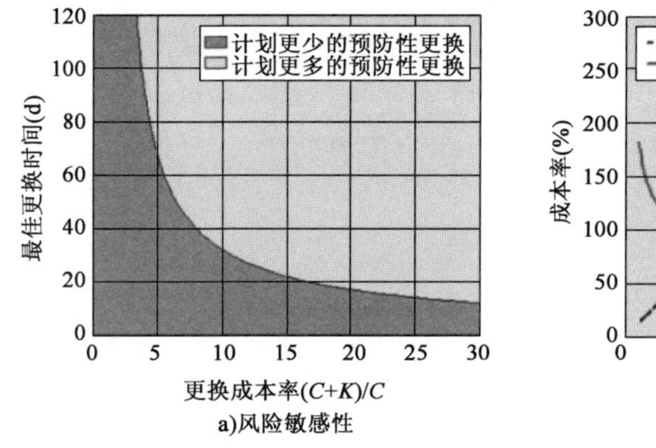


a)风险敏感性

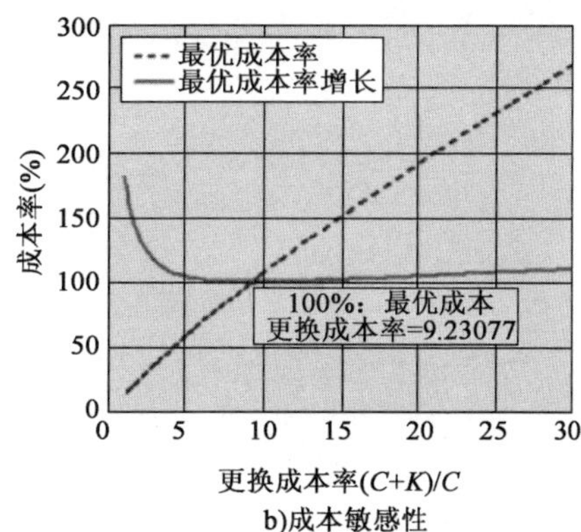


b)成本敏感性

图6-9　最优策略的敏感性分析

4）基于RCM的维修成本优化技术

以可靠性为中心的维修策略（Reliability Centered Maintenance，RCM）是一种在各项管理制度上发展起来的管理模式，信号系统RCM分析流程主要包含以下5个阶段：发起与计划、功能故障分析、任务选择、实施、持续改进。

（1）发起与计划。

确定目标设备构成：车载ATC设备，包括如ATP、ATO、BTM、车地通信设备、人机界面、测速传感器、无线天线等。

确定分析颗粒度和分析对象，如板卡级包括：ATP主控板、ATP电源板、ATP测速测距板、ATP-IO板、ATO主控板、ATO电源板、ATO-IO板、OPG、雷达等。

获取产品相关的信息：车载ATC设备硬件清单、连接图、功能说明书、已有的维修信息（如故障发生频率、维修费用）等。

获取分析对象的指标：车载ATC设备的性能指标、可靠性指标和工作环境信息等。

（2）功能故障分析。

在确定的分析颗粒度下，对分析对象的功能、故障模式、故障原因和故障影响等进行全面系统的分析。

实施过程需明确被分析对象的功能、被分析对象的故障种类、每种故障模式的原因、每种故障的影响、被分析对象的理论故障概率。

该阶段的输出为FMECA（Failure Mode Effects and Crificality Analysis）分析报告，包括分析对象的功能、故障模式、故障原因、故障影响和理论计算的故障概率等。

(3)任务选择。

该阶段是以功能故障模式分析结果为输入的,主要方法以逻辑决断为主,最终确定预防性维修工作项目类型和维修间隔期,形成预防性维修大纲。

实施过程需要先进行后果分析,考虑如下问题:故障的发生对操作人员是否明显?故障带来的功能丧失是否有安全性或环境性后果?隐性故障和其他故障的组合是否有安全或环境性后果?

再考虑故障处理措施是否适合和有效,考虑如下问题:定期保养工作是否适合和有效?故障的状态监测是否技术可行?避免或降低故障率的定期报废工作是否适用有效?有无一种适用和有效的综合维修工作?

最终的故障处理措施包括如下方式:

①定期保养;

②状态维修;

③定期拆修;

④定期报废;

⑤综合工作;

⑥事后维修;

⑦重新设计。

逻辑决断方式如图 6-10 所示。

确定维修间隔期,包括:定期保养间隔期,设备初装或保养后到下次保养的间隔时间;状态维修间隔期,能检测到潜在故障到发展为功能故障前的间隔时间;定期拆修间隔期,设备初装或拆修后到下次拆修的间隔时间;定期报废间隔期,设备初装到报废的间隔时间。

维修间隔期受产品类型、故障机理和工作环境等多种因素影响,需要持续迭代改进来确定。

(4)实施。

确认维修实施人员和实施计划;进行设备的全寿命周期管理;该阶段的输出为维修大纲和设备的全寿命周期管理文件。

(5)持续改进。

监控设备的使用和维修情况,更新设备的全寿命周期管理文件;对设备进行 RAMS 评估,利用实际故障率、故障分布规律修订维修大纲。

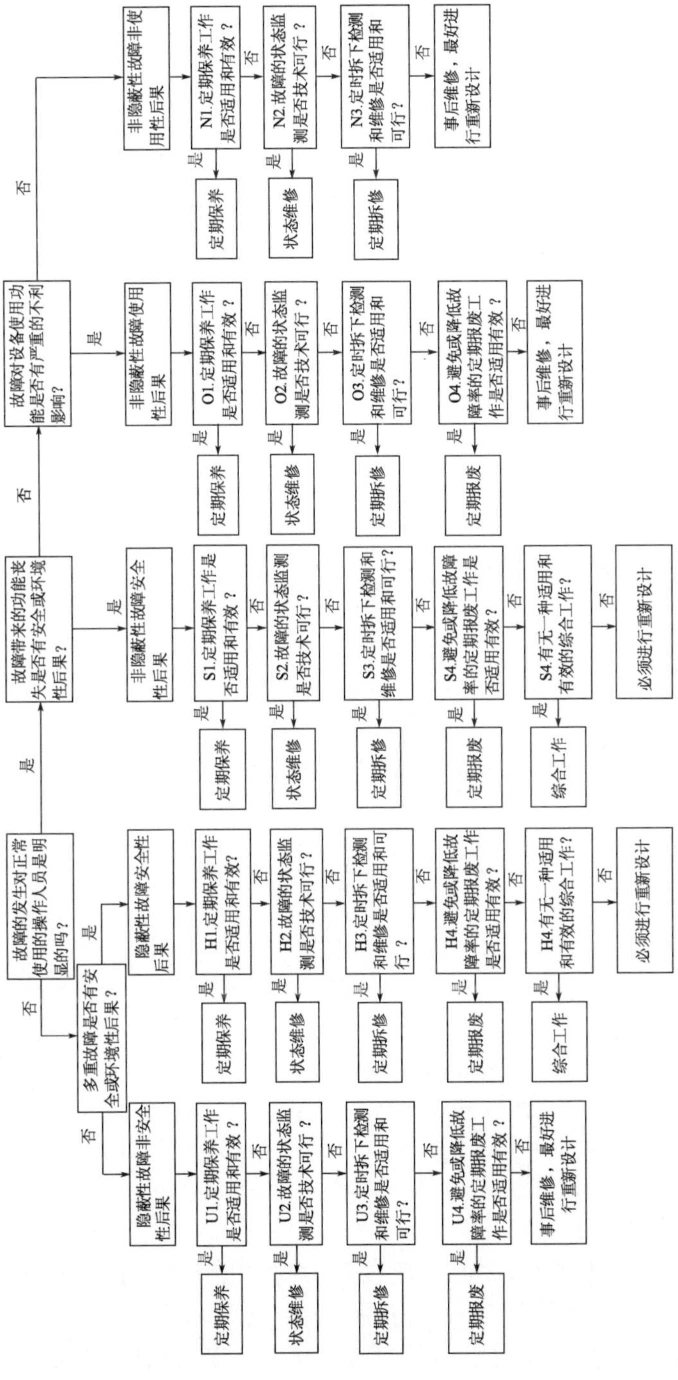

故障的发生对正常使用的操作人员是明显的吗？

是 → 故障带来的功能丧失是否有安全或环境性后果？

否 → 多重故障是否有安全或环境性后果？

否 → 隐蔽性故障非安全性后果

U1.定期保养工作是否适用和有效？ 是 → 定期保养

否 → U2.故障的状态监测是否技术可行？ 是 → 状态维修

否 → U3.定时拆下检测和维修是否适用和可行？ 是 → 定期拆修

否 → U4.避免或降低故障率的定期报废工作是否适用有效？ 是 → 定期报废

否 → 事后维修，最好进行重新设计

是 → 隐蔽性故障安全性后果

H1.定期保养工作是否适用和有效? 是 → 定期保养

否 → H2.故障的状态监测是否技术可行？ 是 → 状态维修

否 → H3.定时拆下检测和维修是否适用和可行？ 是 → 定期拆修

否 → H4.避免或降低故障率的定期报废工作是否适用有效？ 是 → 定期报废

否 → H4.有无一种适用和有效的综合工作？ 是 → 综合工作

否 → 必须进行重新设计

是 → 非隐蔽性故障安全性后果

S1.定期保养工作是否适用和有效？ 是 → 定期保养

否 → S2.故障的状态监测是否技术可行？ 是 → 状态维修

否 → S3.定时拆下检测和维修是否适用和可行？ 是 → 定期拆修

否 → S4.避免或降低故障率的定期报废工作是否适用有效？ 是 → 定期报废

否 → S4.有无一种适用和有效的综合工作？ 是 → 综合工作

否 → 必须进行重新设计

否 → 故障对设备使用功能是否有严重的不利影响？

是 → 非隐蔽性故障使用性后果

O1.定期保养工作是否适用和有效？ 是 → 定期保养

否 → O2.故障的状态监测是否技术可行？ 是 → 状态维修

否 → O3.定时拆下检测和维修是否适用和可行？ 是 → 定期拆修

否 → O4.避免或降低故障率的定期报废工作是否适用有效？ 是 → 定期报废

否 → 事后维修，最好进行重新设计

否 → 非隐蔽性故障非使用性后果

N1.定期保养工作是否适用和有效？ 是 → 定期保养

否 → N2.故障的状态监测是否技术可行？ 是 → 状态维修

否 → N3.定时拆下检测和维修是否适用和可行？ 是 → 定期拆修

否 → 事后维修，最好进行重新设计

图6-10 信号系统RCM逻辑决断方式

# 第 7 章　应用拓展与未来展望

物联网技术、大数据技术等新技术的应用，将极大拓展行车设备差异化维修策略的应用模式及领域，本章将介绍相关技术的应用拓展和未来展望。

## 7.1　风险地形图的概念与应用

### 7.1.1　风险地形图在行车设备系统的应用机制

1）风险分级的色彩表征

在建立风险地形图之前，要阐述对风险色彩管理的概念。为了便于区分和管理，城市轨道交通运营单位将风险划分为高中低三个级别，即不能容忍的风险（高）、严重风险（中）和一般风险（低），分别用红色、黄色和绿色进行区分，见表7-1。

不同风险级别的色彩区别　　表7-1

| 风险等级 | 风险描述 | 色彩区分 | 备　注 |
|---|---|---|---|
| 高风险 | 不能容忍 | | 红色 |
| 中风险 | 严重 | | 黄色 |
| 低风险 | 一般 | | 绿色 |

2）可视化技术

完整的地理空间信息可视化概念主要包括科学计算可视化、数据可视化和信息可视化。地理空间信息可视化技术的核心是为使用者提供空间信息直观的、可交互的可视化环境。将设备的风险等级用色彩等可视化手段，与轨道交通线路、车站的地理空间位置相结合，从而构建了风险地形图。

3）大数据技术

某一时刻的风险地形图，例如早晚高峰阶段的设备风险，会随着时间不同而有所变化。因此，风险地形图上每个风险点的描述是来源于各个区域子系统风险分析的数据。城市轨道交通领域涉及专业众多，包括土木、车辆、机电、供电、维护、通信、信号、环控、AFC(Auto Fare Collection)等,这些专业子系统通过人工或自动传输等方式采集产生的数据数以百万计,应用大数据处理技术,是建立风险地形图动态管理最重要的技术手段之一。

大数据(Big Data,简称BD),指无法在一定时间范围内用常规软件工具进行捕捉、管理和处理的数据集合,是需要新处理模式才能具有更强的决策力、洞察发现力和流程优化能力的海量、高增长率和多样化的信息资产。

对于城市轨道交通行业来说,可用于设备故障及失效风险预测的数据来源主要包括:

(1)设备运行数据,包括噪声、振动、电流、电压、温度、压力等;

(2)设备状态监测数据,包括在线(连续)、离线(间隔)监测数据(开关量);

(3)设备点巡检数据,包括通过简单仪器/工具或人的五感获取的数据和信息;

(4)设备维修历史数据,包括故障履历、换件信息、修复记录等。

4)风险地形图的应用分析

探讨风险地形图的应用,可以从专业系统、运营线路、时间节点和综合因素四个层面展开。

(1)专业系统。

专业系统可以标注在某段时间的风险地形图上,用红色的点代表不能容忍的高风险,黄色的点代表严重风险,绿色的点代表一般风险。

(2)运营线路。

风险地形图是以不同风险颜色的形式来表示不同的运营线路,其中红色代表最高风险,黄色代表严重风险,绿色代表一般风险。不同颜色的运行线路,集中代表该线路的轨道、接触网、供电系统、通信系统等设备的风险等级。

(3)时间节点。

城市轨道交通系统的风险分布具有明显的时间特征。在平时就有早晚上下班高峰段、平时段以及节假日时段的不同。对于一些大都市,还有定期举行的大型展会、一些重大节日和体育盛事,以及特定的一些外事活动等。这必然给城市轨道交通运输带来随机风险。不管是专业系统、站点,还是运营线路,都可以结合特定的时间段进行风险地形图绘制。为了更好地展示不同时间段(平时、早晚高峰、节假日、大型展会等)相应设备对象的风险地形图的动态分布情况,可以用时间节点层的概念,对风险地形图进行多层展示和管理。

(4)综合因素。

为了清晰表述系统不同内容的风险,可以单独绘制专业系统、站点、运行线路的风险地形图。但为了便于运营管理人员更全面地把握系统风险，可以将专业系统、站点和线路进行综合，形成某一时间段综合因素的风险地形图。图 7-1 所示为某城市地铁线路综合风险地形图的示意图。

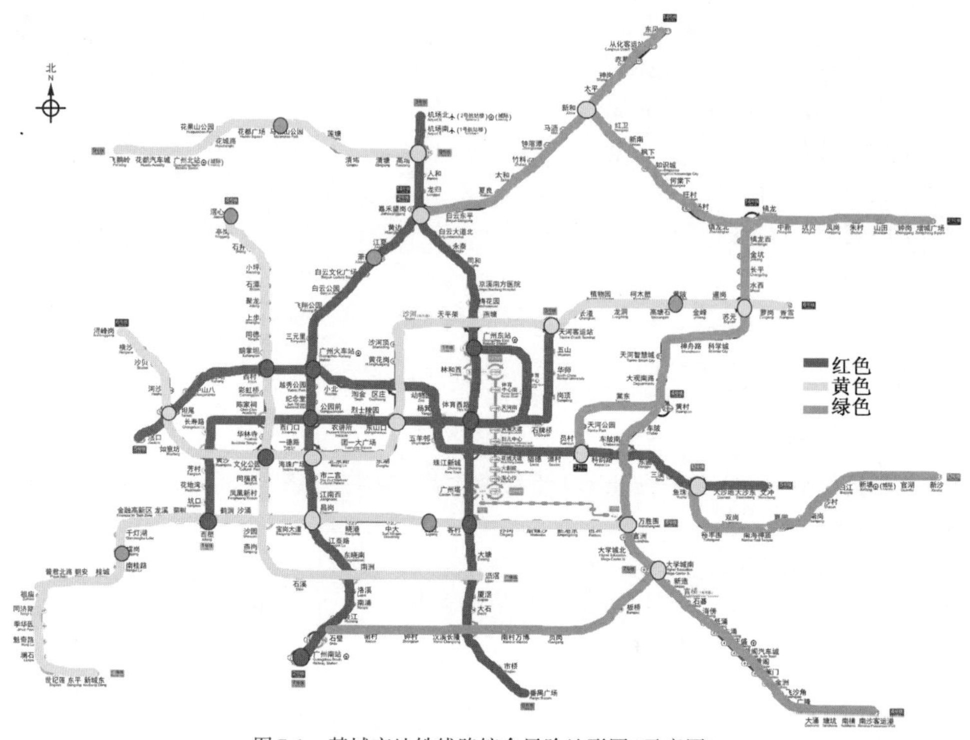


图 7-1　某城市地铁线路综合风险地形图(示意图)

### 7.1.2　风险地形图的扩展应用及动态管控方式

在描述风险地图应用时，首先要明确建立风险地形图的意义，显然通过风险地图的建立，可以发挥以下作用：

(1)各级管理者动态掌控高风险区域和设备，聚焦关注重点；

(2)提高对高风险区域和设施、设备、技术以及资金投入；

(3)提升平均服务可靠性、任务可靠性，降低总体风险；

(4)以大数据为基础的精准维修——BDBM(Big Data Based Maintenance)模式，可以优先选择在高风险区域设备和专业试点实施，再不断水平展开。

风险地形图的研究有三个主要的延伸方向，包括 TOC(Theory of Constraints)管理、风险树应用和可接受风险研究。

延伸方向一：通过 TOC 管理，仿真高风险解决后的新管理瓶颈。

通过 TOC 管理，引导轨道交通设备管理者重点关注成为瓶颈的站点、线路或者子系统，避免平均分配管理精力和资源。

从系统角度优化风险管理，建立全系统的风险树，从系统和宏观角度认识系统的瓶颈，提高风险管理质量。

延伸方向二：建立风险树，分层级研究风险。

结合地铁系统特点，优先处理系统风险，其次是危害级的风险，第三是子危害级风险，最后是事件级风险。车站-系统风险分级图如图 7-2 所示。

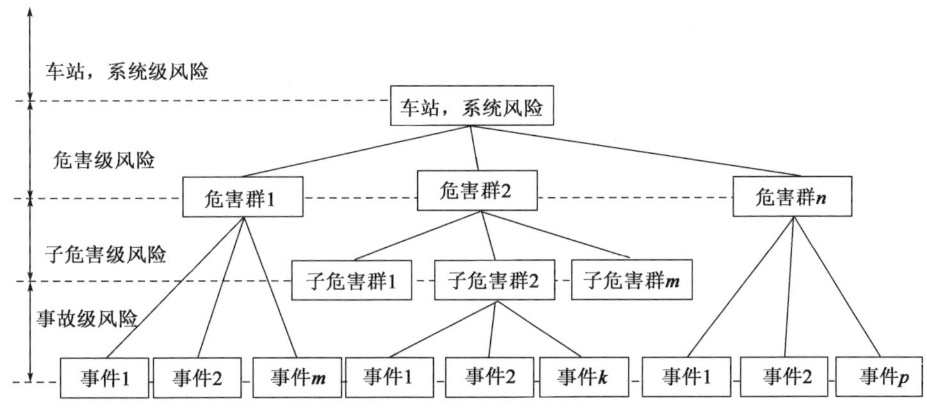

图 7-2　车站-系统风险分级图

按照风险的定义，故障的概率和故障后果大小是两个主要因素。风险的两翼研究尤为重要。风险两翼研究，目的是聚焦风险以及风险消减，其结构如图 7-3所示。

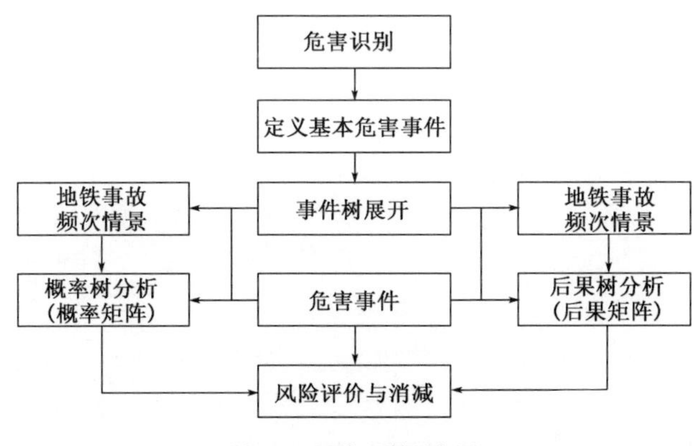

图 7-3　风险两翼研究图

从工作逻辑上分析，首先是风险事件的识别，也就是对于地铁相关风险事件的研究和分类，并举证其主要特征。其次是研究事件发生的后果和概率。最后是风险值大小的评价，根据优先序原则，进行处理。此时，风险消减举措的研究就非常重要。最高级别的风险，需要考虑设备的淘汰和改造。

延伸方向三：可接受风险研究。

通过度量“可接受风险水平”，提高风险评估与管理质量。

### 7.1.3 可接受风险水平研究

风险管理是研究风险发生规律和风险控制技术的管理科学，包括危险源辨识、风险分析、风险评价、风险控制与风险管理等内容，涉及风险的定义、测量、评估和发展，以及应对风险的策略管理过程，其目的是将可避免的风险、成本及损失最小化。

可接受风险指根据当今社会的水准所能够接受的风险。降低风险需要采取措施，因而需要付出代价(费用)。而对风险的接受，从不同的角度出发会有不同的对待。为了量化可接受风险，发达国家通常采用“可接受风险水平”这一概念，其工作逻辑框架如图 7-4 所示。

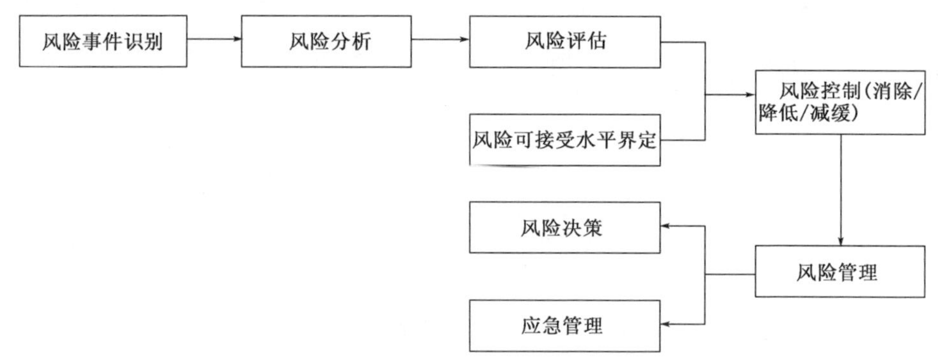


图 7-4 可接受风险水平逻辑框架

风险的表征分为定性和定量两种形式。通常情况下，可以从人的生命、社会、经济和环境等方面的损失来表征风险，如个人生命风险、社会风险、经济风险、环境风险以及总风险等。

个人生命风险通常指一个人未采取保护措施，永久处于某一危险场合，由于发生事故而导致的死亡概率，它以每年的死亡概率来表示。

社会风险为一个群体遭受特定事故导致死亡的人数与其相应概率的关系。由于社会风险框架的基础是一种基于国家层面上对于某一种活动风险的评价，

因此在国家层面上建立风险准则更为可取，并且在评价可接受的风险水平时应考虑设施的实际数量、活动的成本效益以及安全的外延，以形成一个自我循环的周期过程。

社会风险是典型的危险活动与周边环境中人口密度的结合，它以一种概率分布函数的形式存在。

经济风险在运营决策过程中起到重要的作用。它可以采取社会风险同样的表示方法，以经济损失的概率密度函数表示。

总风险是表示各种类型事故后果的总和。

风险管理ALARP(As Low As Reasonable Practice，最低合理可行)准则由英国健康安全委员会(HSE)提出，已成为进行风险管理和决策的准则和确定可接受风险水平的标准框架，如图7-5所示。

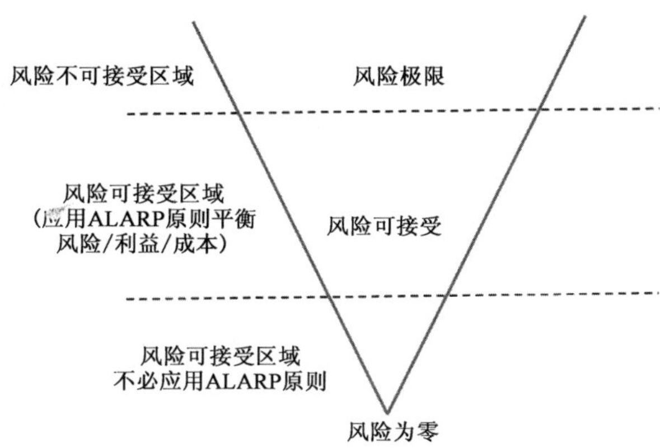


图7-5　英国ALARP准则可接受风险水平框架示意

法国实行的是GAMAB(Globa lement Au Moins Aussi Bon)原则，是所有新引入的运输系统其总风险水平至少要与相类似的系统一致。

可接受风险水平的确定是一个很复杂的课题，国外自20世纪60年代末就开始了研究。可接受风险水平是一个多维的变量，不仅需要考虑人为因素，同时还涉及政治、经济、健康和环境等领域。由于各国社会、经济、政治、文化、伦理等方面各异，目前还没有统一的国际公认的可接受风险的标准。但随着人们心理承受能力的增强以及对各种风险认识的加深，可接受风险标准也在发生着变化。

随着科技的不断发展，城市化进程的不断加快，城市轨道交通运输系统变得不可或缺，社会对于轨道交通的依赖性越来越强。轨道交通对于社会生活的影响程度与日俱增。一旦城市轨道交通运输系统出现问题，轻则会影响一段时间内的城市轨道交通的正常运营,严重时可能会造成城市部分区域甚至是整个城市的线路瘫痪,影响人们的正常工作和出行。更严重时会出现伤亡事故,其造成的损失更是不可估量。做好风险评估与管理,有其非常重大的现实意义。

## 7.2 基于大数据的精准维修模式应用

### 7.2.1 基于大数据的维修模式简介

1)基于大数据的维修模式的定义

所谓基于大数据的维修模式(BDBM,Big Data Based Maintenance),就是基于设备劣化的多种类型的大量数据信息,判断维修时机和指导维修工作的维修管理模式,也可以看作是智能运维时代一种非常重要的维修策略。

随着技术的进步,实时地采集、处理、分析设备故障及失效模式的所有数据成为可能。在诸多维修策略中,未来以 BDBM 为基础的精准维修模式将成为主导方向。

2)精准维修的数据来源

对于轨道交通行业来说,可用于故障及失效预测的数据来源主要包括:

(1)设备运行数据,包括噪声、振动、电流、电压、温度、压力等;

(2)设备状态监测数据,包括在线(连续)、离线(间隔)监测数据(开关量);

(3)设备点巡检数据,包括通过简单仪器/工具或人的五感获取的数据和信息;

(4)设备维修历史数据,包括故障履历、换件信息、修复记录等。

3)适用的典型设备范围

基于大数据的维修模式(BDBM)并不适用于全体设备,不管是从技术手段适用性方面,还是从经济费用有效性分析方面考虑,BDBM 都有其适用范围。一般来说,对于轨道交通行业来说,先依照前文所述的差异化维修策略,确定不同维修策略的设备集合(设备重要度分类原则),从 A 类设备中选择适于开展 BDBM 精准维修模式的设备,如图 7-6 所示。

### 7.2.2 特征参数矩阵与集合优选分析方法

1)构建典型设备的特征参数矩阵

如果对设备缺陷/故障特征进行归纳总结,发现一个好的故障特征矩阵(也称故障字典)应该是不乱不漏的,符合代数线性相关准则,可以将其表达为特征和故障对应形式,称之为典型故障陷阱,见表7-2。

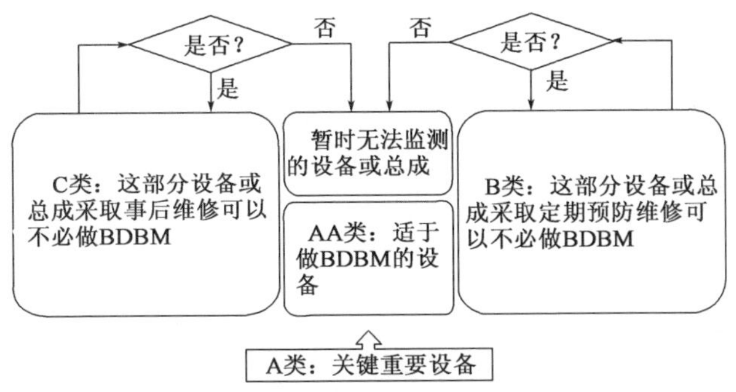


图7-6　确定适用于BDBM的典型设备

故障特征矩阵与典型故障陷阱　　表7-2

| 故　障 | 特　征 | | | | |
|---|---|---|---|---|---|
| | $K_1$ | $K_2$ | … | $K_m-1$ | $K_m$ |
| | 特征值 | | | | |
| $F_1$ | 0 | 1 | | | |
| $F_2$ | 1 | 0 | | 0 | 1 |
| … | 1 | 1 | | 1 | 0 |
| $F_n$ | 0 | 1 | | 0 | 1 |

其中,特征即为故障表征,即故障表现出的症状,可以是符号表示,也可以是简单文字描述;故障即故障的名称,特征值是在{0,1}取值的,非0则1,只有两个数值。0表示该特征不存在,1表示该特征存在。

应用要点:

(1)故障特征矩阵中的特征值$K_1,K_2,\cdots,K_m$与系统的实测数值是有所区别的,特征值是以0或1反映某一特征存在与否,而不代表该特征的具体度量。

(2)故障树与故障特征矩阵的关系:不论故障树的结构如何,均可以简化为具有如下结构函数的故障树,即:$\Phi(x)=\sum_{i=1}^{k}M_i(x)$,其中$M_i(x)$为最小割集,每一割集可以看成是一个子故障,于是可以逐次建立故障特征矩阵。

(3)故障特征对故障的贡献大小不同,也就是其权重有所不同;另一方面,许多故障特征有一个程度问题,不能简单地用“有”与“没有”来划分,需要做进一步扩展。

2)基于故障集合优选分析模型来优化故障定位

故障集合优选分析模型是故障定位的程序优化方法。

一个复杂的设备系统,故障原因往往不是直观的,而是潜伏在较深层次之中。因此,在故障诊断中,应尽可能考虑到系统的复杂性,寻求在纵横交错的故障网络之中较快地进行故障搜寻。

故障的诊断与搜寻,离不开对故障理化现象的了解,以及对系统的熟悉与认识。而故障的搜寻、判断速度,则取决于搜寻路线的选择,取决于优化策略和思维逻辑,以及一些运算的技巧。

故障集合优选分析模型就是通过建立故障原因与表征之间的网络关系,运用集合运算的方法,结合三个故障搜寻的优化准则(即最大概率原则,最小费用原则和纯集优选原则)进行故障诊断。如果将此模型方法与逻辑推理结合起来,可构成较为完整的故障诊断框架。

在实际场景下,常常出现这样的情况:一类故障对应产生多种故障表征或者症状;反过来,一种表征或症状又会是多类故障的反映。

就方法论而言,故障诊断的途径不止一种。然而,无论何种手段、方法,一般应对被检对象各种故障所表现出来的物理现象(如噪声、振动、温度、电压……)有所了解。另外,对"症状"与故障原因之间的关系也应清楚。故障的检测人员还应熟悉各种"症状"的检测手段和工具,了解各类检测的难度和费用,进一步对于各种故障对应的症状或表征、故障原因及所发生的频率(概率)尽量掌握。一个好的维修与设备管理人员,应随时收集和记录以上的信息,主动积累经验。只有掌握充分的故障信息,才能够更快捷、准确地进行故障诊断。

图 7-7 所示为故障与表征(症状)的网络关系图,$\{f_1、f_2、f_3、f_4\}$ 为故障集合,表示"病因",$\{s_1、s_2、s_3、s_4、s_5、s_6、s_7\}$ 为表征集合,表示"临床症状"。它们之间的连线表示它们之间存在着因果关系。显然,一个故障可能有多个表征,就像一种疾病有多个症状一样;一个表征联系多个故障,就像一种症状可以在多个疾病里出现一样。

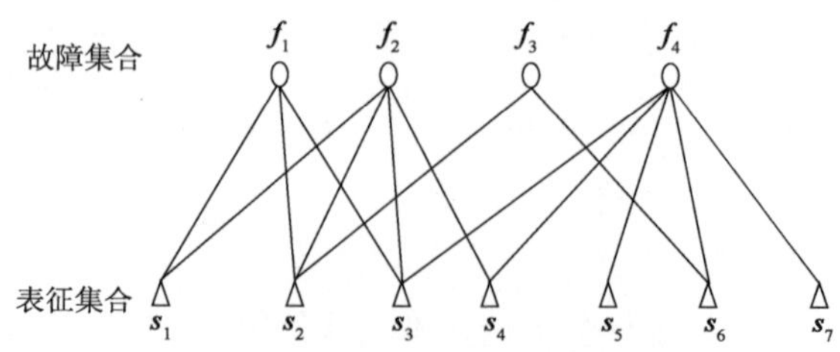


图 7-7　故障与表征(症状)的网络关系图

诊断及应用过程如下：

(1)找出某特征出现后对应的故障集，如图7-7所示中的 $s_3$ 对应的故障集 $\{f_1, f_2, f_4\}$。

(2)找出它们所对应的表征集合：$f_1 \to \{s_1, s_2, s_3\}$；$f_2 \to \{s_1, s_2, s_3, s_4\}$；$f_4 \to \{s_3, s_4, s_5, s_6, s_7\}$。

(3)求出各表征纯集。$\mathrm{Pure}f_1 = \Phi$；$\mathrm{Pure}f_2 = \Phi$；$\mathrm{Pure}f_4 = \{s_5, s_6, s_7\}$。

(4)按表征级优选准则，在 $f_4$ 的纯集中，按照 $s_6$，$s_5$，$s_7$ 的顺序进行检验，$s_6$ 不显著，$s_5$ 显著，于是可以断定 $s_5$ 对应的故障 $f_4$ 为故障源。

3)监测和收集设备典型故障失效模式数据的步骤

可以参考《机器状态监测与诊断——总则》(ISO 17359:2011)来确定如何监测和收集设备典型故障失效模式的数据。

该标准给出了九种通用设备类型用例，包含典型失效和故障模式，以及相关的故障特征和测量参数。

主要的步骤如下：

(1)参考《机器状态监测与诊断——总则》(ISO 17359:2011)确定目标设备所属归类，并确立状态检测与运行参数度量矩阵。

(2)参考《机器状态监测与诊断——总则》(ISO 17359:2011)确定目标设备已知故障(失效模式)及可测量的症状范围矩阵。

(3)根据最佳的参数范围选择可用的监测技术手段，并对比优缺点。

(4)论证监测技术(离线、在线)，组织硬件/仪器采购。

(5)确立监测点位及监测技术应用方法，包括正常值、报警值和危险值的取值范围。

### 7.2.3 双圈闭环工作流程设计

1)双圈闭环的逻辑流程设计

BDBM业务闭环分为“信息采集圈”和“决策实施圈”。

其中，“信息采集圈”的主要工作包括：

(1)持续地从设备上各类传感器获取并搜集数据；

(2)服务器监控传感器获得的数据变化，发出指令；

(3)根据指令结合维修策略库、诊断规则、维修计划支持决策。

“决策实施圈”的主要工作包括：

(1)查询备件材料库存，确定所需备件定位，工具、吊具到位；

(2)发出工单，安排维修技术人员；

(3)相关信息转达给维修技术人员参考;

(4)按照检修包内容标准检修,恢复设备功能。

2)精准维修的工作流程设计

一般来说,BDBM 通过数据输入进行故障劣化判断的核心工作流程如图 7-8 所示。

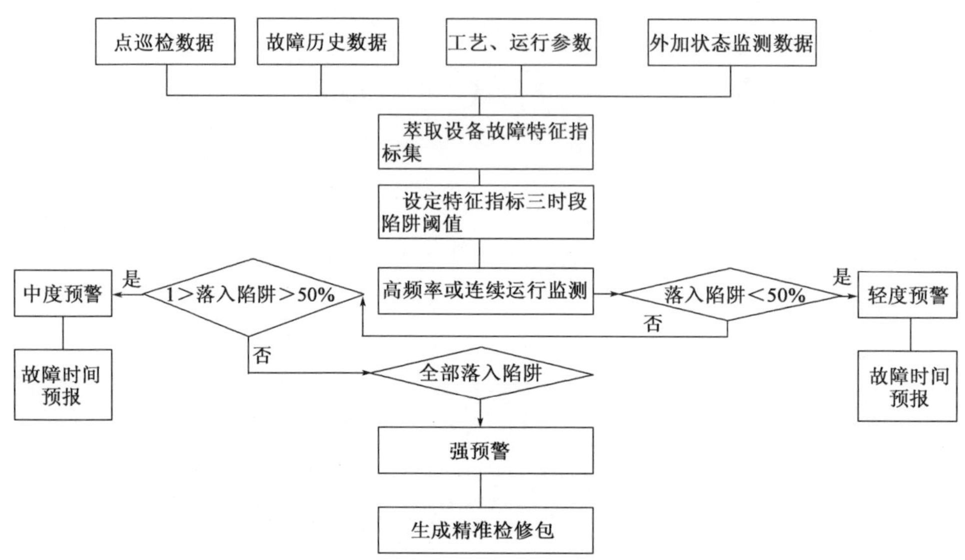


图 7-8　BDBM 通过数据输入进行故障劣化判断的核心工作流程

通过输入的四类数据信息,提取出设备故障的典型特征指标集,并设定这些特征指标在三个不同时段(如提前 30d、提前 15d、提前 7d)的陷阱阈值(如电压在 1.7~1.8V),然后依照设定的频次高频率地采集这些关键特征值的实时变化情况,并根据这些不同特征值判断是否落入提前设定的陷阱阈值,进行不同级别的预警,如果是强预警状态,则生成检修包,精准指导维修团队采取维修行动。

如果设备失效模式对应的特征指标集是开关量(0/1),则可以依据事前编制的故障/失效的典型特征矩阵来精准匹配(故障陷阱),判断这些不同特征值是否落入提前设定的陷阱阈值,进行不同级别的预警。从而触发后续相应的维修动作。

3)精准维修有效性的评价

费用有效性(Cost-Effective)是通过维修作业的费用效益分析来判断维修策略是否合适的管理方法,BDBM 的实施效果评价也可以基于这种思路展开。但对于轨道交通行业来说,服务任务是否失效才是最关心的问题而不是维修作业的费用效益。这一点在搭建评价要素的时候需要特别注意。

从维修工程层面，可以分成三个维度进行评价，分别是专业与区域分类适应度评价、设备可靠度效果评价（服务任务的可靠度）、诊断与检修成熟度评价。

从维修计划与控制过程层面，可以从维修方案的设计、维修计划安排、维修的组织与实施、维修过程控制等几个层面展开。

4）应用展望

大数据的概念已经逐渐为大家所熟悉，城市轨道交通行业在客流预测等业务领域也有应用大数据的经验介绍，但并没有系统地进行基于大数据的维修模式和策略设计的完整方案。基于大数据的精准维修模式（BDBM），将有助于实现差异化维修策略在城市轨道交通行业的应用与落地。

# 附录　设备故障诊断逻辑分析方法

在评估设备可靠性，对城市轨道设备设施运行系统进行可靠性分析时，会用到不同的方法，下文将介绍几种常用的设备可靠性的系统分析方法，包括故障树分析(FTA)、失效模式和影响分析(FMEA)、过程质量控制方法(PQC)、瓶颈管理(TOC)、鱼骨分析、主次图分析和故障字典等。

## 一、故障树分析(FTA)

1)故障树分析定义及主要用途

故障树分析(Fault Tree Analysis,FTA)是1961年美国贝尔电报公司的电话实验室开发的，初期主要用于安全系统工程分析。1974年美国原子能委员会发表了关于核电站危险性评价报告，即"拉姆森报告"，大量、有效地应用了FTA，从而迅速推动了它的发展。FTA主要用一种特殊的倒立树状逻辑因果关系图，又叫故障树图，它用事件符号、逻辑门符号和转移符号描述系统中各种事件之间的因果关系。逻辑门的输入事件是输出事件的"因"，逻辑门的输出事件是输入事件的"果"。

目前，FTA是系统可靠性和安全性分析的工具之一，其分析包括定性分析和定量分析：

(1)定性分析的主要目的是寻找导致与系统有关的不希望事件发生的原因和原因的组合，即寻找导致顶事件发生的所有故障模式。

(2)定量分析的主要目的是当给定所有底事件发生的概率时，求出顶事件发生的概率及其他定量指标。

在系统设计阶段，故障树分析可帮助判明潜在的故障，以便改进设计(包括维修性设计)；在系统使用维修阶段，可帮助故障诊断、改进使用维修方案。

2)故障树分析应用

(1)故障树分析应用步骤。

按照现行《故障树分析程序》(GB/T 7829)，故障树分析应用主要由以下步骤组成：

第一步：确定分析的范围并熟悉系统，包括定义系统，确定分析的目的和内容，明确对系统所做的基本假设，对系统应有详细和透彻的了解。

第二步：确定顶事件，明确分析的目的，即不希望出现的事件，用矩形框框起来。顶事件必须有明确的定义，它是故障树分析的中心。

第三步：建立故障树。

建立故障树分析应考虑硬件故障、软件故障、人为失误等与系统有关的所有条件、环境等因素，同时对共因事件（指出现在故障树不同分支中的同一个原因事件，它影响两个或两个以上的结果事件）必须用同一个事件符号。

建立故障树的方法有演绎法、判定表法和合成法等，这里主要分析人工建树常用的演绎法，步骤如下：

①分析顶事件；

②分析与顶事件直接相联系的输入事件；

③输入事件如能进一步分解，作为下一级的输入事件，这些又称为中间事件，用矩形框框起来；

④重复分解，直至所有输入事件不能或不必要分解为止，则这些输入事件为底事件，用圆圈圈起来。

附图 1-1 所示为典型故障树示意图，当部件故障 1 与部件故障 2 同时发生时才会引起设备故障，而下面的元件 3 或者元件 4，其中之一失效均可造成部件故障 2 的发生。

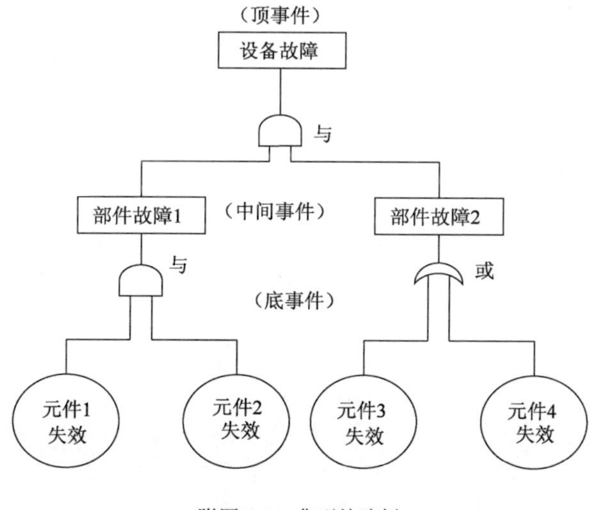


附图 1-1　典型故障树

第四步:故障树规范化。

为了对故障树作统一的描述和分析,必须将构建出来的故障树规范化,成为仅含有底事件、结果事件,以及“与”用半圆形标记表示,“或”用月牙形标记表示,“非”用圆形标记表示。注意要把未探明事件当作基本事件或删去。

第五步:故障树的简化,去除明显逻辑多余;模块分解找出故障树中尽可能大的模块。

第六步:定性分析,用上行法或下行法求故障树的所有最小割集,即求出导致顶事件发生的数目不可能再少的底事件集合,表示引起顶事件发生的一种故障模式。

下行法是从顶事件向下,或门输入事件各自成行,与门所有输入事件成行,所得每一行的事件为一个割集。

上行法是从底事件向上,或门事件并,与门事件交,将顶事件表示为底事件积之和的最简式。

第七步:定量分析。定量分析一般在有足够数据的前提下进行,评估各故障发生的概率和重要度等。

第八步:形成故障树分析报告。

(2)故障树分析案例。

道岔作为铁路信号车站联锁系统的重要组成部分,是排列列车进路和实现进路转换的关键设备。道岔空转即道岔因故转换不到位,电机一直转动,道岔无表示信号而造成的故障。常见的道岔空转故障可分为不解锁空转、解锁空转与密贴空转。此处以道岔空转故障中的解锁空转故障为例,建立道岔解锁空转故障树,如附图1-2所示。分析其中齿条块不动故障分解,可得到如附图1-3所示的子故障树。

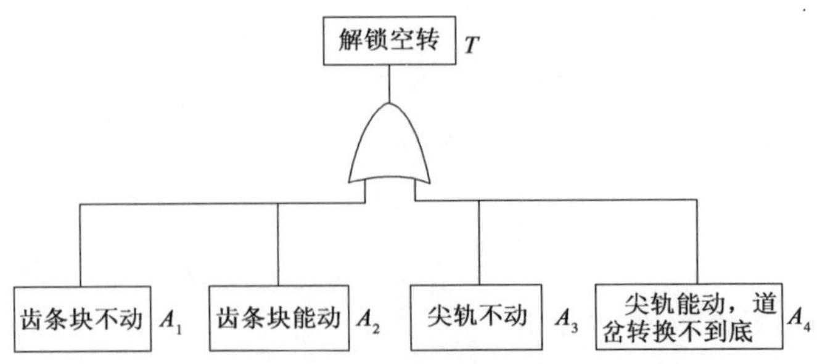


附图1-2　道岔解锁空转故障树

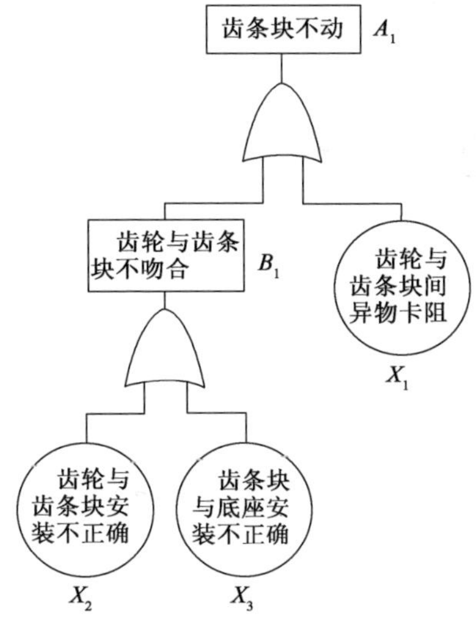


附图 1-3　齿条块不动故障树

## 二、失效模式和影响分析(FMEA)

1)失效模式和影响分析(FMEA)概述

失效模式和影响分析(Failure Mode and Effects Analysis, FMEA),最早是由美国国家宇航局(NASA)形成的一套分析模式,是对系统进行分析,以识别潜在失效模式、失效及其对系统性能(包括组件、系统或过程的性能)影响的系统化程序。术语“系统”表示硬件、软件(及其相互作用)或过程。

FMEA 是一个事前行为,分析应尽可能在开发周期的早期阶段成功进行,以获得消除或减少失效模式的最佳效费比。根据其介入的时期不同,有不同的 FMEA,如在设计阶段就应用 FMEA 介入的,则称为 DFMEA。

对导致整个系统或系统的主要功能发生失效的部件进行 FMEA 非常有效,但 FMEA 的重要假设是各失效模式相互独立,对于复杂系统,FMEA 只能对其进行基本而非充分的分析,在分析各种失效模式及其失效原因时,可以用 FTA 演绎分析进行补充。FMEA 的另一个缺陷是不能定量评估整个系统的可靠性,所以也无法为设计改进提供量化评估。

FMEA 的目的和目标描述如下:

(1)目的。

①识别对系统工作产生有害影响的失效;

②满足约定需求；

③通过设计修正等提高系统的可靠性和安全性；

④通过关注高风险区域提供系统的维修性。

(2)目标。

①系统各功能级别上，全面识别和评估由任何原因引起的产品的失效模式及其对界定的分析系统内部带来的不期望的影响和事件序列；

②确定与系统正常功能或性能有关的每一失效模式的危害度，定位/减轻每一失效模式的优先顺序及其对相关过程的影响；

③按探测性、诊断性、测试性、使用和补给提供(修理、保养和后勤等)对失效模式进行分类；

④识别系统功能失效并估算严重度和发生概率；

⑤为减少失效模式制订设计改进计划；

⑥支持制订有效的维修计划，以降低或减轻失效的可能性。

2)FMEA 步骤和流程

在采取 FMEA 程序时，有多重实施方法和表达形式，通常通过识别失效模式、相关的失效原因，以及失效的直接和最终影响来实现。在组织应用 FMEA 程序时主要包括以下四个步骤：

第一步：确定 FMEA 的基本原则、制订计划和安排进度，保证分析有足够的时间和专业技术；

第二步：选用合适的工作表实施 FMEA，或者采用其他方法，例如逻辑图或故障树；

第三步：对分析进行总结并编写报告，包括所有的结论及建议；

第四步：随着设计工作的深入，更新 FMEA。

FMEA 具体流程如附图 1-4 所示的分析流程图。

3)FMEA 的应用

我们在应用 FMEA 时，通常扩展其为失效模式、影响及危害性分析(FMECA)，通过风险优先数(RPN)定量确定危害性。

这里，风险 $R$ 是主观上对影响严重度的估计，以及这种影响在分析的预设时间段内发生的概率估计。在某些情况下，无法得到这些度量，需要采用非量化的简单形式的 FMEA。

在一些分析中，FMECA 中代表潜在风险 $R$ 的通用关系式用下式表示：

$$R = S \times P$$

式中：$S$——严重度，无量纲数，表示一种失效对系统或用户的影响严重程度有多大；

$P$——失效发生概率，也是无量纲数。当 $P$ 的值小于 0.2 时，可用定量 FMEA 方法中的危害度 $C$ 替代。

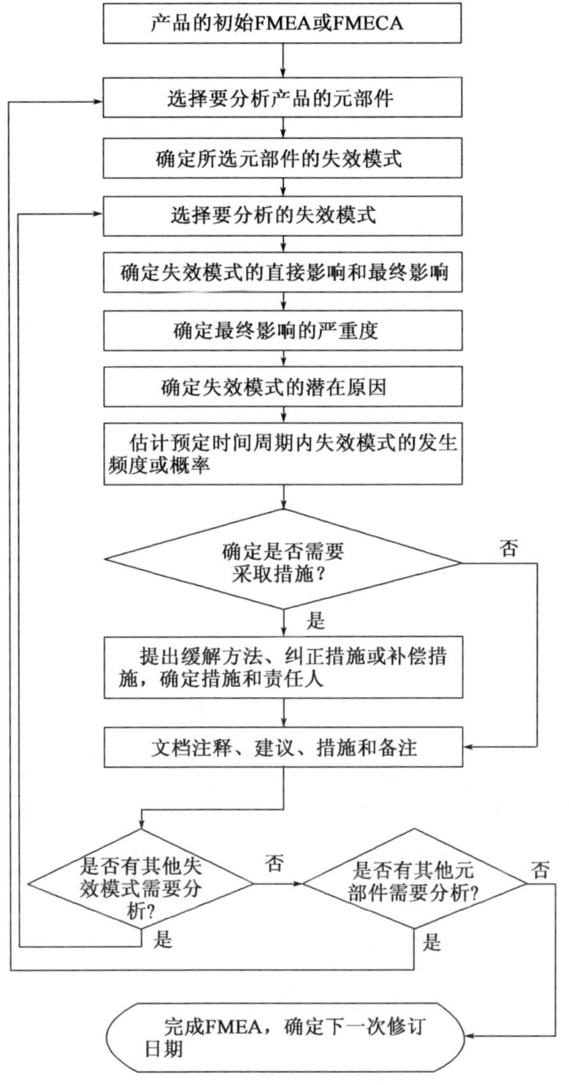


附图 1-4　FMEA 的分析流程图

一些 FMEA 或 FMECA 应用还对系统级的失效可探测度等级进行了区分。在这些应用中，增加另一个参数可探测度 $D$（也是无量纲数）来构成风险优先数（RPN）。

$$\mathrm{RPN} = S \times O \times D$$

式中：$O$——一种失效模式在预先确定或规定的时间段内发生的频度，采用等级值来表示比用真实发生概率值表示更合适；

$D$——可探测度，即在系统或用户受影响前识别和消除失效的估计概率。$D$ 值的排序原则通常与严重度或发生概率的排序相反。$D$ 值越高，可探测度越小。较低的可探测度将导致较高的 RPN，处理失效模式的优先级较高。

FMEA 分析过程如下：

第一步：定义分析层次，对所分析系统自上而下按照功能划分出“功能块”。具体分解到哪一层次，可根据分析目标确定。然后绘出功能逻辑框图，如附图 1-5所示。

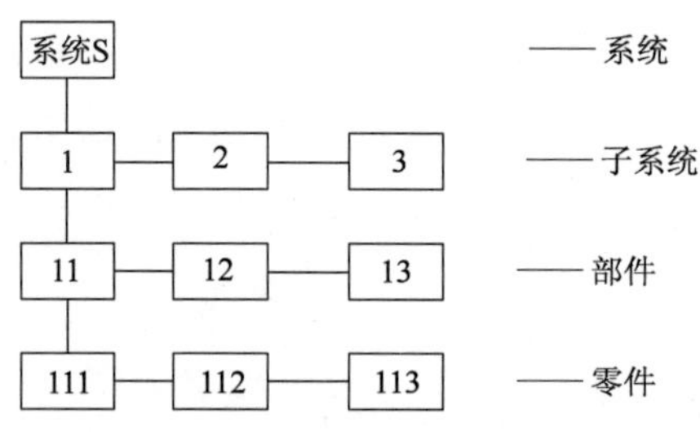


附图 1-5 “功能块”的划分

第二步：在调查的基础上，找出各功能块的失效模式和影响。

第三步：通过必要的测试与理化分析，查明失效的形成原因。

第四步：进行各失效模式的危害性分析，按照危害程度定性划分为四个失效等级，等级的具体描述见附表 1-1。

**某产品失效模式的危害等级表** 附表 1-1

| 等　级 | 严重度 | 危害程度 |
|---|---|---|
| 4 | 灾难的 | 可能系统基本功能丧失，系统和环境严重毁坏或人员伤害 |
| 3 | 严重的 | 可能系统基本功能丧失，系统和环境相当大毁坏但不严重威胁人员伤害 |
| 2 | 临界的 | 可能系统功能退化，但系统无明显损伤，对人无明显威胁或伤害 |
| 1 | 轻微的 | 可能系统功能稍有退化，但系统和人均不会损伤 |

第五步：采取措施和对策解决问题。

第六步：填写 FMEA 表格，记录和总结失效规律，见附表 1-2。

**FMEA 工作表示例**　　附表 1-2

| 最终产品：<br>工作周期： | | | 相关产品：<br>版本： | | | | 制定人：<br>日期： | | | | |
|---|---|---|---|---|---|---|---|---|---|---|---|
| 产品标记 | 产品功能描述 | 失效模式 | 失效模式编码 | 可能的失效原因 | 局部影响 | 最终影响 | 探测方法 | 补偿措施 | 严重度等级 | 发生概率 | 备注 |
| | | | | | | | | | | | |
| | | | | | | | | | | | |
| | | | | | | | | | | | |
| | | | | | | | | | | | |

下面以应用 FMEA 得出部分塞拉门系统的故障模式清单，清单示例见附表 1-3。

**部分塞拉门系统故障模块清单示例**　　附表 1-3

| 潜在失效模式 | 潜在失效影响 | 严重度 | 级别 | 潜在失效原因 | 频度 | 现行探测设计控制 | 建 议 措 施 |
|---|---|---|---|---|---|---|---|
| 关闭不严 | 影响列车车厢气密性及乘客舒适性 | 5 | 一般 | 门扇密封胶条老化破损 | 5 | 耐久试验（150 万次） | 1. 要求供应商采用机械性能及耐氧化性较好的 EPDM（三元乙丙橡胶）作为密封条的原材料；<br>2. 根据胶条耐久试验结果，明确合理的维修计划 |
| | | | | 门扇密封胶条被划伤 | 4 | 设计评审 | 将密封胶条的安装结构设计为插槽结构，以便在大面积破损时便于快捷更换 |
| | | | | 门扇变形 | 2 | 门扇静强度试验，耐久试验（150 万次） | 强化门扇结构，尤其是门扇骨架强度。增加门扇动静态荷载试验，试验要求按照 EN 14752 标准执行 |

续上表

| 潜在失效模式 | 潜在失效影响 | 严重度 | 级别 | 潜在失效原因 | 频度 | 现行探测设计控制 | 建议措施 |
| --- | --- | --- | --- | --- | --- | --- | --- |
| 关闭不良 | 影响列车车厢气密性及乘客舒适性，极端情况时可能会使门损坏 | 7 | 关键 | 门到位开关位置错误 | 3 | 耐久试验（150万次） | 1. 进行耐久试验，考察实用性能；<br>2. 增加硬件监控，实现网络、硬线双重监控 |
| 作用不良（驱动） | 门无法自动打开或者关闭，已无法为乘客服务 | 6 | 关键 | 电机故障 | 4 | 耐久试验（150万次） | 1. 电机的免维修周期为12年；<br>2. 选用知名企业的成熟产品 |

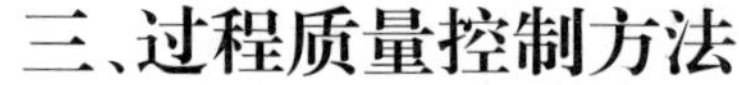

# 三、过程质量控制方法

## 1. 过程质量控制

1）定义

过程质量控制（Process Quality Control）是指为确保过程处于受控状态，对直接或间接影响输出质量的生产、安装和服务过程所采取的作业技术和工序过程的分析、诊断和监控。

对于轨道交通行业来说，工序过程就是任务和服务的过程。

过程质量控制是一个设定标准（根据质量要求）、测量结果、判定是否达到预期要求，对工序质量问题采取措施进行矫正、补救，并防止问题再发生的过程。通过过程质量控制，能够有效使各项质量活动及结果达到质量要求。

2）作用和目的

过程质量控制的作用在于对工序过程的质量控制进行系统安排，对直接或间接影响过程质量的因素进行重点控制，并制订实施控制计划，确保过程质量。

过程质量控制的目的是保证质量，满足要求，即为使各项质量活动及结果达到质量要求。过程质量控制的核心思想是以预防为主。

质量控制的过程、活动、技术与方法等都必须始终围绕这一目的进行，否则，便是无效的、无意义的。由于质量要求发生变化，质量控制活动、技术与方法应随时调整、更新，以保持控制的动态性和实时性的有效。

完成过程质量控制活动一般分为制定标准、信息（反馈）、纠正三个环节。

3）过程质量控制的主要内容

（1）物资控制、可追溯性和标识。工序过程所需材料和零件的类型、数目及要求要做出相应规定，确保过程物资的质量，保持过程中物品的适用性和适型性；对过程中的物资进行标识，以确保物资标识和验证状态的可追溯性。

（2）设备的控制和维护。对影响工序质量特性的设备工具、计量器具等做出相应规定，在使用前均应验证其精确度，在两次使用之间合理存放和防护，并定期验证和再校准；制订预防性设备维修计划，保证设备的精度和生产能力，以确保持续的过程能力。

（3）工序关键过程控制管理。对不易测量的工序特性，对有关设备保养和使用所需特殊技能以及特殊过程进行重点控制；及时改善和纠正过程中的不足，在工序过程中，以适当的频次监测、控制和验证过程参数，以把握所有设备及使用人员等是否能满足产品质量的需要。

（4）文件控制。保证过程策划的要求得以实现，并保证在过程中使用的与过程有关的文件都是有效版本。

（5）过程更改控制。确保过程更改的正确性及其实施，明确规定更改的职责和权限，更改后应对产品进行评价，验证更改的预期效果。

（6）验证状态的控制。采用适当的方法对过程的验证状态进行标识，通过标识区别未经验证、合格或不合格的输出，并通过标识识别验证的责任。

（7）无效输出的控制。制定和执行无效输出控制程序，及时发现无效输出，对无效输出加以明确的标识并隔离存放，决定对无效输出的处理方法加以监督，防止无效输出影响乘客，避免进一步处理无效输出而发生不必要的费用。

## 2. 过程质量控制方法和工具

1）过程质量控制方法

（1）编制和执行专门的质量控制程序；

（2）强化检验和监督；

（3）详细填写质量记录，明确责任，保证可追溯性；

（4）对无效输出的处理严加控制；

(5)加强设备的维修保养;

(6)采用统计控制方法进行工序过程控制,如控制图、统计抽样程序和方法、过程决策程序图法等。

2)控制图

(1)控制图的定义。

控制图(Control Chart)又叫管制图,是对过程质量特性进行测定、记录、评估,从而监督过程是否处于控制状态的一种用统计方法设计的图。图上有三条平行于横轴的直线:中心线(CL,Central Line)、上控制线(UCL,Upper Control Line)和下控制线(LCL,Lower Control Line),并有按时间顺序抽取的样本统计量数值的描点序列。UCL、CL、LCL统称为控制线(Control Line),通常控制界限设定在±3标准差的位置。中心线是所控制的统计量的平均值,上下控制界限与中心线相距数倍标准差。若控制图中的描点落在UCL与LCL之外,或描点在UCL和LCL之间的排列不随机,则表明过程异常。附图1-6所示为典型的控制图示例。

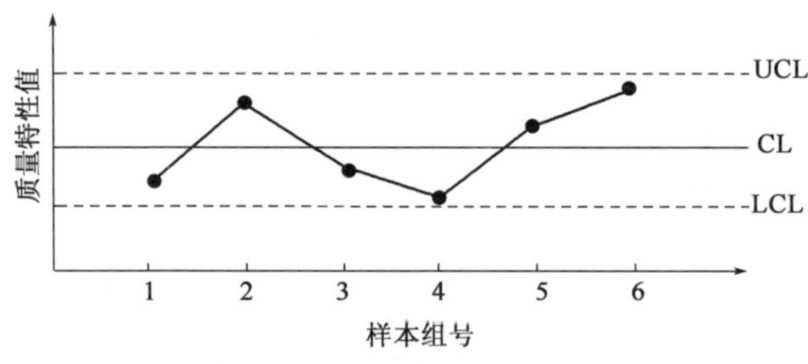


附图1-6 典型的控制图示例

(2)控制图的作用。

在轨道交通行业运行维修过程中,产出(任务或服务)质量由于受随机因素和系统因素的影响而产生变差;前者由大量微小的偶然因素叠加而成,后者则是由可辨识的、作用明显的原因所引起,经采取适当措施可以发现和排除。当一运维过程仅受随机因素的影响,从而任务或服务的质量特征的平均值和变差都基本保持稳定时,称为处于控制状态。此时,任务或服务的质量特征是服从确定概率分布的随机变量,它的分布(或其中的未知参数)可依据较长时期在稳定状态下取得的观测数据用统计方法进行估计。分布确定以后,质量特征的数学模型随之确定。为检验其后的运维过程是否也处于控制状态,就需要检验上述质量特征是否符合这种数学模型。为此,每隔一定时间,抽取一个大小固定的样本,计算其质量特征,若其数值符合这种数学模型,就认为运维过程正常;否则,就认为运维中出现某种系统性变化,或者说过程失去控制。这时,就需要考虑采取包括停线检查在内的各种措施,以期查明原因并将其排除,使其恢复正常运维,不使失控状态延续而发展下去。

3)统计抽样程序和方法

统计抽样是指同时具备下列特征的抽样方法:

(1)随机选取样本;

(2)运用概率论评价样本结果。

不同时具备上述两个特征的抽样方法为非统计抽样。

具体方法包括:

(1)属性抽样:是指合格、不合格,达标、不达标等;

(2)变量抽样:是指达标的程度。

4)过程决策程序图法

(1)定义。

过程决策程序图法(PDPC 法,Process Decision Program Chart)是针对为了达成目标的计划,尽量导向预期理想状态的一种方法。过程决策程序图法(PDPC 法)是在制订计划阶段或进行系统设计时,事先预测可能发生的障碍(不理想事态或结果),从而设计出一系列对策措施以最大的可能引向最终目标(达到理想结果)。该方法可用于防止重大事故的发生,因此也称为重大事故预测图法。

(2)应用意义。

①能从整体上掌握系统的动态并依此判断全局;

②具有动态管理的特点;

③具有可追踪性;

④能预测那些通常很少发生的重大事故,并在设计阶段预先考虑应对事故的措施。

(3)应用步骤。

①确定所要解决的课题;

②提出达到理想状态的手段、措施;

③对提出的措施,列举出预测的结果及遇到困难时应采取的措施和方案;

④将各研究措施按紧迫程度、所需工时、实施的可能性及难易程度予以分类;

⑤决定各项措施实施的先后顺序,并用箭条向理想状态方向连接起来;

⑥落实实施负责人及实施期限;

⑦不断修订 PDPC 法。

附图 1-7 为通过制订保证减少设备停机影响运维的 PDPC 法来指导维修小组工作开展的案例。

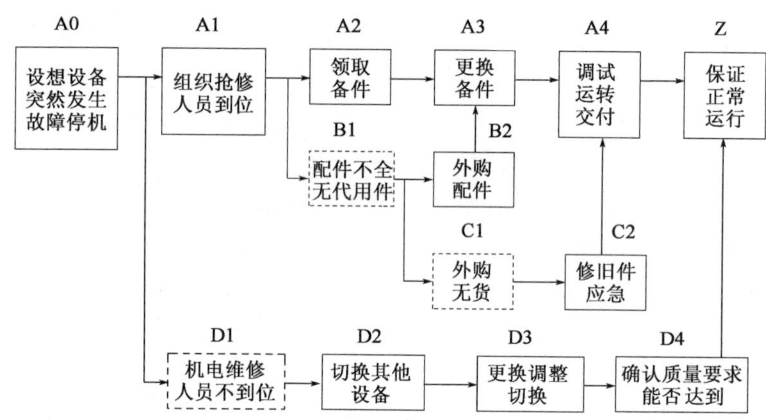


附图 1-7　过程决策程序图法(PDPC 法)的应用案例

# 四、瓶颈理论(TOC)

## 1. 基本原理

1)TOC 简介

TOC(Theory of constraints),中文译为"瓶颈理论",也被称为制约理论或约束理论,由以色列物理学家、企业管理大师高德拉特(Eliyahu M. Goldratt)博士创立。

TOC 认为,任何系统至少存在着一个制约因素/瓶颈,否则它就可能有无限的产出。因此,要提高一个系统(任何企业或组织均可视为一个系统)的产出,必须要打破系统的瓶颈。任何系统都可以想象成是由一连串的环所构成的,环与环相扣,则这个系统的强度就取决于其最薄弱的一环,而不是其最强的一环(附图 1-8)。如果我们想达成预期的目标,我们必须从最弱的一环,也就是从瓶颈的一环下手,才可得到显著的改善。

2)有效产出的理念

对于组织和系统来说,聚焦瓶颈问题的解决,必须贯彻有效产出的理念,如附图 1-9 所示。

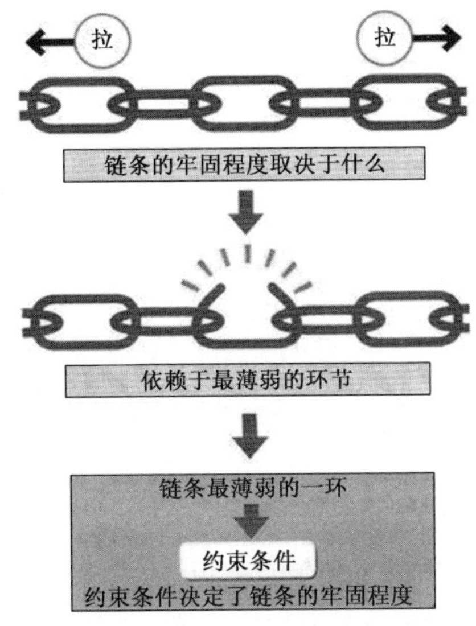


附图 1-8　TOC 关键链

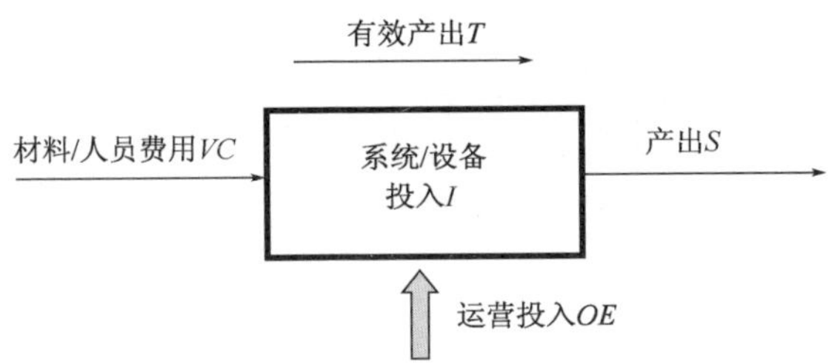


附图 1-9　约束理论的有效产出理念

图中,有效产出 $T$ = 产出 $S$ − 材料/人员费用 $VC$。

## 2. 应用步骤方法

1)五大核心步骤

TOC 有一套思考的方法和持续改善的程序,称为五大核心步骤(Five Focusing Steps),这五大核心步骤是:

第一步,找出(Identify)系统中的瓶颈。

第二步,最大限度利用(Exploit)瓶颈,即决定如何挖尽瓶颈。

第三步,使系统的所有其他相关活动服从于第二步的决定,即迁就瓶颈。

第四步,打破(Elevate)瓶颈,提升瓶颈的产能,使瓶颈转移到别处。

第五步,重返(Repeat)第一步,找出新的瓶颈,即持续改善。

这个五大核心步骤可以让人们有能力以逻辑和系统的方式回答任何想做持续改善时必会问的三个问题：

(1)要变革什么？(What to change?)

(2)要变革成什么？(What to change to?)

(3)如何实现变革？(How to cause the change?)

这三个问题可以应用到系统中各式各样的题目上。

2)TOC 思维方法和思考工具

一般人经过经验的累积,遇到问题时通常会通过直觉来解决问题,但往往只是针对问题的“结果”“症状”,而不是问题根本的“原因”。因此花了许多时间、精力和成本,却没有触及问题的核心。TOC 告诉人们如何通过逻辑的程序,系统地指出问题的核心所在,再依此建构一个完整的方案,并消除可能产生的负面效应,制定出导入和行动的方案。

TOC 包含一系列逻辑工具,称为 TOC 思维方法(Thinking Processes),以及由之而引申出来的、针对企业各种问题的应用专题系统。

TOC 思维方法主要针对三个问题:应该在什么环节改善？改善应该带来什么成果？怎样推行改善？

通常的流程为冲突-现状-核心冲突-未来-分支-条件-转变。

与各个流程相对应发展出来的不同思考工具：

(1)现状树(Reality Tree):识别造成不良效应的核心问题——用逻辑关系列出不良效应；

(2)消云图(Evaporating Cloud):也称冲突图,识别问题背后的冲突和假设,化解冲突,实现双赢；

(3)未来树(Future Reality Tree):描述解决方案与追求目标之间的逻辑关系；

(4)负效应枝条(Negative Effect Branches):描述解决方案实施后带来的不良后果；

(5)条件树(Prerequisite Tree):也可称条件图,识别解决方案可能面临的障碍,找到必要条件；

(6)转变树(Transition Tree):描述克服障碍的详细计划。

## 五、鱼骨分析

1)鱼骨分析概述

鱼骨分析又称为鱼刺图,就是把故障原因按照发生的因果层次关系用线条

连接起来，构成故障的主要原因称为脊骨，构成这个主要原因的原因称为大骨，依次还有中骨、小骨、细骨，附图 1-10 给出了一个典型的鱼骨图。

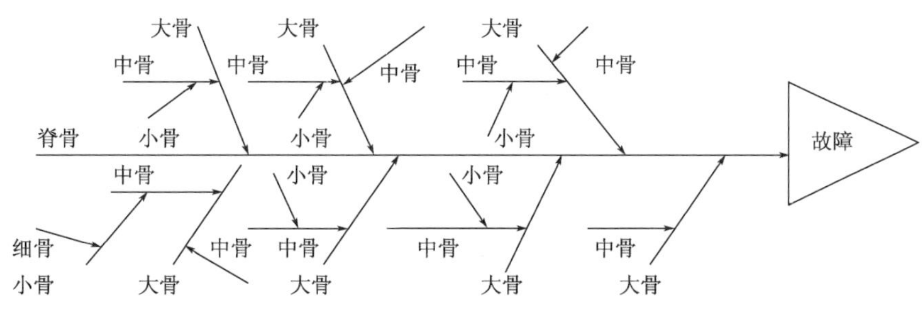

附图 1-10　故障鱼骨分析

设备诊断与维修工作者将平时维修诊断的经验以鱼骨的形式记录下来，过一段时间需要对鱼骨图进行整理，凡是经常出现的故障原因（大骨）就移到鱼头位置，较少发生的原因就向鱼尾靠近。今后，设备出现故障，首先按照鱼骨图从鱼头处逐渐向鱼尾处检查验证，检查出大骨，再依次寻找中骨、小骨、细骨，直到找到故障的根源可以排除为止。

2）鱼骨分析应用

附图 1-11 给出利用鱼骨图分析地铁列车接触器故障的例子。

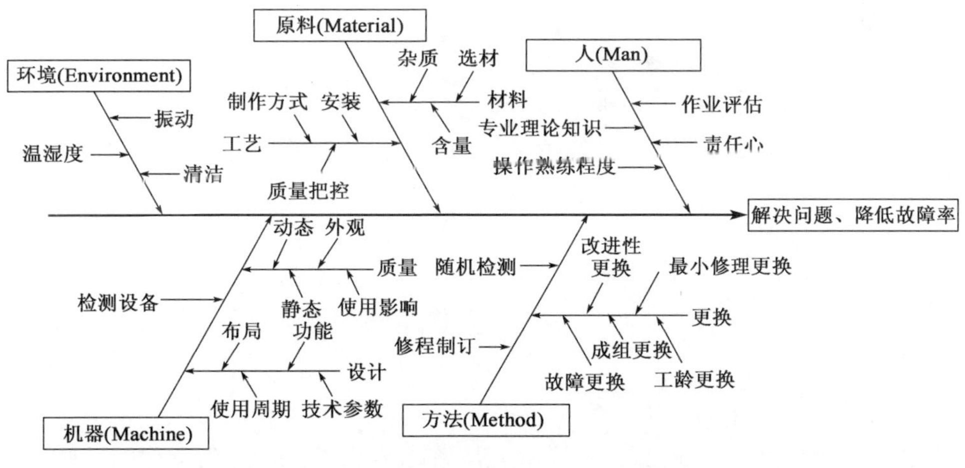

附图 1-11　利用鱼骨图分析地铁列车接触器故障

# 六、主次图分析

1）主次图分析概述

主次图分析又称为帕雷托分析，是一种利用经验进行分析判断问题的方法。我们将平时的设备故障频次或者停机时间记录下来，统计绘出设备的故障主次图（PARETO 图）。绘制主次图的方式是，首先按照故障频次大小（停机小时的多少）从左到右排序，然后分别将故障频次的百分比（或者停机小时）累加起来描点，再把这些点用曲线连接起来就形成了全图。人们自然会问：这样的图有什么意义呢？按照意大利科学家帕雷托的 80/20 分布理论，设备 20% 的故障模式决定着 80% 的停机时间。就像人生病一样，虽然人可以得百病，但每一个人都有主要的身体弱点，20% 的疾病决定了 80% 的病假时间。这就告诉我们的诊断工作者，永远要抓住最有倾向性的前 20% 故障模式，因为它们决定了设备的主要故障停机。设备一旦出现故障，首先要想到故障频次最高的一、两种故障模式，然后再寻找次要的模式，这是比较有效的诊断方法。

2）主次图分析应用

附图 1-12 给出利用主次图分析城市轨道车辆系统故障的例子。

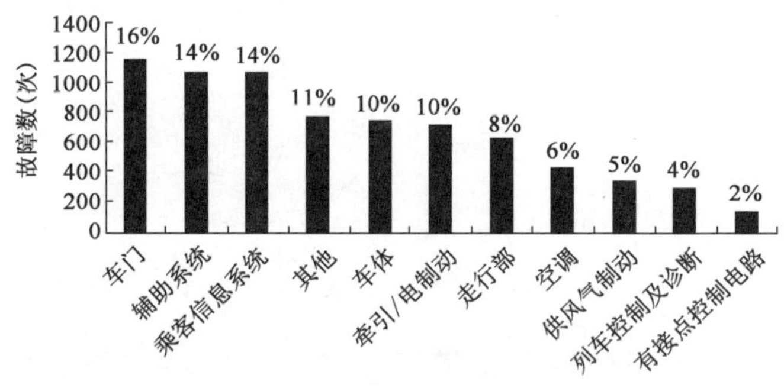


附图 1-12　城轨车辆系统故障主次图分析

# 七、故障字典

最早期的故障字典就是设备维修人员将故障经验进行的条理化的总结，以表格形式反映出来，称之为故障字典。目前，有些现代设备制造厂商为使其产品

便于维修,随产品自身附带一套故障说明书,其实就是故障字典。有的设备附有自检测系统,对自身运行进行监测,一旦出现故障,则自动停机并显示其故障编码。用户或者专业维修人员即可根据显示的编码,查阅该设备的故障字典手册,对故障发生部位进行检修,及时排除故障以保证设备的正常运行。当然,如果电子监测系统直接显示故障内容,就更具智能性,成为故障自检测的专家系统。这种带有自检系统和故障字典的设备,可以使设备的维修诊断有较好的透明度,给检修带来方便,增加了该设备的用户友好性。

常见的简单故障字典见附表 1-4 和附表 1-5。

**简单故障字典 1**　　附表 1-4

| 故障现象 | 原因分析 | 维修方法 |
| --- | --- | --- |
| | | |
| | | |
| | | |

**简单故障字典 2**　　附表 1-5

| 编　码 | 故障现象 | 故障原理 | 故障元件 | 排除方法 |
| --- | --- | --- | --- | --- |
| | | | | |
| | | | | |
| | | | | |

还有一类数字化的故障字典,表格里面的内容不是通过文字描述,而是通过数字表示的。例如对模拟电子系统进行诊断时,故障现象表现出的是电压、电流、电阻、电容、电感或者其他电参数值,故障字典呈数字化形式,见附表 1-6。

**数字化故障字典**　　附表 1-6

| 故障名 | 电压值 | | | | | |
| --- | --- | --- | --- | --- | --- | --- |
| | $V_1$ | $V_2$ | $V_3$ | $V_4$ | $V_5$ | $V_6$ |
| $F_1$ | 0.3 | 0.8 | 1.3 | 1.7 | 2.6 | 2.2 |
| $F_2$ | 0.7 | 0.5 | 3.2 | 3.3 | 1.7 | 3.6 |
| $F_3$ | 0.1 | 1.0 | 2.2 | 0.8 | 4.3 | 6.0 |
| $F_4$ | 1.7 | 2.5 | 4.3 | 1.5 | 3.2 | 1.0 |

# 参 考 文 献

[1] I Durazo-Cardenas. Fusion of Railway Network Data Streams for Asset Usage in Intelligent Maintenance Systems [J]. EUROMAINTENANCE 2016,59-64.

[2] International Electro technical Commission (IEC). IEC 60300-3-3-2004, Dependability management-Part 3-3: Application guide- life cycle costing [S]. Geneva (Switzerland): International Electro technical Commission.

[3] Gray Hagan. Glossary of Defense Acquisition Acronyms and Terms (Fifteenth Edition)[M]. The Defense Acquisition University Press,2012.

[4] 全国牵引电气设备与系统标准化技术委员会. 轨道交通 可靠性、可用性、可维修性和安全性规范及示例:GB/T 21562—2008[S]. 北京:中国标准出版社,2008:3.

[5] 中华人民共和国交通运输部. 城市轨道交通运营管理规范:GB/T 30012—2013[S]. 北京:中国标准出版社,2014:4.

[6] 李葆文. 似非而是——创新思维下的设备管理[M]. 北京:冶金工业出版社,2016.

[7] 李葆文. 设备管理新思维新模式:第4版[M]. 北京:机械工业出版社,2019.

[8] 李葆文. 故障诊断逻辑与数学原理[M]. 广东:广东高等教育出版社,1994.

[9] Per Hokstad,等. 关键基础设施风险相互依赖性[M]. 北京:国防工业出版社,2014.

[10] 李得伟,等. 轨道交通大数据应用现状及发展趋势研究[J]. 都市快轨交通,2016,29(6):1-7.

[11] 马沧海. 基于大数据技术的电务安全风险管理方法探讨[J]. 中国铁路,2015,05: 58-61.

[12] 刘忠俊,等. 地铁车辆全生命周期维修策略研究[J]. 中国铁路,2016,04:81-85.

[13] 马小毅. 广州市轨道交通线网规划评估与发展策略思考[J]. 现代城市轨道交通, 2020(3): 1-6.

[14] 马小平. 城市轨道交通设备维修策略研究[J]. 铁道通信信号,2010(2):20-23.

[15] 王路萍,等. 天津地铁机电设备系统维修策略[J]. 铁路工程造价管理,

2010(9): 8-13.

[16] 程祖国,等.地铁列车系统修维修策略[J].城市轨道交通研究, 2018,21(09): 8-11.

[17] 赵彦峰.广州地铁车辆维修体制优化研究[J].现代城市轨道交通,2011(4): 43-46.

[18] 潘丽莎,等.城市轨道交通车辆关键系统可靠性研究[J].中国铁路,2012(7): 80-83.

[19] 陶涛,等.可靠性管理在城市轨道交通车辆全寿命周期内的应用[J].城市轨道交通研究, 2014(12): 4-7.

[20] 徐春华,等.高速动车组预防维修规程分析与优化方法研究[J].中国铁路,2018(4): 21-27.

[21] 李兆新,等.基于状态检测的城市轨道交通车辆全服役期系统性维修研究[J].城市轨道交通研究, 2018,21(08): 138-141.

[22] 金锋.风险管理在城市轨道交通建设中的应用[J].都市快轨交通, 2005(01):1-4.

[23] 曾铁梅,侯建国.地铁营运风险管理初探[J].武汉大学学报(工学版),2007(06):84-87.

[24] 毛儒.轨道交通安全风险管理[J].都市快轨交通, 2007(04):7-8.

[25] 阮欣,尹志逸,陈艾荣.风险矩阵评估方法研究与工程应用综述[J].同济大学学报(自然科学版),2013,41(03):381-385.

[26] 吴涛,等.基于国际标准的城市轨道交通运营风险管理研究[J].中国铁路,2014(6):17-20.

[27] 何霖,方思源,梁强升.城市轨道交通网络化运营的挑战与对策[J].都市快轨交通,2015,28(02):1-5.

[28] 张昊.北京地铁运营安全风险评价体系研究[D].北京:中国科学院大学,2016.

[29] 王博,等.城市轨道交通风险管理与可接受风险水平的探讨[J].现代城市轨道交通,2016(4):99-102.

[30] 刘云辉.广州地铁运营安全风险评价体系研究[D].广州:华南理工大学,2018.

[31] 鹿颖.基于风险矩阵法的城市轨道交通运营安全评价研究[D].吉林:吉林大学,2019.

[32] 张超.地理信息系统应用教程[M].北京:科学出版社,2006.

[33] 蒋钧杰,等.城市轨道交通车辆全寿命周期成本分析[J].土木工程与管理学报, 2014,06:91-95.

[34] 陈进杰,等.城市轨道交通全寿命周期成本分析[J].交通运输工程学报, 2010,02:82-87.

[35] 王志伟,等.轨道车辆全寿命周期成本分析流程和应用研究[J].计算机仿真, 2020,04:118-122.

[36] 牟明明,等.地铁车辆寿命周期维修成本分析方法研究[J].中国高新技术企业, 2017,02:100-102.

[37] 陈光.基于全寿命周期费用的城市轨道交通工程设备选择[J].城市轨道交通研究, 2003,05:25-29.

[38] 余辉敏,等.浅谈城市轨道交通设备维修保养模式[J].科技与创新, 2018, 12:34-36.

[39] 蔡两.动车组系统可靠性评价与优化研究[D].北京:中国铁道科学研究院,2020.

[40] 何江海,裴卫卫,闫雅斌,等.基于贝叶斯网络的地铁牵引变电所可靠性分析[J].铁路计算机应用,2019,28(08):68-74.

[41] 杜银兵,张彦华,杜玉峰.地铁车辆的故障分布特点及其可靠性验证方法[J].科技风,2019(16)151-152.

[42] 裴卫卫.地铁牵引供电系统的可靠性研究[D].南京:南京理工大学,2019.

[43] 张冬雪.城轨线路运营服务可靠性模型及提升策略研究[D].北京:北京交通大学,2018.

[44] 班勃,金庆,王钦若.广州地铁APM线车门系统可靠性分析[J].工业控制计算机,2017,30(12):1-3.

[45] 陈凌羿.基于可信性理论的轨道车辆可靠性分配[D].北京:北京交通大学,2016.

[46] 赵琼.牵引供电系统接触网可靠性分析研究[D].兰州:兰州交通大学,2014.

[47] 高云.城轨列车车门系统关键部件可靠性研究[D].北京:北京交通大学,2014.

[48] 李博远.基于故障树和层次分析法的可靠性分配方法研究与系统实现[D].合肥:中国科学技术大学,2014.

[49] 张逸迁.地铁车辆塞拉门系统可靠性研究[D].成都:西南交通大学,2014.

[50] 李国正.基于RAMS的地铁列车车载设备维修策略与故障诊断研究[D].

北京:北京交通大学,2013.
[51] 王志强. 牵引供电系统接触网的 RAMS 评估[D]. 成都:西南交通大学,2013.
[52] 尹维恒. 基于贝叶斯网络的牵引变电所可靠性评估[D]. 成都:西南交通大学,2013.
[53] 曹景雷. 基于 GO 法的地铁牵引供电系统可靠性研究[D]. 成都:西南交通大学,2012.
[54] 于敏,何正友,钱清泉. 基于 HSRN 的地铁综合监控系统可靠性分析[J]. 铁道学报,2012,34(02):70-79.
[55] 朱皓青. 上海地铁一号线 DA01 型列车均衡阀可靠性研究[D]. 上海:上海交通大学,2011.
[56] 孔学东,恩云飞,陆裕东. 电子产品故障预测与健康管理[M]. 北京:电子工业出版社,2013.
[57] 胡可斯塔德(挪). 关键基础措施风险相互依赖性[M]. 北京:国防工业出版社,2014.
[58] 孙权,冯静,潘正强. 基于性能退化的长寿命产品寿命预测技术[M]. 北京:科学出版社,2015.
[59] 金星,洪延姬. 蒙特卡罗方法在系统可靠性中应用[M]. 北京:国防工业出版社,2013.
[60] 邵新杰,曹立军,田广,等. 复杂装备故障预测与健康管理技术[M]. 北京:国防工业出版社,2013.
[61] 齐奥(意). 可靠性与风险分析算法[M]. 北京:国防工业出版社,2016.
[62] 克罗沃克奇(波),索辛斯卡-伯德尼(波). 复杂系统与过程可靠性及安全性[M]. 北京:国防工业出版社,2016.
[63] 程五一,王贵和,吕建国. 系统可靠性理论[M]. 北京:中国建筑工业出版社,2010.
[64] 威尔逊(美). 现代数理统计学方法在可靠性中的应用[M]. 北京:国防工业出版社,2016.
[65] 司小胜,胡昌华. 数据驱动的设备剩余寿命预测理论及应用[M]. 北京:国防工业出版社,2016.
[66] 金光. 基于退化的可靠性技术:模型、方法及应用[M]. 北京:国防工业出版社,2014.
[67] 崔学忠,贾文峥. 中国城市轨道交通运营发展报告. (2018 ~ 2019)[M]. 北

京:社会科学文献出版社,2019.

[68] 何静.城市轨道交通运营管理[M].北京:中国铁道出版社,2017.

[69] 陈江波.城市轨道交通接触网运行与检修[M].北京:人民交通出版社股份有限公司,2016.

[70] 贺勇军.复杂系统可靠度综合计算平台的设计实现[J].航空计算技术,2003(03):51-55.

[71] 王振邦.复杂系统任务可靠性及计算方法[J].现代防御技术,1996(03):45-54.

[72] 陆宁,张西安.复杂网络系统可靠度的一种计算方法[J].西安石油大学学报(自然科学版),1989(01):9-17.

[73] 张西安.复杂网络系统可靠度的一种计算方法[J].西安石油大学学报(自然科学版),1989(01):9-17.

[74] Nuclear Regulatory Commission(NRC). Probabilistic Risk Analysis: Procedures Guide, Rep[M]. NUREG/CR-2300, Washington DC, 1983.